河南省"十四五"普通高等教育规划教材

小学教育学

主　编　董建春　王德才
副主编　张　燕　高广骅　米鹏旭
编写者（以姓氏笔画为序）
　　　　王　梦　王德才　牛树林
　　　　米鹏旭　张　燕　高广骅
　　　　董建春

南京大学出版社

图书在版编目(CIP)数据

小学教育学 / 董建春,王德才主编. —— 南京:南京大学出版社,2021.1(2023.8 重印)

ISBN 978-7-305-24241-0

Ⅰ. ①小… Ⅱ. ①董… ②王… Ⅲ. ①小学教育－教育学 Ⅳ. ①G620

中国版本图书馆 CIP 数据核字(2021)第 025867 号

出版发行	南京大学出版社
社　　址	南京市汉口路 22 号　　邮　编　210093
出 版 人	金鑫荣

书　　名	小学教育学		
主　　编	董建春　王德才		
责任编辑	曹　森	编辑热线	025-83686756
照　　排	南京南琳图文制作有限公司		
印　　刷	南京京新印刷有限公司		
开　　本	787×1092　1/16　印张 13.5　字数 331 千		
版　　次	2021 年 1 月第 1 版　2023 年 8 月第 3 次印刷		
ISBN	978-7-305-24241-0		
定　　价	39.00 元		

网址:http://www.njupco.com
官方微博:http://weibo.com/njupco
微信服务号:NJUyuexue
销售咨询热线:(025) 83594756

* 版权所有,侵权必究
* 凡购买南大版图书,如有印装质量问题,请与所购
　 图书销售部门联系调换

编 委 会

编委会主任 刘济良（郑州师范学院）

总 主 编 陈冬花（郑州师范学院） 李跃进（郑州师范学院）
 刘会强（河南财政金融学院） 李社亮（河南师范大学）

副总主编 段宝霞（河南师范大学） 李文田（信阳师范学院）
 晋银峰（洛阳师范学院） 郭翠菊（安阳师范学院）
 井祥贵（商丘师范学院） 丁新胜（南阳师范学院）
 田学岭（周口师范学院） 侯宏业（郑州师范学院）
 聂慧丽（焦作师范高等专科学校）

编 委（以姓氏笔画为序）

丁青山	马福全	王 立	王 娜	王铭礼
王德才	田建伟	冯建瑞	权玉萍	刘雨燕
闫 冉	李文田	肖国刚	吴 宏	宋光辉
张杨阳	张厚萍	张浩正	张海芹	张鸿军
张慧玉	陈军宏	周硕林	房艳梅	孟宪乐
赵丹妮	赵国龙	荆怀福	袁洪哲	徐艳伟
郭 玲	黄宝权	黄思记	董建春	薛微微

前言

21世纪社会发展和基础教育改革对小学教师的专业发展提出了新的挑战,教育部颁布的《小学教师专业标准》也对小学教师的专业素养提出了新的要求。掌握小学教育学的相关理论,是实现小学教师专业化的理论基础,不仅有助于更新教师的教育观念,同时也是提升教师教育能力的关键。一直以来师范院校小学教育学课程的教学效果欠佳,教材是主要因素之一,突出表现为教材内容陈旧、结构体系僵化,严重影响了学生学习的积极性。为了提升小学教育学课程的教学质量,我们在教材建设方面做了一定的探索。这本教材是由一批关注教育学教材建设和教育理论研究的高校一线教师,结合教育理论的新发展和多年教学经验编写而成。

本书具有以下特点:

1. 简明性。突出教育学的关键内容,尤其关注当前小学教育实践中存在的突出问题,旨在帮助学习者在短时间内形成清晰的逻辑线索,掌握学科的基本结构,从而把主要精力投入到由教育理论向教学技能的转化上。

2. 时代性。信息技术革命的新挑战,迫切需要师范院校培养出适应21世纪要求的创新型教师。这就要求首先要对教材内容进行改革。本教材积极吸纳富有时代气息的前沿教学理念,如基础教育新课程改革、小学教师专业标准和中国学生核心素养等新内容,以供学习者更好地了解学科最新动态,掌握领域内核心知识。同时目录下方提供了相应的二维码,配备了诸多线上拓展资源,学习者扫码即可获取。

3. 应用性。教育学是一门实践性很强的学科,在注重系统理论性的同时,也必须重视理论对教育实践的指导价值。为此,我们在各章节的编写中密

切关注基础教育实践中的难点和热点问题,选取了许多小学教育实践中典型、新颖的教育案例,在对案例的剖析中,引导学习者在理论学习时能联系小学教育的实际,做到学用结合、学以致用。

本书既可作为高等师范院校小学教育专业的教育学教材,也可作为广大中小学教师、教育工作者接受继续教育的教育理论读本。全书共八章,编写分工如下:第一章、第二章由安阳师范学院米鹏旭编写,第三章由北京海淀区教师进修学校王梦编写,第四章由南阳师范学院高广骅编写,第五章由周口师范学院王德才和牛树林编写,第六章、第七章由安阳师范学院张燕编写,第八章由南阳师范学院董建春编写。全书由南阳师范学院董建春教授负责前期的编写设计和后期的统稿、修改工作。

我们在组织教材编写的过程中参阅了国内兄弟院校的相关教材和论著,在此一并表示最诚挚的谢意。由于主客观条件所限,加之结构的调整并引入了一些新的内容,本书存在诸多不当和疏漏之处,我们恳请专家、同行及本书读者批评、指正。

《小学教育学》编写组

2021 年 1 月

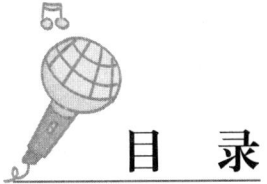

目 录

第一章 绪 论 … 1
- 第一节 小学教育学概述 … 2
- 第二节 小学教育学与小学教师专业发展 … 10
- 第三节 小学教育学的学习与研究 … 15

第二章 小学教育概述 … 22
- 第一节 小学教育的特点 … 23
- 第二节 小学教育的任务 … 32
- 第三节 小学教育的发展 … 35

第三章 教育目的与学校教育制度 … 47
- 第一节 教育目的 … 48
- 第二节 学校教育制度 … 61

第四章 小学教育功能 … 68
- 第一节 小学教育的社会功能 … 69
- 第二节 小学教育的个体功能 … 77

第五章 小学教师 … 93
- 第一节 小学教师概述 … 94
- 第二节 小学教师的专业素养 … 110
- 第三节 小学教师的专业化 … 121

第六章 小学生的特点与教育 … 130
- 第一节 小学生发展的一般特点 … 131
- 第二节 小学生发展的学段特点 … 140
- 第三节 小学生的教育与管理 … 148

第七章　小学教育活动……………………………………… 157
第一节　小学教育活动概述…………………………… 158
第二节　小学教育活动的组成………………………… 162
第三节　小学教育活动的组织………………………… 183

第八章　小学教育改革与发展……………………………… 188
第一节　小学教育改革与发展概述…………………… 190
第二节　小学教育改革与发展的任务………………… 195
第三节　小学教育改革与发展的策略………………… 199

微信扫描二维码

✓课件申请
✓样书申请

教师服务入口

✓拓展资源
✓加入教师资格考试圈

学生服务入口

第一章 绪 论

小学教育时期位于整个教育事业的初始阶段,小学生的教育工作是一项十分复杂且具有创造性的脑力劳动,具有其自身的规律性。一名合格的小学教师,除了应具备较好的思想素质、文化科学素质、身体素质以外,还应有良好的教育素质,掌握小学教育工作的基础理论知识和实践方法。本章将着重论述小学教育学的对象、任务、体系,小学教育教师专业发展和小学教育学的学习和研究方法。

1. 理解小学教育学的研究对象、任务等。
2. 掌握小学教育教师的专业发展要求和特点。
3. 运用小学教育学的学习和研究方法。

教育是什么?马克思说:"教育绝非单纯的知识传递。教育之为教育,正是在于它是一种人格心灵的唤醒。"基础教育,尤其小学教育,应唤醒学生什么?应唤醒学生对自己、对生命、对自然的尊重和欣赏。小学是启蒙学生的重要阶段。学生要在这里开始系统地接触自然和社会科学知识,并初步认识和了解社会。"我们很多家长说,学习的知识越多越好,现在牺牲了幸福的童年,将来能有幸福的人生。但实际情况是,没有幸福的童年,也不会有幸福的人生。""小学不小,是人生的基石。"

说起小学教育,大家都很熟悉,报纸、广播、电视、网络天天都在议论,很多人也都有美好童年的经历,可是,说起小学教育学,很多人却很陌生。其实,我们对小学教育议论时,就已经涉及了小学教育学的研究问题。小学教育究竟如何发挥奠定人的一生的作用,学习小学教育学后将会带给你启示。

第一节　小学教育学概述

小学教育学,是教育科学的一门分支学科。教育科学是研究培养人的现象及其规律的科学。经过长期的发展,教育科学现在已经形成一个庞大的学科体系。它既有核心学科,又有边缘学科,既有研究教育各方面各环节的学科,又有研究学生身心健康发展的学科;还有研究教育纵向历史发展、未来预测和横向国际比较的学科。教育科学中的最核心学科是教育学。教育学按照教育条件的不同,分为家庭教育学、学校教育学和社会教育学等三个分支。学校教育学,又有各级各类的学校教育学:幼儿教育学(即学前教育学)、普通教育学、高等教育学、特殊教育学(即特殊儿童教育学)等。普通教育学,又可以分为小学教育学(即初等教育学)和中学教育学(即中等教育学)两个分支。由此可见,小学教育学是教育科学中最核心的学科——教育学的一个分支,是从普通教育学分化独立出来的,专门研究小学教育阶段培养人的现象及其规律的一门学科。

一、小学教育学的研究对象

(一) 教育学的研究对象是教育问题

作为教育学学科群一员的小学教育学,其研究对象的规定性,从根本上取决于教育学的研究对象。比较普遍的观点认为,教育学是研究教育现象和教育问题揭示教育规律的一门学科。

第一,认为教育学的研究对象是"教育"。但问题是,如此认定,似乎没有说明任何实质性的问题,就像阐述社会学的研究对象是社会、生物学的研究对象是生物一样,不涉及学科研究对象的实质内容。并且,这种观点也忽视了一个重要的问题:以"教育"为研究对象的学科,不限于"教育学"。社会学、心理学、文化学等学科都研究"教育"。

第二,以研究"教育现象及其规律"作为研究对象,或者研究与总结教育实践,去认识教育规律为研究对象。问题在于,教育学是一门理论性很强的学科,而"教育现象"存在于日常教学中,是经验性的,两者如何融合?另外,教育学究竟揭示了什么教育规律?教育学中的内容,有哪些属于教育规律的范畴,有哪些不属于?

第三,否认以"教育现象"作为研究对象,而以"教育问题"为研究对象(村井实)。究其主要是因为:教育现象即教育的事实状态。人们在接近这种教育的事实状态前,头脑中对它不是完全的一片空白,否则是不会产生问题的;人们总是根据自己的经验和实践,对教育现象有一定的认识或者假设。在观察教育事实时,人们根据自己的认识和假设,对所看到、听到的教育事实进行一定的评判,同时修正自己头脑中原先的观点和看法。在两种认识的冲撞下,才会产生"教育问题"。单纯的教育现象和教育事实本身并不是教育学要研究的对象,否则教育学就是教育实践的简单总结,而不是研究。不同认识冲击下产生的"教育问题",才是激励教育学研究者献身教育学研究并乐此不疲的根本原因。

(二)"教育问题"的内涵

"问题"有两个含义:其一是所"问"之"题",或有疑问之事;二是指事情的严重性,如通常我们所说的"成问题""问题少年"等。"教育问题"涉及"问题"的这两方面的含义。首先,"教育问题"也就是教育学研究的对象,必然是与研究者头脑中关于这一事件的认识有所偏差的,是不一致的,因此,研究者产生这方面的疑问,需要通过研究加以解决;其次,教育学所研究的"教育问题",必然是教育实践中遇到的比较重要的问题,如果不解决会有损教育的基本理念的问题。

(三)小学教育学的研究对象

据此,我们可以认为,小学教育学的研究对象是小学教育实践中的种种问题。小学教育学的研究,要以问题为取向,关注小学教育的实践,解决小学教育实践中产生的种种问题。

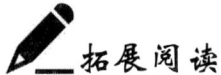

山东聊城一小学取消传统三好学生奖 人人有奖状

2010年1月28日齐鲁晚报报道:寒假前,聊城市茌平县实验小学正在为全校每个学生准备一张奖状,奖状名称由学生、老师、家长商定,传统的三好学生评比不再进行。学校公布每人都有奖状后,学生们高兴得手舞足蹈,甚至还有人大喊。该校副校长周黎明说:"对孩子们来说,寒假前的这张奖状,是最高荣誉。"四年级五班班主任王爱军告诉记者,以前每年年底发奖状时,都有很大一部分孩子会哭。2007年,有个没拿到奖状的女生,放假当天不肯回家,坐在教室一直哭到天黑。"很多孩子有优点、有进步,应当鼓励,但由于名额限制,老师们也很无奈。"

学生对新奖状颇感兴趣,像思维独特奖、最爱讨论奖、演讲小明星、歌唱小精灵等比较受欢迎。四年级四班有位男生平时很内向,学习不是很突出,他说自己是很棒的小号手,可以教老师和同学,所以申请"吹号奖"。在学校发出的调查问卷中,大部分师生表示赞同,也有部分老师和家长质疑:全体发奖会不会让孩子们觉得奖状没原来珍贵,降低奖状的鼓励作用?周黎明说,调查问卷显示,九成以上的孩子赞成每人一张奖状,个性化奖励,会让每个孩子感到自豪和自信。同时,这也给老师出了一道期末测试题,要求老师必须熟悉每个孩子的优点和个性,并引导孩子发现自己和同学的长处。

二、小学教育学的任务

小学教育学是小学教育工作的实践经验总结和理论概括。学习小学教育学可以使我们明确小学教育的任务和方针,有利于我们树立正确的教育思想观点,针对儿童身心发展的年龄特点进行教育和教学工作,以取得较好的教育教学效果。

(一)认识教育现象,科学解释教育问题

人们对小学教育的认识大致有两种形式:一种是停留在经验、习俗水平上的表面的、

肤浅的认识;另一种是通过研究所形成的系统、深刻的认识,即通常我们所说的学科"小学教育学"。小学教育学在一定程度上揭示了小学教育的本质和发展规律,能够为人们提供理论依据,对过去或当前的小学教育现象做出科学说明和阐释,增进人们对教育现象的认识和了解。通过学习小学教育学,教育工作者可以超过个体教育经验,站在科学的高度解释教育问题,而不是盲目地人云亦云;教育理论是教育工作者们的理论武器,当广大的教育工作者在教育教学实践中遇到各种各样的矛盾和问题时,就会主动运用理论去了解、分析、研究各种教育问题,对各种教育现象和问题做出科学合理的解释。

(二) 探究教育规律,帮助人们反思教育行为,树立正确的教育观念

小学教育有其自身的客观规律,并不为人们的主观意志所转移,教育工作者只有按照教育规律办事,才能搞好教育。小学教育规律早在人们认识它之前,就已经存在并起作用了。遵循它,教育事业就发展,就前进,就成功;违背它,教育事业就受挫,就倒退,就失败。

小学教育学系统地剖析了小学教育现象的不同层次和各个侧面,揭示了教育领域里的一般规律和特殊规律,如能自觉地在教育实践中按规律办事,将会取得事半功倍的效果。

(三) 指导教育实践,提高教师素质和教育教学水平

小学教育工作是一项十分复杂细致的工作,要做好它并取得预期的效果,没有科学的理论为指导,不掌握科学的方法,是难以办到的。

小学教育学的学习有助于培养教师对小学教育事业深厚的感情,增强责任感,巩固专业思想。能够帮助小学教师全面认识小学教育事业,提高小学教师从事教育工作的光荣感和使命感;能够丰富教师的教育理论知识,开阔其学术视野,为他们结合实践形成自己的教育理想和信念提供知识基础;还能够帮助广大教师适应教育发展的要求,为成为研究型教师打下基础。

要想成为一名优秀的小学教育工作者,不但要有献身教育事业的满腔热情,还应掌握教书育人的知识和方法。从某种意义上来说,小学教育学理论是小学教育工作者从事教育工作的行为准则和指南。教师是教育活动直接的实施者和组织者,其素质高低直接影响着教育水平。

拓展阅读

按比例分配

一位教师在讲授"按比例分配"内容时,讲新课前向全班学生提出这样一个问题:把12棵树分给两个小组去栽,每个小组分几棵?全班同学都不假思索,异口同声回答:6棵。"有没有不同意见呢?"教师征询道。同时,目光很快地在每个同学的脸上掠过。忽然发现,一位姓孙的同学眉头微蹙,凝视窗外,可能会有与众不同的想法。于是,老师提醒大家说:"你们认真思考一下,有同学可能会把你们的答案推翻了。"这时,学生顿时警觉起来,重新思考老师提出的问题。随即便有几个同学举手要求发言,包括姓孙的同学。老师立

即鼓励他发言。他站起来说:"老师,每组分6棵不一定对。"

"为什么?"老师赶紧插入一个问题,以引起大家的注意。

"因为题中没有说怎么分。如果平均分,那么每组可以分6棵。如果不平均分,就有多种分法。"

老师当即带着表扬的口吻说:"好!他说的很好。过去我们学的都是平均分,也就是等分,今天要学习的是不平均分。"然后,立刻在黑板上写出了"按比例分配"。

学生好像在朦胧中被人唤醒,顿时振作起来,就这样,老师从孩子的习惯认识中,巧妙地把单一思维活动迁移到多项思维中去。

三、小学教育学的体系

小学教育学历经数百年,已自成体系,包括概念体系、结构体系和生成体系。

(一) 小学教育学的概念体系

小学教育学的概念纷繁复杂,但又自成体系,一般可分为系统要素、过程环节、课目设置、理论感知、组织策略和基础学科六大类体系。

1. 系统要素

教育是一个多因素、多层次、多类别、多领域、多形态的特殊社会子系统。所以,构成小学教育学系统的要素包括:小学教师、小学教育内容(知识)、小学学生、小学教育环境和小学利益相关者等。

小学教师是向小学生传递人类积累的文化科学知识和进行思想品德教育,将其培养成一定社会需要的人才的专业人员。狭义上,指在小学里承担教学任务的专任教师。

小学教育内容是指依据一定理念和政策从文化中精选出来,凭借一定的载体,让小学教师引导小学生学习掌握的文化精华。由于参与选取的主体角色不同,所选的小学教育内容就构成不同的层次,分为以课程计划与标准为载体的课程内容、以教材为载体的教学内容。

小学学生指从事小学学习活动的所有人。广义上,小学学生泛指在各种情境中接受小学教育的所有人,即小学受教育者。狭义上,专指在特定时间内在小学里从事专门学习活动的人。

小学教育环境,指小学所在和所有的全部环境,分为社区环境、校园环境与教室环境等。在教育领域,环境指直接或间接影响个体的形成和发展的全部外在因素。

小学利益相关者主要涉及小学教育系统中的人,如专家、家长和社区代表等。直接或间接影响小学教育过程的人和共同体,都是利益相关者。

2. 过程环节

小学教育学的概念体系遵循教育学的一般原理,从过程的角度考察小学教育学的概念体系,主要包括小学教育理念、小学教育目标、小学教育内容、小学教育环境、小学教育方法、小学教育评价。

小学教育理念是对小学教育认识的集中体现,也是人们对小学教育的基本看法和持有的基本态度与观念,是人们从事小学教育活动的基础。无论何时何地,任何小学教育活动都是以一定的小学教育理念为指导的。

小学教育目标,指小学教育应达到的预期学习结果。具体可以从官方、学校、教师、学生、家长和学者不同角度表述。

小学教育内容是为实现小学教育目标,经选择而纳入小学教育活动的知识、技能、行为规范、价值观念、世界观等文化总体。表现形式有课程计划、课目课程标准、课目教材、课目教学设计和课目学习设计等。

小学教育环境,宏观层面表现为小学生生活于其中的社会环境;微观层面表现为为小学生身心发展而有目的、有意识地专门创设的学校环境。

小学教育方法主要包含德育方法和教学方法。德育方法主要指纠正或培养道德行为的方法。教学方法包括教师教的方法(教授方法)和学生学的方法(学习方法)两大方面。

小学教育评价指采取一切可行的技术和方法,系统搜集各种有关的事实信息,在此基础上根据一定标准,对小学教育各个领域或各种活动及其结果进行价值判断的过程。与此相关的术语还有"课程与教学评价""课程评价""教学评价"以及"学习评估"等。

3. 课目设置

真实的小学教育,基本上是课目特定化的。小学有多少课目,就有多少小学课目教育活动,也就有多少种小学课目教育概念体系。

比如,"学习动机"这一概念,在小学教育活动中一定是课目特定化的,如具体化为小学语文学习动机、小学数学学习动机、小学英语学习动机……活动学习动机就具体化为小学篮球学习动机、小学钢琴弹奏学习动机以及社会服务学习动机等。可见,从课目设置维度来看,小学教育学的概念总是具体化的,也是庞大无比的。所以说,小学教育虽然姓"小",但非常复杂,为之不易。

4. 理论感知

理论感知就是应用具体理论视角,感知小学教育学活动中的生动现象。理论感知需要从问题入手,对问题进行研究,基于一些概念和理论进行分析。理论感知一般有问题、研究、概念、理论四个切入点。

问题指存在于现实生活中,需要被处理和解决的矛盾和难题。问题是理论感知的起点,学术研究往往"起于问题"也"终于问题",问题贯穿理论感知的全过程。小学教育学理论感知的问题,亦是如此。

研究一词常被用来描述关于一个特殊主题的材料收集、数据分析和命题推论。研究是一个系统过程,包括研究目标的设定、研究对象的选取、研究方法的选择、研究资料的收集和研究结果的呈现等环节。小学教育学理论感知的研究,亦是如此。

概念是理论感知的前提和升华,问题的阐释、研究的开展都离不开概念,没有概念的问题和研究,无异于没有砖头的建筑。概念可以是大众公认的,也可以是个人认知特有的一部分。概念都有内涵和外延,即其含义和适用范围。概念随着社会历史和人类认识的发展而变化。

理论是理论感知的结果,是对问题进行研究所形成的对事物知识的理解和论述。小学教育学理论的形成就是通过对小学教育过程中所产生的问题进行研究,从而形成的关于小学教育活动内在规律与情境因素作用的知识体系。

小学教育学的概念体系是一个立体多面的动态结构,而理论感知则是小学教育学概念体系的根基,小学教育学概念体系中的系统、过程、课目和组织都建立在其基础之上。

5. 组织策略

小学教育活动是特殊的组织活动,实质是一种决策活动。决策总是遵循一定的价值标准,采取某种管理与领导方式。小学教育活动的正常开展,需要组织者采用一定的有效策略,可以分为价值、决策、政策、管理、领导等五个层次。

在价值层次,小学教育学主要有"认识""知识""革新"三大价值。"认识"体现在认识小学教育学现象、揭示小学教育学规律和指导小学教育学实践。

决策,指决定的策略或办法。决策是管理中经常发生的一种活动,是为了实现特定目标,根据客观的可能性,在占有一定信息和经验的基础上,借助一定的工具、技巧和方法,对影响目标实现的诸因素进行分析、计算和判断选优后,对未来行动所做出的决定。在决策层面,我国课程实行三级管理制度,分为"国家课程""地方课程""校本课程"。

政策,指权威机构在一定范围内制定、实施的一定时期内的行动准则。小学教育学的政策概念,指小学教育行政与实施机构制定实施的小学教育活动行动准则。显然,小学教育政策是决策的产物和表征。

管理,指管理主体组织并利用人、财、物、信息和时间等多要素,借助管理手段,完成相应目标的过程。小学教育学的管理概念,一方面随着系统过程思维的影响,正在发展为小学教育学的治理概念;另一方面随着扁平化趋势和主体性原则的影响,正在发展为小学教育学的领导概念。

领导的本质是引导。领导是领导者为实现组织的目标而运用权力向其下属施加影响力的一种行为或行为过程。小学教育领导,狭义上指校长及中层领导组织全体师生完成教育任务的活动;广义上指小学教育活动中所有参与者的领导行为与活动,包括小学校长领导,小学部门领导,小学科组领导,小学教师的课程领导、教学领导与学习领导,小学生的教育领导、课程领导、教学领导与学习领导等。

组织策略贯穿整个小学教育学的概念体系之中,任何小学教育活动都离不开有效的组织策略。价值、决策、政策、管理、领导等层层递进,相互影响,在小学教育活动中发挥着巨大作用。

6. 基础学科

小学教育学的基础学科,来自外部学科,主要有"哲学""心理学""社会学""科学""历史学"等学科。

在哲学层面,几乎所有的教育哲学流派,都会提出关于教育目标、内容、方法和评价等的看法。哲学为小学教育学的发展提供了思想上的指导。

在心理学层面,行为主义、认知主义和人本主义等流派形成的新观点和新理论,不仅促进心理学自身的发展,也能促进小学教育学的发展。心理学为探讨小学生学习心理等提供理论支持。

在社会学层面,社会学为探讨小学生存在与发展的社会影响因素以及小学生群体的

发展等,提供了丰富的理论资源。

在科学层面,科学技术为小学教育学的定量分析和实验研究提供了坚实的方法论基础。进入21世纪,由于磁共振成像技术的作用,教育神经科学兴起,对小学教育学产生的影响是无法估量的。

在历史学层面,西方国家的小学教育制度从16世纪开始构建,我国小学教育制度在19世纪末20世纪初创立,把握这些历史逻辑和线索,可以洞察小学教育学变迁的未来可能性。

系统要素、过程环节、课目设置、理论感知、组织策略和基础学科自成系统又相互联系,从不同维度丰富和完善了小学教育学概念体系,构成了多面立体、不断动态发展的小学教育学概念体系。

(二) 小学教育学的结构体系

目前来看,小学教育学的结构体系已然格外丰富。从学科角度考察,就有小学教育学的子学科结构;从不同层次考察,就有小学教育学的层次结构;从不同类型考察,就有小学教育学的类型结构;从不同课目考察,就有小学教育学的课目结构。

1. 子学科结构

小学教育学根据内容和主体的不同,可分为小学教育学原理、小学课程论、小学教学论、小学学习论、小学教育技术学和小学管理学等子学科。

小学教育学原理是小学教育学的基本理论,主要研究小学教育活动中的哲学、社会学、心理学、历史学、科学等基本理论问题,探求小学教育学的一般原理和规律。小学课程论的研究领域主要涉及小学课程设计、实施和评价等理论与实践。小学教学论是研究小学教学一般规律的学科。小学学习论主要研究小学学生和教师的学习问题。小学教育技术学主要研究小学教育中涉及的技术问题。小学管理学专门研究和解决小学教育行政与管理活动中的组织、管理、领导与政策问题。

2. 层次结构

小学教育学在层次结构上可以划分为幼小衔接教育学、小学低年段教育学、小学中年段教育学、小学高年段教育学和小中衔接教育学。

小学一、二年级为低年段,三、四年级为中年段,五、六年级为高年段。各年段学生身心发展及课程设置等均有各自的特点,相应的教学要求与方法等均应有所不同,各年段的小学教育学值得深入研究。

在幼小衔接方面,抓住学前儿童与小学生学习的特点,以便做到课程内容连贯及课程实施顺利过渡,都需要开展专门研究。

小中衔接的小学教育学主要聚焦于小中衔接的课程研究,倡导九年一贯制课程,既要考虑课程的一贯性,又要考虑学生的差异,还要结合地区和学校的特色。在教材编写、学生课后作业量及学习方法指导等方面,也需要考虑小中衔接的问题。

3. 类型结构

根据小学教育学所发生的场域,小学教育学的类型结构可以分为儿童家庭教育学、儿童社区教育学和小学学校教育学等。

儿童家庭教育学是对家庭中儿童的教育现象和问题的研究,以揭示家庭教育的规律,指导人们更有效地进行家庭儿童教育活动的一门学科。任何有机体观察学习的过程都是在个体、环境和行为三者相互作用下发生的,行为和环境是可以通过特定的组织而加以改变的,三者对儿童行为塑造产生的影响,取决于当时的环境和行为的性质。父母作为儿童家庭学习的榜样,要注意言传身教,为儿童营造一个良好的家庭教育氛围。

儿童社区教育学主要探讨如何利用社区内的政治、经济、文化、风俗习惯、生活方式和事项风貌等因素对儿童进行多渠道、多层次、多方面的教育影响。社区可以组织文艺表演、举办体育活动、组织外出旅游和组织青少年校外活动等,儿童在一系列丰富的社区活动中,交往能力、语言能力和生存能力等得到锻炼和提高,社区可以塑造儿童,儿童也可以影响社区。

学校教育学是教育学的一个分支学科,与社会教育学和家庭教育学等共同构成了一门大学科—教育学。小学学校教育学研究小学学校教育中的一般问题,研究小学学校的教育现象,揭示小学学校的教育规律,从而指导小学学校的教育实践活动。

4. 课目结构

小学有多少种课目,就有多少种小学课目教育学,如小学语文教育学、小学数学教育学等。

小学语文教育学是植根于小学语文教育实践,从现实社会和未来发展的需要出发,运用现代教育理论、心理学理论及现代教育技术等建立起来的小学语文教育理论体系。小学语文教育学不是语文和教育学简单相加的产物,而是小学语文和教育学、心理学等相互交叉、渗透、选择、融合、改造之后所形成的新的理论体系。

小学数学教育学是以教育学与小学数学学科的融合点作为体系起点的一门层次更高的学科,也是一门实践性很强的理论学科。其研究包括小学数学的学科意识、小学数学课程与教学及小学生数学学习活动等主题。

子学科结构、层次结构、类型结构和课目结构既涉及了小学教育学的历时态维度,又关注了共时态维度,形成了纵横交错的小学教育学结构体系。

(三)小学教育学的生成体系

小学教育学是人建构的,不同的主体建构着不同的小学教育学。

由此可见,就有学者、教师与学生协同生成的小学教育学,学生的小学教育学,教师的小学教育学和学者的小学教育学四种类型。

1. 学者、教师与学生协同生成的小学教育学

学校外部环境主要通过其中有关的个人、团体与机构,以各种直接间接的协作参与方式,对小学教育学产生作用。学者、教师与学生分别从"教育决策""利出参与"和"施加影响"等不同层次,进行协作、参与。小学教育的发展,需要建"全主体"视角,需要学者、校长、教师、家长和学生等多方面的合作,小学教育学学科自身的成长同样离不开多方的努力。

2. 学生的小学教育学

小学生有对小学教育的感知与理解,小学生在与教师的日常交往、学习中对小学教育

学形成了丰富的感知。一方面,需要张扬小学生的教育学生产者角色,让其发展为教育学研究者,建立和发展小学生教育学。另一方面,需要开发行动研究方法论,让教育研究者走入小学课堂,去发现和阐释小学生生成的教育学知识。

3. 教师的小学教育学

小学教师不仅在感知与理解小学教育,而且在探究与认知小学教育,创生了极其丰富的小学教育学知识。一方面,需要张扬小学教师的教育学生产者角色,让其发展为小学教育学的实践性学者,以拓展和深化小学教师教育学。另一方面,需要开发行动研究方法论,让教育研究者走入小学课堂,去发现和阐释小学教师生成的教育学知识。

4. 学者的小学教育学

从古至今,学者的小学教育学独占话语权。学者对小学教育学的建立和发展,发挥了重要作用。但是,学者应自我反思,解除所占据的"霸权"角色,走进小学课堂,既与小学师生一道开发"师生的小学教育学",也升华和发展"学者的小学教育学"。

第二节 小学教育学与小学教师专业发展

教育方针的贯彻、知识的传授、智能的训练、习惯的养成以及品德的陶冶,都要通过教师来实施的,学校对学生的教育主要是通过教师的教学、教育工作和组织学生开展各种活动来进行的。学校的教育效果取决于教师的质量。实现小学教育的目标,每一个小学教师都肩负着重大的责任。所以教师自身的专业化水平,是一个非常关键的问题。特别是小学教师,他们面对的是知识经验缺乏、辨别是非能力差,以及模仿性强的儿童,更要求小学教师提高其专业性。

1966年,联合国教科文组织首次提出"教育工作应被视为专业(Profession)。这种职业是一种要求教员具备经过严格而持续不断的研究才能获得并维持专业知识及专门技能的公共业务;它要求对所辖学生的教育和权益具有个人的及共同的责任感"。经过30年的实践努力,1996年联合国教科文组织在日内瓦召开的第45届国际教育大会通过的九项建议中,把教师专业化列为提高教师地位的整体政策中最有前途的中长期策略。

无论在社会学、心理学还是文化学意义上,由"人"向"师"的转化和提升,都是一个复杂的过程。这种转化和提升如果方向偏差、结构失衡、动力不足、程度不够,都会直接影响教师素质和水平的提高。教师专业化正是着眼于教师的专业素质,促进教师的专业成长和发展,从而实现由非专业人员向专业人员的转化和提升。

已有研究表明,教育理论是通过唤醒教师对于教育实践问题的反思,促进教师对教育实践的主体参与和价值重建,从而转化成为教师主体的教育知识、观念和能力,内化为教师的教育专业素养,只有这样才能起到实际的指导作用。因此,小学教育学的功能就在于促进小学教师专业理念的更新、专业知识的优化和专业能力的提升。

一、促进小学教师专业理念的更新

教师的教育理念是教师通过教育理论学习和教育实践,形成的对教育事业的理性认识,是教育教学实践中教师心中坚守的原则、信念或追求的理想,是实现所追求的教育目的的实现保证。教师的专业理念是一个不断加深和巩固的长期过程。专业理念,是小学教师积极性和创造性的动力和源泉,只有不断地学习和积累小学教育的基本理论,认识小学教师的工作,体验和思考小学教育的重要性才能树立投身小学教育事业的决心。小学教育学作为小学教师专业化重要的学科支撑,对促进小学教师专业理念的更新具有十分重要的作用和功能。

古人云:"知之深,则爱之切"。现代心理学揭示了人的知、情、意、行的相互关系。同样,教师的职业信念、职业道德、职业性格以及职业能力的养成和提高,总是以科学的认识为基础的。教育理论是在运用科学方法和借助一定的概念、判断和推理,进而形成的对于教育现象、问题的理性认识,是关于教育本质和规律的知识体系,是人类在教育实践和研究的长期过程中逐步建立起来的。教育理论的学习,使得我们突破个体认识水平和经验的局限,获得作为合格教师所必备的教育专业知识(条件性知识)。从而使我们能够对千姿百态的教育现象有更加深刻的理性认识,准确把握小学教育现象、问题及其本质。同时,我们能在此基础上深刻地认识到一个小学教育工作者的任务、使命、价值、素质和要求,确立起理想的教师形象和专业发展的目标,形成教师的教育信念。这种以科学知识和系统理论为基础的教育信念,是小学教师专业成熟的重要标志,也是专业人员与非专业人员的重要区别。这种教育信念能为我们的专业行为确立基本的理性支点,使教育和教学行为有着科学的理论依据和高度的自觉性、创造性。

二、促进小学教师专业知识的优化

苏联教育家马卡连柯(1888—1939)说过,"一般地说来,教育学是最辩证、最灵活的一种科学,也是最复杂、最多样化的一种科学。这种见解,就是我的教育信念的基本标志。"诚然,小学教育实践是一个复杂的、充满各种矛盾和不确定性的工作,小学教育学不可能为我们提供现成的解决问题的"处方"、照章操作的工艺步骤。但是,系统的教育理论是教师应对小学教育现象、独立地对小学教育现象、问题作深入研究与反思的基础。

已有研究认为,教师的知识分为四个方面:

(1) 本体性知识。本体性知识即教师所教的特定学科的专业知识。这是教师教学活动的基础。一位合格的教师,对于所教学科的专业知识,应当包括四个方面:一是对该学科的基础知识有着广泛、深刻而准确的理解,熟练掌握学科的基本概念、基本知识和基本技能。二是对本学科相关的学科知识,尤其是相关点、相关性质、相关的逻辑关系有基本的理解,以利于知识教学和运用时必要的综合和拓展。三是了解本学科的发展历史和未来趋势,了解学科的价值以及与社会、与人类、与现实生活的密切关系。四是能够把本学科知识变成自己的一种学科(学术)造诣,并能够清楚地表达出来。

（2）文化知识。教师具有本学科专业以外的广博而丰富的一般文化科学知识，能够适应学生的好奇心和求知欲，扩展学生的精神世界，赢得学生的尊重和爱戴。这对于小学教师尤为必要和重要。

（3）实践性知识。教师的成功教学，除了要通过教育学科的学习，掌握教育教学规律和原理，具备丰富的条件性知识，还应当通过教育实践活动，获得一种经验性的教育知识。这种知识不是在书本上或通过教师直接的传授就能获得的。它往往蕴涵在教育实践中，并与具体的教育情境相联系的，是一种隐性的、缄默化的知识，只有通过教师个人的实践反思和行动研究，才能够逐步积累和获得。

（4）条件性知识。教师掌握的学科知识与一般的学者和科学家所掌握的学科知识是不同的，教师只有将学科知识进行"心理学化"，才能便于学生理解和掌握。对这种"心理学化"过程的研究便构成了另一门学问，即教育科学和心理科学，如关于学生身心发展的知识、教与学的知识、课程的知识、学科教学法的知识、学生管理和心理辅导的知识、教育研究的知识等。这种知识是教师成功教学的重要保障，故称为条件性知识。这是教师工作成为一门"专业"不可缺少的学科基础。

小学教育学的学习，首先，会使我们在对教育的规律性认识的基础上，走进一个充满责任感、使命感和幸福感的"价值世界"。这使我们形成对小学教育事业、对小学教师职业更为理性而深挚的情感，产生强烈的从教动机，形成更为成熟的职业理想。其次，小学教育学有利于小学教师职业道德规范的养成。形成教师的职业道德和专业伦理规范——服务精神、深厚博大的"教育爱"、专业自主、责任感和教育公正等。显然，这同样需要建立在教师对于教育使命、教师工作价值和责任等深刻认识上，并自觉实践的。再次，教师职业手段的获得和职业性格的养成，更离不开教育理论的导向、引领和熏陶。通过小学教育学系统理论知识的学习与研究，使我们能更加深入地了解小学教育的特性和品格，走进童心世界，养成丰富的人文情怀，形成小学教师特有的职业性格。

三、促进小学教师专业能力的提升

小学教育学的学习可以促使我们原有的"习俗化"教育知识和经验得到不断改造和提升。小学教师在教育理论的引领和启示下，改变单纯的重复劳动和个体经验状态，通过自主反思和研究探索，不断创造形象生动、深入浅出的教学形式，探索妙趣横生、活力无限的教育艺术，形成独具特色、丰富多样的教学风格，分享学生成长进步和成才带来的快乐。这样，教师便告别"教书匠"的乏味与无奈，在不断自我更新、自我发现和自我提升过程中，获得一种由创造带来的精神充盈和内在欢乐。作为教师，出色的能力是理所当然的素质要求。这种能力一方面包括一般能力（或称为通用能力），如观察、记忆、思维、想象等认识方面的能力，人际交往、沟通和表达能力等。另一方面，是教师在教育教学和研究活动中应当具备的专业能力。这虽然是以前者为基础的，但也有着教师专业的特定要求，主要包括教育能力、教学能力、自我监控能力。

教育能力。教育能力主要是特指教师进行思想教育和管理的能力，包括教师担任班主任的教育计划和预见能力、组织和管理能力、教育问题的诊断和实际解决能力、教育的自我监控和反思能力等。

教学能力。教学能力包括一般教学能力（各式各样教学所需要的基本的教学能力），由教学认知能力、教学操作能力和教学监控能力构成。所谓教学认知能力，是指教师对教学目标、教学任务、学习者特点、教学方法与策略以及教学情境的分析和判断能力，包括分析和掌握课程标准的能力、分析和处理教材的能力、对学习者学习准备和个性特点的了解和判断的能力等。教学操作能力是指教师在实现教学目标过程中的教学运作和解决教学问题的实践能力，如语言表达能力、非语言（体态语）的运用和表达能力、选择和运用教学媒体的能力、教学呈现的能力、组织管理能力和教学评价能力等。

教育监控能力。近年来的研究表明，无论是教师的教育能力还是教学能力，都是在教师的教育监控能力的作用下发挥作用的；同时，教育监控能力又是教育教学能力形成和发展的内在机制和动力。所谓教育监控能力，又称为反思能力，是指教师为了保证教育教学的成功、达到预期的教学教育目标，而在教学教育的全过程中，将教学教育活动本身作为意识的对象，不断地对其进行积极、主动的计划、检查、评价、反馈、控制和调节的能力。目前，国内外的教育改革和教师教育都十分强调培养"反思型教师"，开展教学反思，正反映出教育监控能力（教学反思能力）对于教师素质的形成和教师的专业发展的重要意义。

小学教育学不是告诉我们一套应当如何如何的教育规条、原则或是机械刻板的教育方法、模式，抑或操作层面的教育教学技能，而是引领我们不断地反思、探索和创造，提升教育智慧的过程。同时，教育理论知识以及在学习过程中的分析、比较、反思、质疑和探究，又是我们形成和发展教育思维能力的过程。

小学教育学的学习，一方面有利于我们对小学教育价值、真谛的更深刻地认识和领悟，尤其是重新发现小学教师工作的内在价值，实现职业意识的转变和升华，从而使小学教师的工作由义务、责任的外在驱动或是功利的诱使，发展成为教师对实现自我价值的幸福感、自我发展的成就感，由被动转向主动，由他律走向自我建构、自我追求和自我发展。另一方面，小学教师在教育理论的引领和启示下，改变单纯的重复劳动和个体经验状态，通过自主反思和研究探索，不断创造形象生动、深入浅出的教学形式，探索妙趣横生、活力无限的教育艺术，形成独具特色、丰富多样的教学风格，分享学生成长进步和成才带来的快乐。

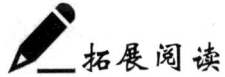

初等教育学创立与小学教师养成的制度化①

1623年，捷克教育家夸美纽斯(1592—1670)的《大教学论》被认为是近代教育学独立的开端。他从"泛智教育思想"出发，试图探讨"把一切事物教给一切人类的全部艺术"，创立了教育目的论、方法论、教育原则、课程和教学论、德育论以及学科教学的思想。这可以

---

① 阮成武.小学教育概念[M].上海：华东师范大学出版社，2011：6-10.

算作初等教育学的创立。

此后,英国哲学家、教育家洛克(1632—1704)于1693年出版了《教育漫话》,法国思想家卢梭(1712—1778)于1762年出版了《爱弥儿》,以及德国著名的哲学家康德(1724—1804),都从不同方面丰富和发展了教育理论,特别是初等教育思想。此后是赫尔巴特(1776—1841)更是系统地讲授了教育学并创立实验学校,把教育研究与师资培养结合起来。

教育学的形成和发展,极大地推动了师范教育和教育实践的科学化。此后,瑞士教育家裴斯泰洛齐(1746—1827)、德国教育家第斯多惠(1790—1866)、俄国教育家乌申斯基(1834—1870)对于推动师范教育和教育实践的科学化作出过巨大的贡献。在西方教育史上,裴斯泰洛齐第一个提出"教育心理学化"。他的一整套要素教育理论、教学原则和方法,对于改进小学教育及教师培养工作作出了杰出的贡献。第斯多惠继承了卢梭和裴斯泰洛齐关于发展儿童自然本性的思想,并创立"全人类教育"的思想,提出了教育的文化适应性原则和发展性教学原则。他的教育思想对于小学教师产生了重要影响,他被誉为"德国教师的教师"。

教育学的创立和初步发展,使师范教育走上了科学化轨道。现代教育在发展过程中形成"双轨制"使师范教育自产生起就被划为群众性学校这一轨,而且,教师的专门培养也只是局限在小学教育阶段。19世纪末到20世纪初,欧美开始了第二次工业革命,人类进入了电气化时代,对劳动者的素质提出了更高的要求。发达国家开始把义务教育由小学教育延长到中等教育初级阶段,发展成为现代国家的公共教育。教育科学的发展既加强了小学与中学教师教育的连贯性和整体性,也进一步示明两者在专业上的分化和差异性。科南特在《美国师范教育》中分别论述了小学和中学教师的培训。他提出在师范学院、小学与中学教师的培养目标、课程结构应有各自特定的要求。在普遍加强文理普通教育,提高教师学术水平的基础上,幼儿园和小学头三年级教师应成为"包班制"的多面手,四至六年级教师应成为有所专长的科任教师,中学教师则应当专攻一门科目;同时,他极力反对取消教育学科的主张,还批评教育课程空泛重复、脱离实际,认为应切实提高教育课程的科学水平,精简科目和内容。小学教师必修的教育课程应占整个教学计划的1/4,中学教师则应占1/8。

60年代开始,世界各国在加强教师学科知识教育、提高教师的学术水平的同时,切实加强教学科,提高教师的教育专业素养,培养既是学者又是良师的"双专家",促进教师职业的专业化。这样,长期以来的师范教育发展成为开放化、终身化、一体化的"教师教育"。为了提高教师教育的专业化水平,各国教师教育的招生制度、培养目标、培养模式、课程设置和教师资格任用制度等都进行了深入的改革和整合。在此基础上,中小学教师教育又进行新的专业分化,由职业性质和水平高低不同的两级教育,发展成为专业方向和特质各异的两类教育。

近年来,我国正努力实施素质教育,培养具有创新精神和实践能力的优秀人才和高素质的劳动者,以适应国际竞争和增强综合国力。为此,1999年《中共中央国务院关于深化教育改革全面推进素质教育的决定》提出,2010年前后,具备条件的地区力争使小学教师学历提升到专科层次。2001年《教育部关于"十五"期间教师教育改革与发展的意见》进一步明确要求,到2005年,大中城市和经济发达地区,新补充的小学教师中具有专科学历者力争达到80%以上;已实现"两基"的农村地区,新补充的小学教师具有专科以上学历者力争达到50%左右。

本专科学历水平的小学教师必将成为我国基础教育中重要的新生力量、教师专业化的重要方面军。2002年12月,中国教育学会设立初等教育学专业委员会,开展初等教育学学科建设以及小学教师专业化的研究。2010年11月,教育部成立高等学校小学教师培养教学指导委员会,负责起草《中国小学教师专业标准》和《高等学校小学教育专业规范》。我国的小学教师专业化进入了一个崭新的阶段。

第三节 小学教育学的学习与研究

小学教育学是一门探讨小学教育科学规律的学科。建立与发展小学教育理论,是以开展小学教育科学研究为基础的。从行动中心视角看,学习与研究是一体的。对于小学教育学来说,学习方法与研究方法是一体的,小学教育学的研究方法和学习方法同样重要。

一、小学教育学的学习方法

人的生命存在永远处于现实与理想、现有与应有、此岸与彼岸的张力之中。学习作为一种特殊的文化活动,其隐喻嬗变是人类文化价值的直接体现。人类学习的隐喻经历了从知识习得到参与建构再到知识创造的变革过程。相应地,积淀了以下三类学习方法。

(一) 知识习得型学习

在人类文明发展过程中,学习被视为获得知识、技能或习惯等的过程,这就是学习的习得隐喻(acquisition metaphor)。作为一种不证自明的观点,它被人们普遍认同。随着认知学派心理学的兴盛,人们逐渐使用"概念发展"这一术语来分析"学习过程中的知识增长"。知识以概念为基本单位,可以不断积累、逐步精练、相互联系,形成越来越丰富的结构。"知识习得"和"概念发展"等术语,都促使人们把"心灵"(mind)想象成可填充某些材料的"容器",而把"学习者"想象成这些材料的"拥有者"。

习得隐喻认为学习就是学习者拥有实体的所有权。知识习得型学习看重对已有知识、概念、意义、图式、事实、材料等的接受、理解、内化、占有、积累等。教师可以通过传递、促进和中介等各种方式,帮助学生达成目标。

(二) 社会参与型学习

随着习得隐喻局限的凸显,"学习即参与"(leaning-as-participation)的新隐喻于20世纪90年代开始兴起。参与隐喻绝对不将学习与情景割裂,尤其关注学习的情境性与社会中介等。在参与隐喻看来,学习者是学习主体,逐渐参与特定共同体活动,成为共同体成员。这要求师生组成学习与研究的共同体并开展相应的学研活动,学习者要具有使用该共同体的语言进行交流的能力,以及根据该共同体的特殊规范来行事的能力。当然,这些规范就是在形成共同体的过程中经由协商而建立的。由此,学习者不再被看作拥有一些知识的人,而是被视为参与特定活动的人。

(三)知识创造型学习

在习得隐喻和参与隐喻不断论争并尝试调和之时,网络化知识社会的迅猛发展,正在向人类提出新的严峻挑战。为了富有成效地从事知识密集型工作,个体专业人员、共同体以及组织,都必须不断自我超越、发展新的能力、改进自己的知识与理解并进行创新,进而创造出新的知识。对师生来说,为了能够有效地参与其中,就必须学会超越个体的努力,为知识的创造和发展而开展合作。在这样的背景下,知识创造隐喻(knowledge-creation metaphor)应运而生。每个儿童、每位公民潜在的都不仅是知识的消费者,而且是知识的创造者和建设者。

也就是说,学习不能仅仅是个体对已有知识的转化或建构,不能仅仅是个体成长为共同体成员的过程,也不能仅仅是二者的整合。归根结底,学习不能仅仅被理解为是学习者消费和传承知识的活动,更应该成为学习者生产和创造知识的活动。知识创造型学习活动主要包括三种模式:组织化的知识创造(organizational knowledge-creation)模式、拓展性学习(expansive learning)模式以及知识建造(knowledge-building)模式。这些模式通过大量的实践、实验和实证调查,深刻揭示了知识创造型学习的关键所在。学习知识的方式由习得、参与到如今的创造,充分反映了时代进步对人的学习能力要求越来越高,只有不断地超越,才能很好地适应当今社会。

二、小学教育学的研究方法

小学教育学的研究属于社会科学研究,是整个教育科学研究的一个重要组成部分,其目的是为了检验和发展小学教育理论、发现并探索小学教育规律,解决小学教育中面临的实际问题。小学教育科学研究是一项有意识、系统的、科学的探索活动,它要求广大小学教师和校长积极参与,在实践中不断提高研究能力。

小学教育学的研究方法论的历史进化过程,呈现出"文献研究""量化研究""质性研究""行动研究"逐步演进的四种形态。立足文化哲学加以观照,其根本区别在于主体际关系的差异。所谓主体际关系,主要是学者作为教育研究主体的研究者与师生作为教育活动主体的被研究者之间的关系。小学教育学四种研究形态的进化,是主体际关系从相互对立疏离到逐步交融创生的过程。

(一)文献研究

就像一般性研究方法论一样,文献研究(literature review)是小学教育学最重要的方法之一。文献研究也称情报研究、资料研究或文献调查,指通过对文献资料的检索、搜集、鉴别、整理、分析,形成科学认识的方法。文献研究所要解决的主要是如何在浩如烟海的文献资料中选取适用于课题的资料,并对这些资料做出恰当的分析,归纳出有关问题及其解决原理与方法。所以,文献研究不仅仅指资料收集和分析,更加侧重对这些资料及其分析进行提炼,形成更深层次的概括、概念与方法。

文献研究既有问题又有优势。在文献研究中,研究者与作为研究对象的小学师生,是分离的,而且以文献为媒介是"不见面"的。文献研究存在许多局限,根源皆在于此。但是,文献研究的优势也是突出的,研究者可以将无限时空里的小学教育研究成果收入"囊中",一则学而拥有之,二则为后续研究奠定坚实基础。所以,当今乃至以后的小学教育研究都十分有必要采用文献研究。

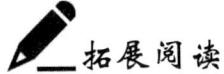拓展阅读

富有生命力的文献研究法[①]

进行教育科学研究时,人们通常会用到文献研究法。文献研究法也称情报研究、资料研究或文献调查,是指对文献资料的检索、搜集、鉴别、整理、分析,形成事实科学认识的方法。文献研究法所要解决的主要是如何在浩如烟海的文献资料中选取适用于课题的资料,并对这些资料做出恰当的分析,归纳出有关问题。所以,文献研究法不仅仅指资料收集,更加侧重对这些资料的分析。

文献研究法是史学、哲学和社会学最常使用的研究方法之一。通过文献资料研究,可以获得新论据、找到新视角、发现新问题、提出新观点、形成新认识。研究文献,可以从前人的研究中获得某种启示、少走弯路、减少盲目性,也可以利用前人的权威观点为自己佐证,使研究增强说服力。为此,文献研究法既可以独立完成一项课题研究,也可以作为一些课题的辅助性研究方法。

现在的教育科学研究中,越来越多的人采用内容分析法进行课题研究。对于内容分析法,学术界有不同的认识,有的认为是一种独立的研究方法,有的认为是文献研究的具体方法之一,我更倾向于后者。内容分析法也是以文献为研究对象的方法,但更加注重对文献的内容进行分析、揭示文献的隐性内容,同时注重将定性的文献定量化。如世界著名未来学专家约翰·奈斯比特所著的《大趋势》一书就是经过12年不间断地监读6 000种美国地方报纸,逐渐找到了美国结构变革清晰的十个新方向。《大趋势》一书在世界销售了一千四百多万册,后经《金融时报》证实,其中的预言几乎都得到了验证。《大趋势》的成功还有一个重要的结果,就是其使用的内容分析法引起人们极大的兴趣。

文献研究法非常富有生命力,在于它突出的几个优点。首先它超越了时间、空间限制,通过对古今中外文献进行研究分析可以研究非常广泛的社会情况。文献研究法可以研究那些年代久远无法再现或接触不到的调查对象,如已作古的教育家、已发生过的教育现象等,这一优点是其他研究方法所不具备的。其次,它具有间接性、无反应性的特点。研究者不与文献中记载的人与事直接接触,研究者与被研究者之间没有任何互动,不会因

[①] 杜晓利. 富有生命力的文献研究法[J]. 上海教育科研,2013(10).

调查对象不配合而对收集资料产生影响。最后,它的费用较低,效率较高。文献研究是在前人和他人劳动成果基础上进行的调查,是获取知识的捷径,不需要特殊设备,所以省时、省钱、效率高。

任何研究方法都有缺憾,文献研究法也不例外。全面了解其缺点,可以在使用过程中加以注意,以便更准确地运用它,以达到研究目的。文献研究法的第一个缺点就在于许多文献的价值难以判断,质量难以把握。无论是报纸上的各种报道,还是官方的统计资料,都常常会隐含个人的偏见、作者的主观意图,从而造成各种偏误,影响文献资料的准确性、全面性和客观性;其次,有些文献资料很难获得,而且往往是越有价值的文献越难搜集。如一些文献不对外公开,所以对于某些特定的社会研究来说,往往很难获得足够的资料;最后,对于一项专门的调查研究来说,已有的文献往往不够系统、全面、无法自圆其说地说明问题,特别是一些历史性文献。

(二) 量化研究

针对文献研究的局限,学者们对小学教育领域出现的新鲜事实及其蕴含的规律充满好奇,而且笃信数学的客观与严谨,于是小学教育学的量化研究(quantitative research)逐步兴盛起来。参照通用的量化研究界定,小学教育学的量化研究就是一种使用统计的、数学的或计算的技术,对小学教育活动中可观察现象中特殊关系进行规范的、客观的和系统的实证研究(描述与测验)的过程。量化研究包含许多种类,如实验、测量、评价、调查、数理统计与分析等,其核心特征在于用数学符号或语言来描述和解释外在事物或现象。

量化研究的基本前提假设是事物或现象的各种特征、关系或机制能够用数学符号合理地加以表征。因此,量化研究的基本证据类型是数据,通过数学符号揭示事物或现象的关系或机制。量化研究既有问题又有优势。显然,量化研究尽管突破了文献局限而让研究者进入了小学教育活动现场,但是研究者与作为研究对象的小学师生,虽然以研究工具为媒介"见了面却还是冷冰冰的",其关系依然是疏离的。量化研究存在许多局限,根源亦皆在于此。当然,量化研究可以发现和建构小学教育领域一些具有重要价值的概念与理论。所以,当今乃至以后的小学教育研究都十分有必要采用量化研究。

(三) 质性研究

随着解释学或诠释学的兴起,量化研究的表征方式所具有的"说明"特性广受诟病,于是宣称张扬"解释"本性的质性研究(qualitative research)兴起。质性研究是"以研究者本人作为研究工具,在自然情境下采用多种资料收集方法对社会现象进行整体性探究,使用归纳法分析资料和形成理论,通过与研究对象互动对其行为和意义建构获得解释性理解的一种活动"。它具有探索社会现象、对意义进行阐释以及发掘整体和深层社会文化结构的作用。

在文化哲学看来,质性研究尽管突破了文献和方法双重局限,让研究者不仅进入了小学教育活动现场,而且成为研究媒介直接触及了作为研究对象的小学师生的心智经验,但是在心智权力层面仍然使他们分离,仍然是研究者处于主宰地位,维持着"霸权",从研究计划、实施到提炼和表达,权力均由研究者掌握。当然,质性研究虽然有问题,但也有不可替代的长处,可以发现和建构小学教育领域个体内在心智活动与个体之间交互活动的运作机理。所以,当今乃至以后的小学教育研究也都十分有必要采用质性研究。

(四) 行动研究

"哲学家们只是用不同的方式解释世界,问题在于改变世界。"文献研究、量化研究和质性研究都受传统哲学支配,止步于解释或说明小学教育。而在现实中,小学教育不仅需要解释或说明,更需要改革。因此,小学教育学的行动研究方法论兴起。

1. 行动研究的实践认识论原理

行动研究之父勒温(Lewin, K.)彰显了行动研究的"革新与发展"双重功能。当代行动研究名家凯米斯(Kemmis, S.)指出:新世纪"行动研究既革新人们的实践,也革新人们对实践的理解,还革新人们实践的条件。"参照著名行动研究学者迪克(Dick, B)给行动研究下的定义,小学教育学的行动研究就是优秀小学教育实践工作者所做研究的一种扩展。他们在行动之前就形成意向,边行动边关注效果,在行动之中或之后,他们细心地将做到的和没做到的辨析得清清楚楚,从而为下一步想法和行动做出规划。

2. 行动研究的整体主义气质

行动研究信奉文化立场。事实上,行动研究是在原始研究的"始基"上,经过文献研究、量化研究和质性研究的相继发展和扬弃,方慢慢孕育而逐渐生成的。在这样的"进化性"生成过程中,量化研究是融合了文献研究方法的,质性研究也是融合了量化研究方法的,行动研究也是融合着质性研究方法的。在这种意义上,行动研究涵养起了整体主义的品质,即与已有多种形态的研究方法论相继相融。

因此,小学教育学的行动研究方法论亦具有了整体主义气质,把已有小学教育领域使用过的文献研究、量化研究、质性研究和行动研究,都整合为一体了。可以展望,小学教育学的整合性行动研究方法论前景广阔。

3. 整合性行动研究方法论框架

小学教育学领域,已经形成了一个清晰的整合性行动研究方法论框架。这个框架,立足文化哲学基础,观照情境化系列问题,使用连续性研究范式,选用适切性数据收集方法,开发适切性数据分析技术谱系,使用学术性成果表述技巧。

已有的研究表明,要使学习和研究一体,应该强调动态性和整体性,老师和学生之间选用自主学习、合作学习、探究学习和混合学习四种策略,选取具体主题与方法,成立学生小组"从做中学""体验式学习",并且在教师指导下开展与完成。一种专题行动学研方法,主要步骤如下:

第一,选题。在预备课基础上,教师指导学生了解本课程教材大纲,并组织学生个人或小组选择一个具体的专题学研主题。教师列出四个清单:①《小学教育学》教材内容本身值得深入学习与研究的具体内容主题清单;② 教师正在开展研究的具体题目清单;③ 高年级学生正在开展专题学研的主题清单;④ 与学生经验有关的可能的专题研究方向清单,供学生自己深入挖掘使用。教师要指导学生就自己的选题完成一份作业"'小学教育学'课程专题学研主题选题设计",至少包括"漂亮的作业题目""简洁引言""选题缘由""选题概念界定""深入学习内容""深入研究问题"和"专题学习与研究配合策略"等。

第二，文献综述。组织学生完成一个文献综述或系统性文献综述研究法的专题学习，设计和完成所选专题的文献综述或系统性文献综述。在此基础上，根据后面"第三步"和"第四步"的描述，分别开展"文献性"和"实践性"两个层面的深入学研。

第三，专题文献研究。在第二步的基础上，完成作为"专题文献综述"学研成果的一份优质专题文献综述文稿，该文稿至少蕴含着凸显"文献性"的三个子主题，分别为：① 专门主题内涵的内在逻辑结构清理与建构；② 专门主题理论发展的历史逻辑进化清理与建构；③ 专门主题理论子概念多领域学科的扩展与清理。

循着这些可以深化学研的子主题，按照"专题论文设计、研究、撰写与修改完善"原理与方法，基于"文献综述"获得的专门数据资料，进行专门而深入地做思学研，直至做出可以公开发表的专题论文。

第四，专题行动研究。按照行动研究的步骤，按照"问题挖掘""研究设计""数据收集与分析""专题论文设计与撰写"步骤，边开展研究边就研究需要进行应用性学习。通过这种具体化的行动探究活动，把"学习"与"研究"整合起来，形成特殊的"学研方法"。进而，按照"专题论文设计、研究、撰写与修改完善"原理与方法，基于"行动研究"获得的专门数据资料，进行专门而深入的"做思学研"，直至做出可以公开发表的专题论文。

拓展阅读

行动研究方法论框架

小学教育学领域，已经形成了一个清晰的整合性行动研究方法论框架。这个框架，立足于文化哲学基础，观照情景化系列问题，使用连续性研究范式，选用适切性数据收集方法，开发适切性数据分析技术谱系，使用学术性成果表述技巧。

（1）文化哲学基础。文化哲学就是历史积累起来的所有逻辑自洽或经验证成的理论体系，有哲学的、社会学的、心理学的、科学……以及交叉学科的，小学教育学的行动研究项目需明确自身的文化哲学理论基础是什么。

（2）情景化系列问题。行动是情景性的，行动研究是研究情景性的。所以，整合性行动研究面对的就是情景化系列问题：已有研究的状况如何？依据什么理论能够开发什么样的策略以优化有关发展？开发使用有关策略优化有关发展是否显著有效？这样的有效性的内在机理是怎么样的？新机理理论下能够进一步开发什么样的新策略以进一步优化有关发展？……这样循环往复和螺旋深化，以致无穷。

（3）连续性研究范式。针对情景化系列问题，研究设计就可以适切性地使用连续性研究范式。具体来说，应用文献研究范式探察"已有研究的状况如何"这一问题，应用行动研究范式探察"依据什么理论能够开发什么样的策略以优化有关发展"这一问题，应用量化研究范式探察"开发使用有关策略优化有关发展是否显著有效"这一问题，应用质性研究范式探察"这样的有效性的内在机理是怎么样的"这一问题；再应用行动研究范式进一步探察"新机理理论下能够进一步开发什么样的新策略以进一步优化有关发展"的问题……这样循环往复和螺旋深化,以致无穷。

(4) 适切性数据收集方法。专门的文献研究探讨了新世纪行动研究开发中研究数据收集的方法体系,"提出了数据收集方法新分类体系,包括学者使用方法、实践者使用方法和双方共用方法。"每一类方法都多种多样,需要根据具体研究的问题、假设与目标来加以具体选用。

(5) 适切性数据分析技术谱系。专门的文献研究也探讨了新世纪行动研究开发中研究数据分析技术的使用情况,数据表明"仅有25%的研究使用了数据分析技术,……75%的研究没有使用数据分析技术"。其中,使用的数据分析技术仅有六种,分别为主题分析、内容分析、扎根理论分析、比较分析、人种志分析和统计分析。显然,行动研究方法论尚需大力开发可行性强的数据分析技术谱系。

(6) 学术性成果表述技巧。实际上,做研究有研究实施与研究表达两个层面。过往研究方法论论著,凸显了研究实施方法论,遮蔽了研究表达方法论。研究成果表达,主要有专题论文与专题著作两种类型。专题著作是在系列专题论文基础上形成的,或者说专题著作实质上是一个篇幅较大的专题论文。专题论文就是研究成果表达层面,具有标志性的产品或象征。专题论文生成有一个设计、研究、撰写与修改完善的过程。这个过程,至少包含主题确定、问题挖掘、行文设计、内容选择与逻辑清理五个层面的研磨。

思考与讨论

1. 简述小学教育学的概念体系。
2. 简述小学教育学的生成体系。
3. 学习小学教育学对小学教师专业发展有哪些帮助?
4. 谈谈你对学习小学教育学的认识。
5. 简述小学教育学的学习方法。
6. 请列举一些典型的小学教育现象和小学教育问题,并对他们进行分析。

参考文献

1. 黄济,劳凯声,檀传宝.小学教育学(第二版)[M].北京:人民教育出版社,2007.
2. 吴洪成.中国小学教育史[M].北京:人民教育出版社,2006.
3. 单中惠.外国中小学教育问题史[M].济南:山东教育出版社,2005.
4. 虞伟庚.教育学基础(小学)[M].北京:北京大学出版社,2018.
5. 于海荣.我理想中的小学教育——对小学教育的若干思考[J].内蒙古教育,2014(7):32-34.
6. 柳海民.教育学原理(第2版)[M].北京:高等教育出版社,2019.
7. 曾文婕,黄甫全.小学教育学(第三版)[M].北京:高等教育出版社,2017.
8. 黄正平.试论小学教育特性与小学教师培养[J].教育发展研究,2007(22).

第二章
小学教育概述

小学教育究竟是什么？这是学习小学教育学的一个重要而又关键的问题，也是树立正确的小学教育观的核心问题。小学教育，作为国民教育体系中的一个阶段和重要组成部分，不仅为人一生的发展奠定基础，也是提高全民基本文化素质和实现国家富强、民族振兴的重要基础。本章将着重论述小学教育的概念和特点、小学教育的基本任务、小学教育的产生和发展历程。

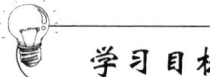

1. 掌握小学教育的概念和特点。
2. 理解小学教育的基本任务。
3. 了解小学教育的产生和发展的历史阶段。

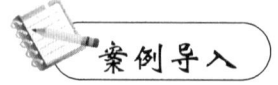

我心中理想的小学教育

合肥市安庆路第三小学校长　郑家凯

人类从野蛮走向文明，从孔子游说列国，到夸美纽斯实行班级授课制，从陶行知晓庄师范的"生活教育"，到朱永新主持的"新教育实验"，无不凝聚着教育者的艰辛与智慧。人类的文明史便是教育的文明史，那么理想的小学教育是什么？

理想的教育理应是全民的教育，是一种"阳光普照"工程。教育要面向全体学生，无论学生是睿智，还是笨拙的；无论是高贵的，还是贫贱的；无论是强健的，还是柔弱的，教育都应该向每一位学生敞开宽广的胸怀，让每一位学生尽情吮吸其丰富的营养。理想的教育，不应该是一种"精英教育"，而是一种大众教育。学生有不同的先天素质和生活环境，有自己的爱好和长处。教育要面向全体学生，面向有个性差异的学生。学生的差异不仅指考试成绩的优劣，还包括生理特点、心理素质、兴趣爱好……教师要正确判断每一位学生个性的不同特征及其发展潜质，从分析学生自我意识、学习风格、智力或能力等个体因素入手,制订丰富而灵活的教育计划和教育策略,以适应不同天资禀赋的学生,开发每一位学生的潜能,使"好学生""中等生"和所谓的"差生""后进生"在原有的基础上得到充分的发展,得到新的提高。是泥土,便可以烧成砖瓦;是铁矿,皆可以百炼成钢;是金子,就应该放出光彩。

理想的教育是一种全人的教育,要让学生全面发展。教育的本质是育人,使一个自然人变为社会人。全面发展,就是使学生在德、智、体、美、劳等方面都能获得正常、健全、和谐的发展,学生脑力与体力、做人与做事、继承与创新、学习与实践同样不可偏废。人的身心是一个和谐发展的整体,人的认知、情感和意志应该互相支持、协调发展。理想的教育不应该只重视智育而轻视德育,忽视美育和体育。思想不好是危险品,学习不好是次品,身体不好是废品,心理不好是易碎品。智力因素是学生发展的基础,非智力因素是学生发展的动力。理想的教育在传授知识的同时,不能忘记塑造人格;在关心学生学习成绩的同时,更要关注学生的内心世界,让学生的内心世界丰盈起来。

理想的教育,更应该是全程的教育,立足于现在,着眼于未来,为学生终身发展打下亮丽的"底色"。传统教育中"注入式""填鸭式"教育的弊端,就是教师简单地将自己的知识强加给学生,那种以"告诉"为主的教育方式,剥夺了学生思维、选择和尝试的权利,扼杀了学生个性发展和创造力的发挥,而这些恰恰又是"学生离开学校教育后剩下的",是学生终身受用的。每一个儿童都是一个珍贵的生命,每一个学生都是一幅生动的画卷,教师应当体会生命的最大丰富性和主动性,关注学生成长与发展的每一点进步,帮助学生发现自己,肯定自己。理想的教育应该是解放学生的脑,让他们自由地想;解放学生的口,让他们自由地说;解放学生的手,让他们自由去做。学生的头脑不是一个被填满的容器,而是需要点燃的火把,教师的责任就是点燃火把,并让它燃烧得更旺。教师不应做学生思维的保姆,而要让知识成为学生思考的果实。教师应当是使学生成长的引导者、发展的引路人,不是带着知识走向学生,而是带着学生走向知识,最后,让学生步履蹒跚到铿锵有力地主动走向知识,走向生活。

小学教育是现代学校教育制度的重要组成部分,为学生的全面发展和终身发展奠定坚实的基础。而了解和掌握小学教育,需要厘清小学教育的特点、任务和历史发展。

第一节 小学教育的特点

《中华人民共和国教育法》第十七条规定:"国家实行学前教育、初等教育、中等教育、高等教育的学校教育制度。"第十九条规定:"国家实行九年制义务教育制度。"这表明,小学教育作为我国学制相对独立的教育阶段,既有着教育的一般性质和特点,随着现代国民教育体系的演变、发展而不断演变,也逐渐形成自身特有的规律和内在逻辑。在我国全面建设小康社会和建设比较完善的现代国民教育体系背景下,重新理解和把握小学教育的性质和特点,被赋予了新的时代内涵。

一、小学教育的概念

作为现代学校教育制度中的一个重要部分,小学教育是与学前教育、中等教育、高等教育并存的一个教育阶段。有人曾对小学教育做过形象生动的描述:"小学教育之于社会,犹如墙基之于百丈高楼,枕木之于千里铁路,钢材之于万吨巨轮,发展国民经济、培养各类人才、提高民族素质,基础在教育,而小学教育是基础的基础。一个国家、一个民族如果不能普及具有一定质量的小学教育,将永远处于愚昧、落后状态,永远不能走向现代化,所谓文明、进步、繁荣、富强就只是一种空想。"

由于小学教育与初等教育、基础教育等概念连在一起,这里需要通过比较来加以更好地认识。

(一)小学教育与初等教育

根据联合国教科文组织发布的《国际教育标准分类(第三次修订)》确认,初等教育是基础教育的第一阶段,此级教育的重点是向法定的入学年龄不低于 5 岁或不大于 7 岁的儿童提供教育,包括向学生提供读写算方面扎实基础的教育课程,同时对其他科目也有一些基本了解。在大多数情况下,小学教育的开始也就是义务教育的开始。在我国,初等教育的概念有广义与狭义之分,是"对受教育者实施最初阶段的教育"。从阶段性看,广义的初等教育是相对中等教育及高等教育而言的,包括接受中等教育以前的教育阶段,涵盖小学教育和学前教育;狭义的初等教育主要是指小学教育。从教育对象和教育形式看,我国1951 年的学制确立的初等教育,包括儿童的初等教育和青年、成人的初等教育两个系列。儿童初等教育主要是通过全日制小学给儿童以全面的基础教育;青年、成人初等教育通过工农速成初等学校等,施以相当于小学程度的教育。

从比较看,各国实施初等教育的学校机构是多样化的,与学前教育、中等教育衔接方式也各不相同,但初等教育在学制体系中的性质和地位是共同的、恒定的。初等教育是现代国民教育制度体系中一个具有独特性质和独立地位的教育阶段,小学则是实施初等教育的主要机构。正因为如此,人们将初等教育与小学教育等同起来。但初等教育与小学教育又有区别。在我国,初等教育不仅要对儿童施以全面的基础教育,还担负着对青年、成人进行相当于小学程度的扫盲任务。20 世纪 90 年代以来,随着全民教育的兴起,初等教育的对象范围开始面向全民,成为全民教育的核心指针和基本内容,以满足儿童、青年、成人的"基本学习需要"为目标。

(二)小学教育与基础教育

20 世纪上半叶,随着教育民主化和社会的发展,义务教育上延到初中阶段,原先两种性质的小学教育逐步走向并轨,成为全体少年儿童接受的国民基础教育。基础教育成为一个内涵和外延相对固定的概念,不存在选拔淘汰、升学与就业的分流,主要系指学前教育和小学教育。"它是终身学习和人类发展的基础,而各国可以在这一基础上建立其他层次其他类型的教育和培训。"其中,小学教育是各国基础教育中最基本的、必不可少的一部分。联合国教科文组织 1972 年在《学会生存——教育世界的今天和明天》中提出,基础教育是为"所有的儿童"普及完全的、全日制及其他形式的小学教育。90年代全民教育兴起,《世界全民教育宣言》提出要"扩大并不断重新确定基础教育的范围",包括早期的幼儿看护和初始教育、普及的小学教育、满足青年和成人学习需要的多种传授系统等,以满足全民的基本学习需要。1996年《教育——财富蕴藏其中》进一步勾画了各级教育发展的目标任务,将基础教育作为每个人"走向生活的通行证"。其中,基础教育包括儿童基础教育和成人基础教育,普遍提供一种适合于所有人的教育,它既能使人们为今后的学习打下坚实的基础,也能使人们获得积极参加社会生活的基本能力。儿童的基础教育可以确定为(正规或非正规的)启蒙教育。这一教育原则上从孩子3岁开始,一直到至少12岁。

在我国,基础教育反映的是人们对于被纳入其中的这部分教育之于社会发展和个体发展的意义和价值的一种理解,以及它与其他各级各类教育的一种关系,它的范围和程度是不断扩大和提升的。所谓基础教育,亦称"国民基础教育",对国民实施基本的普通文化知识的教育,是培养公民基本素质的教育,也是为继续升学或就业打好基础的教育。一般指小学教育,有的包括初中教育。2001年《国务院关于基础教育改革和发展的决定》中指称的基础教育,进一步扩展为学前教育、义务教育和普通高中教育。

综上所述,小学教育是对学生进行的最初的正规教育,以培养学生获得知识、习得学习方法及体验学习美感等的为期五年或六年的基础性义务教育。通过小学教育,学生逐渐由自然人成长为社会人。小学教育实质就是促进儿童健康成长的一体化的社交学习活动和心智学习活动。

我国把小学教育作为基础教育的一个阶段和部分,有利于小学教育与基础教育其他阶段和其他部分联系和衔接起来,但难以保持小学教育的独立性和独特性,甚至被卷入应试和选拔的旋涡而难以自拔。因此,明确小学教育在基础教育中的独立性和独特价值,应当成为我国小学教育发展的根本出路以及基础教育改革的基本方向。

二、小学教育的特点

随着社会政治、经济和文化的发展,以及小学教育思想、理论、制度和结构的不断变革,小学教育在不同历史阶段、社会背景和教育体系下的内涵和特点是不断演变和发展的。我们应当通过历史回顾和综合比较,来准确地认识和把握当代小学教育的内涵和特点。

小学教育是一项规模宏大的教育奠基工程,除具有一般教育的特点外,还有它自身独具的基本特征。

(一)基础性

小学教育是整个教育事业的基础,要提高整个教育事业的质量,必须从小学教育做起,小学教育的基础性具体表现为:

1. 小学教育是社会发展和国家富强的基础

作为现代教育最基本的一级,小学教育的普及和发展对工业化社会的建立做出过重要的历史性贡献。在日益发展和完善的现代教育制度体系中,小学教育对社会政治、经济、文化、科技等方面的发展发挥着更加重要的基础性功能。

这是因为,现代教育是一个庞大而复杂的系统结构,这个系统结构的不同层次、阶段和类型有着各自特定的功能。这种特定功能既是对于系统的其他部分和结构而言,也是对于社会而言。过去,人们一般只看到小学教育对于现代教育自身的基础功能,而忽视小学教育特定的社会功能。小学教育相对于现代教育的其他层次、阶段和类型而言,它的特定功能在于提高全民身体、心理、知识、道德等基本素质,为各级各类人才培养和社会发展奠定坚实基础。

1986年颁布的《中华人民共和国义务教育法》规定,国家实行九年义务教育,义务教育是国家用法律形式予以规定,要求适龄儿童必须接受,国家、社会、学校、家庭必须保证的,强制、免费和普通的国民基础教育。义务教育是面向全体公民的教育,是面向未来的事业。义务教育的普及程度、质量优劣,直接关系到我国经济和社会发展所需的亿万劳动者的素质和各级各类人才的质量,关系到社会全面进步的程度和我国的国际声誉及形象。小学教育是九年义务教育的第一阶段,在实施义务教育中负有直接的重大责任。小学教育的健康发展将有利于从根本上杜绝新文盲的产生,直至最终消灭文盲,从而保证接受教育这一个人权利和义务目标的实现。

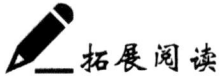

基础教育是必须跨出的第一步①

基础教育是必不可少的"走向生活的通行证",它使享受这一教育的人能够选择自己将要从事的职业,参与建设集体的未来和继续学习。如要成功地同两性之间的不平等以及同各国内部和国家之间的不平等现象做斗争,基础教育则是至关重要的。为了缩小给妇女、农村居民、城市贫民、处于社会边缘的少数民族和数百万位上学的童工等许多群体带来痛苦的巨大差距,基础教育是必须跨出的第一步。

2. 小学教育为提高国民素质奠定基础

一个国家的学校教育体系大都分为若干阶段。我国的学校教育体系,一般包括初等教育——中等教育——高等教育三大阶段。其中初等教育(小学教育)和中等教育(中学教育)都属于普通基础教育,其连贯性很强,但每个阶段又有其独立的性质和任务。"九层之台,始于累土。"小学教育是各级各类教育的基础。从个人来讲,完好的小学教育,为其身心健康发展奠定了基础,同时为其接受中等教育提供了条件。从一个国家来看,只有小学教育普及和提高了,中等教育、高等教育才能逐级普及和提高。从这个意义上讲,小学教育具有为高一级学校打基础、为培养各级各类人才打基础的性质。

总之,小学教育不仅为提高国民素质奠定基础,也为培养各级各类人才奠定基础,更为儿童一生的发展奠定基础。

---

① 联合国教科文组织.教育——财富蕴藏其中[M].北京:教育科学出版社,2014:79-81.

3. 小学教育为人一生的发展奠定基础

小学教育作为全民教育和基础教育,它的独立价值和功能表现在:促进全体儿童青年和成人接受机会均等的基本教育,满足所有人的"基本学习需要"。小学教育的一项崭新功能是进一步回归到为儿童生命发展奠基这个"元点"上来,是促进人的全面发展所要求的。

教育是人的生命的心路历程,它基于生命,通过生命活动,并促进生命发展和生命质量的提高。教育对于生命价值,表现在焕发和提升人的生命、创造人的精神生命的意义上,即对于生命潜能的开发和发展需要的满足。小学教育对于人的生命发展的作用和功能主要表现在两个基本方面:

(1) 为人的生命发展创造快乐幸福的童年

马克斯·范梅南说:"儿童不只是一个未来的存在,他更是一个当前的存在。我们的教师,不仅要为儿童的未来作准备,更要关心他们的现在……关心儿童的现实,就要关心儿童的兴趣、需要,从他的需要兴趣出发,造就一个适合他们的教育而不是削足适履,使他们适合教育。"

小学教育不是一味地为儿童未来做准备,模仿成人的生活,而是以现实为基础,关心儿童的现实,回归儿童的现实生活,积极创造条件去激活、去展示儿童生命的灵动与飞扬,促进每个儿童创造性地、富有个性地发展。

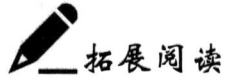
拓展阅读

英国新一轮小学课程改革蓝图出炉(2011年实施)

2009年4月30日,随着《小学课程独立评估:总结报告》的发布,英格兰新一轮小学课程改革蓝图公之于众,20年来英格兰小学教育最大的变革即将拉开序幕。报告为英国小学教育应对21世纪时代变迁提出了一揽子变革课程的建议,其要旨包括促进终身学习,减少指令性规定,给学校和教师更大的灵活性。报告指出,应该废弃现行的英格兰小学课程,用一个经过"瘦身"的版本代替,在"教什么"上给学校更大的自由度。

报告高度重视培养学生说与听的能力,强调个人发展对提高学业水准的关键作用,允许夏天出生的儿童在满4周岁后可以在当年的9月入学。此外,在新课程中,"玩中学"在小学低年级被高度强调,信息技术(ICT)与英语、数学一道成为新的核心课程。鲍尔斯大臣表示接受这份报告的所有建议,新的小学课程将从2011年9月开始实施。

根据这份报告,新的小学课程最大的变化之一就是将原有的11门法定学科(subjects)变成"六大学习领域"(areas of learning):英语、交流与语言(外语),数学,艺术,历史、地理和社会,身体发育、健康与幸福,科学与技术。在这六大学习领域中,核心(core)是听说读写(litterracy)、算术(numeracy)、信息技术(ICT)和个人发展(personal development)。一年级的儿童就应该会使用 Google,到了11岁,他们就应该学习发布网页和播客(podcasts)。

尽管报告建议的新课程正在征求公众的意见，但新课程蓝图已经得到了很多教师的欢迎。伦敦东部赛尔温小学的校长罗伯·西斯泰德说："喜欢六大学习领域的概念，学校有机会把课程组织成更易被儿童接受的形式，使之更有吸引力和创造性，有利于更好地激发学生，让学生学得更加投入。"一位出生在8月的儿童家长说，儿童入学的时候很不适应，大力强调"玩中学"、口语交际和个人技能的培养，但非常棒。

不过英国保守党的影子学校教育大臣尼克·吉布说："新课程降低了难度，给学生打下的学业基础没有以前那么牢固，而牢固的基础是他们在中学获得成功所必需的。"自由民主党的有关人士说，由于该报告并未涉及有小学毕业统考之称的Sats的改革，因而影响有限。一个由政府委托的专家组完成的Sats调研报告将在随后两周内出台。

（2）为人的生命发展孕育潜力、注入动力、奠定基础

童年期是人生发展的黄金时期。这一阶段的可塑性和可接受性很大。他们在这一时期所形成的生活经验、态度和情感，对日后的发展有着深刻影响，而且此时儿童的道德、人格、智力和体质发展处在关键期。《教育——财富蕴藏其中》指出：将伴随一个人一生对待学习的态度，正是在家庭中，广而言之也是在基础教育（其中尤其包括学前教育和小学教育）阶段培养形成的，在此阶段，人的创造性思想火花可能光芒四射，也可能渐渐熄灭；接触知识可能成为现实，也可能无法实现。正是在这一时期，每个人都在获取有助于提高推理能力和想象力、判断力和责任感的手段，也都在学习如何对周围世界产生浓厚兴趣。因此，小学教育的功能不单是为人的发展奠定基本的能力基础，更不只是传统上的"双基"，而是促进每个学生潜能的开发、健康个性的发展、为适应未来社会发展变化所必需的自我教育、终身学习的愿望和能力，为人的终身发展提供动力并奠定基础。

（二）全民性

所谓小学教育是"全民"教育，从广义上说，是指小学教育必须面向全体人民。这样，才能从根本上彻底扫除文盲，从整体上全面提高民族的文化素养；狭义地看，是指小学教育必须面向全体适龄儿童。即任何未成年的公民，不论其种族、民族、性别、肤色、语言、社会经济地位等的差异（智力及身体状况不允许的例外），只要达到一定的年龄（6—7岁），都必须进入小学接受初等教育。换言之，小学教育的大门是向每一位适龄儿童开放的。它不要求也绝不应该对入学的儿童按照某种标准进行筛选。

小学教育是"全民"教育，这是对小学教育"基础性"的根本规定。把小学教育作为"全民"教育的意义在于：

1. 保证接受教育成为每一个人的权利和义务

儿童出生之后，作为一个人，作为一个未成年的公民，拥有许多权利。例如，有得到成年人的保护、抚养、照看的权利、有活动和游玩的权利，等等，以利于健康地发育和成长。在儿童的众多权利之中，接受教育是最重要、最根本的权利之一，它既不可剥夺，也不应让与。每一个儿童都有权利受到最初步、最起码的教育，因为"人唯有凭借教育才能成为人。人绝非人所创造的教育以外的产物"。联合国《世界人权宣言》(1948年)和《儿童权利宣言》(1959年)都把"儿童享受教育"或"人人都受教育"作为基本的人权加以确认，这是现

代社会进步的一个最重要标志。在今天,接受教育的权利已被看作是有关一个人的生存权的一部分。同时,接受教育也是一个人对国家、对社会所承担的不可推卸的义务或责任。既然一个人不接受教育就不称其为人,那么,为了社会的生存和进步,他就必须接受教育。不然,他就可能是社会的"包袱",于社会无益。

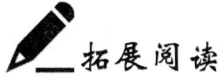

《儿童权利宣言》摘录

第 7 条　　儿童享有受教育的权利。这种教育至少在初级阶段应当是免费的、义务的。儿童应享有提高一般教养的教育。根据机会均等的原则,发展其能力、判断力及道德的与社会的责任感,使之成为社会有用的一员。

负有教育与指导之责任者,应当以儿童的最高利益为其指导原则。这种责任首先在于儿童的双亲。儿童应享有游戏和娱乐的充分的机会。这种游戏和娱乐应当同教育的目标相一致。社会及公共机关应努力促进这一权利为儿童所享有。

2. 为每一个人接受更高一级的教育奠定基础

由于小学教育是面向全体儿童的,那就为他们进入高一级的学校接受教育或者在生活与劳动中继续学习提供了可能性。我国目前的社会现状下,经济条件暂时还不能保证全部受完小学教育的儿童都进入正规的高一级的学校继续学习,但是,如果每一个儿童在小学阶段都打下了扎实的基础(不仅仅是知识基础),则会使他们有可能在实际情况允许的前提下(2019 年初中阶段毛入学率达 102.6%)做出选择:或升学、或在劳动中继续学习。假如小学教育不是面向全体适龄儿童,哪怕只面向绝大多数儿童,也会使一部分人根本没有可能接受高一级的学校教育的机会。小学教育面向全体适龄儿童就使贯彻"机会均等"这一公平原则得到了保障。我们说小学教育是基础,就是要为每个人的持续发展创造最公平的前提条件。

普及教育,指国家对所有学龄儿童(不分种族、肤色、宗教信仰、性别和能力)实施一定程度的普通教育。一般说来,普及教育首先以小学教育普及为目标,逐步向上延伸。在教育思想史上,英国空想社会主义者莫尔(Sir Thomas More 1478—1535)曾在《乌托邦》(1516 年)一书中描绘了所有儿童都接受良好初等教育的情景。他是提出普及教育思想的早期代表人物。到了 17 世纪,捷克著名的伟大教育家、开创教育学作为一门独立学科的奠基人夸美纽斯(1596—1670)提出了关于"一切儿童,不分贫富、贵贱、男女,不论居住地域差异,都应在国语学校接受六年初等教育"的构想。但普及教育的真正实施,大约只有 200 多年的历史。工业化国家在 21 世纪初早已普及了小学教育。

小学教育的全民性是世界各国教育改革的共同趋势,几乎所有国家的教育都在努力创造条件,确保每个人接受教育的权利。

中国现代小学教育自 20 世纪初确立开始,向来重视小学教育在塑造国民素质中的重要作用,提倡普及小学教育。在革命战争年代,毛泽东同志明确提出要发挥人民群众的积极性,限期普及小学教育。周恩来也提出,中小学教育的发展是一个重要而艰巨的任务,"在落后的中小学教育的基础上,是不能把大学教育办好的。教育要大众化,首先要办好中小学教育。"1912年中华民国颁布的《教育部公布小学校令》凸显了小学教育的本体功能,同时,教育的社会功能注重原先的修身、读经,更加重视国民道德的培养和生活必需的知识技能,"小学校教育以留意儿童身心之发育,培养国民道德之基础,并授以生活所必需之知识技能为宗旨。"邓小平十分重视抓教育,要从小学抓起,他提出:"我们要在科学技术上赶超世界先进水平,不但要提高高等教育的质量,而且首先要提高中小学教育的质量。"因为,"高等院校学生来源于中学,中学学生来源于小学,因此要重视中小学教育"。

 拓展阅读

小学教育立法

德国最早颁布义务教育法令。普鲁士于1763年颁布《普通学校法》,规定5—13岁的儿童必须接受义务教育。1919年魏玛宪法规定对6—14岁的儿童实施强迫教育。

法国1833年《基佐法案》规定每一市镇设立一所小学;1867年《迪律伊法案》规定市镇可以征税用于义务教育开支。1881年法令规定实施免费小学教育。

美国1852年由马萨诸塞州率先颁布《义务教育法》。之后各州相继颁布了义务教育法令。

英国于1870年颁布《小学教育法》,规定5—12岁儿童必须进小学。1876年颁布法令规定5—10岁为义务教育年龄。1944年的《巴特勒法案》改变了传统的"双轨制",通过11岁考试以实现中等教育阶段的分流。

日本1872年《学制令》规定对6—14岁的儿童实施初等义务教育,与纳税、服兵役一道成为国民应尽的三大义务。

中国1903年清政府颁布第一个现代学制,小学教育作为第一教育阶段。规定儿童6岁进蒙学堂,10岁入小学堂,学习6年。次年颁布了《奏定学堂章程》,在全国范围组织实施。1951年,新中国颁布的《关于学制改革的决定》,实现五年一贯制小学教育,并设立儿童和青年成人小学教育两个系统。1986年颁布《中华人民共和国义务教育法》,推行九年义务教育,在普及小学教育的基础上普及初级中等教育。

(三) 义务性

小学教育是义务教育,义务教育是国家用法律形式规定的对适龄儿童和青少年实施一定年限的普及的、强迫的、免费的学校教育。这里的"义务"一词包括:① 国家有设立学校以使人民享受教育的义务;② 父母或监护人有使学龄的子女或被监护者就学的义务;③ 全社会有排除适龄儿童和青少年入学受教育的种种不良影响和障碍的义务。因此,义务教育要求国家、社会、学校、家庭必须给予保障。对受教育者来讲,既是应享受的权利,又是应尽的义务。

《国家中长期教育改革和发展规划纲要(2010—2020年)》中进一步提出:"义务教育是国家依法统一实施、所有适龄儿童少年必须接受的教育,具有强制性、免费性和普及性,是教育工作的重中之重。""到2020年,全面提高普及水平,全面提高教育质量,基本实现区域内均衡发展,确保适龄儿童少年接受良好义务教育。"《中华人民共和国义务教育法》规定"国家实行九年制义务教育。省、自治区、直辖市根据本地区的经济、文化发展状况,确定推行义务教育的步骤。"国家、社会、学校和家庭依法保障适龄儿童、少年接受义务教育的权利。"

小学教育是面向全体适龄儿童的,对于每一位公民来说,享有法律上给予的受教育权利,国家、社会、家庭都必须优先保障儿童少年受教育的机会。

小学教育是义务教育,根据义务教育法的规定,它又是强制的和免费的,"国家对接受义务教育的学生免收学费。国家设立助学金,帮助贫困学生就学。""父母或者其他监护人必须使适龄的子女或被监护人按时入学,接受规定年限的义务教育。"

由于小学教育是依国家法律而实施的基础教育,因而它具有强制性。强制性决定了一个国家在小学教育发展和投入上的优先性。例如,以"教育立国"著称的日本,一开始就把小学教育、义务教育放在优先发展的战略地位。早在明治维新初期,日本政府就确立了"抓两头、带中间"的教育发展战略——首先发展小学教育和高等教育,再考虑中等教育的发展。而对于"两头"的发展,小学教育又被摆在更加重要的位置上。二战后日本进一步把教育发展重点放在小学教育。即使是随着九年义务教育目标的实现而相应地提高其他层次和类型教育投入的比例,但日本的义务教育经费仍然维持在学校教育投资的50%,其中小学教育经费维持在学校教育经费的27%以上。1990年,日本小学教育总额达6 252 401万日元,生均66.7万日元,是1890年的313倍、1950年的76.3倍。

在今天,接受教育的权利已被看作是有关一个人的生存权的一部分。通过法律规定的小学教育的义务性为儿童接受教育提供了基本的保障,同时,接受教育也是一个人对国家、对社会所承担的不可推卸的义务或责任。

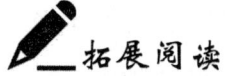

拓展阅读

美国初等教育的主要特点

1. 传授知识时间迟。以算术为例,美国小学三年级教授100以内的四则运算,只相当于我国一年级下学期水平。

2. 课程、教材虽浅,但面宽。如"科学"课较我国"自然"课内容多,涉及当代科技基础知识。另有介绍政府、政治等内容的课程。

3. 日授课课时比例小。美国小学生每日在校约八小时(包括午餐时间),课堂教学仅占约一半时间。

4. 校内活动丰富、生动。除算术、英语、科学等课程外,其他课程均以活动形式进行,用孩子和家长的话说,就是"玩",如游戏、绘画、手工制作、植物栽培、表演等。

5. 教学管理气氛轻松。众多科目教师只负责组织,具体由孩子凭想象去干。例如手工制作,孩子可利用各种工具、材料"为所欲为",教师不多干预,作品形式多样。

6. 课外作业量少,但有趣。作业形式大都符合孩子的心理,使其乐于完成。如观察某一现象(像种子在水中如何发芽等)、制作一手工制品、画一张画、编个故事等。孩子完成的作业虽然幼稚,有的不伦不类甚至荒诞,但毫无思想制约,体现并开启了孩子的想象力和创造力。

7. 注重培养组织、演说、社交能力。不少活动,教师布置后即由孩子自己独立完成。我们时常收到美国小学生来信索要有关中国的材料,办"展览"、做报告,令人好笑又发人深思,但从中可体会他们的勇气和自信。

8. 广泛接触自然和社会。针对孩子爱玩的天性,学校经常组织学生外出参观、旅游,使他们接触自然、认识自然、了解社会。美国的风景区、历史、文化设施对学生优惠。

9. 发展个性。美国是政治、文化多元化社会,注重人的个性,学校不以统一模式"铸造"学生,教师对学生"管"得不多,评语多是鼓励性的,以国内观点看,未免"放任自流"。

10. 爱国主义教育潜移默化。美国小学不开设与我国对应的思想品德教育课程,他们的爱国主义教育通过组织学生参加各种社会活动、参观、访问、了解重大历史事件来进行,直观、形象地从小培养孩子的民族自尊自豪感。

11. 教师负担相对较轻。由于教材内容不深,作业量少,注重学生个性发展,学校并不包揽学生一切事务,"放"多于"管"。

第二节　小学教育的任务

小学教育,在各级各类的学校教育中,虽处于较低层次的教育类型,但对未来的影响却是最深的。一个国家,要在科学技术和生产方面走向世界前列,必须拥有一支素质高的劳动大军和一大批适应能力强、创造能力强的高级、中级专门人才。无论是劳动大军也好,高级中级专门人才也好,他们都是从小学开始培养的。小学教育的成败,小学生素质的高低,直接关系到未来劳动大军的素质以及全民族的素质,影响到国家的前途。

小学教育是基础教育,其根本任务是打好基础,即要求学好语文、数学,打好读、写、算的基础;全面推进素质教育,为全面发展奠定基础;使小学生初步学会运用自己的手和脑,运用自己的智慧与体力,为培养具有高素质的公民打下基础,为全民族文化素质的提高打下基础。小学教育要同学前教育和初中阶段教育互相衔接,应在学前教育的基础上,通过实施教育教学活动,使受教育者生动、活泼、主动地发展,为初中阶段教育奠定基础。

小学教育的任务具体表现在:

一、基础知识的普及和基本能力的培养

在各级各类的教育中,小学教育居于特殊的地位,它对于儿童身心发展的方向和进程有着深刻的作用。小学教育搞得好,可以加速儿童的身心发展,并为一生的发展奠定良好的基础。

1. 普及基础文化科学知识

小学阶段开设的各门课程,都是基础性的,是小学生今后的学习与发展所必需的,教师要保证学生学好各门课程,为他们打下扎实、全面的文化科学知识基础。同时注意在知识的传授过程中对小学生能力和情感、态度、价值观的培养;还要避免对各门课程厚此薄彼,小学阶段的各门课程都是基础性的,它们的开设是以《义务教育法》为保障的。虽然在时间分配和管理、考试方式上各有不同,但是每一门课程对于每个学生的发展同样是不可缺少的。

2. 培养各种基本能力

帮助小学生适应学习活动,应当从最基础的学习能力培养开始,包括遵守学习制度,按时上下课、认真听课、学会运用各种学习用具等。还应掌握各种学习技能,如阅读、计算、预习、复习等;掌握规则意识和遵守规则的能力,包括文明礼仪习惯、公共秩序、学校的学习制度等;掌握人际交往能力,能够积极参加集体活动,在各种活动中受到他人的接纳,并且能够接纳他人,能够信任和尊重他人,平等待人,善于与人合作;掌握思维能力,促使他们去进行主动积极的思维活动,并且给予帮助和指导,从而使他们从小养成勤于思维、乐于思维的习惯;掌握运用所学知识解决问题的实践能力,给学生提供各种各样的实践机会,将学校教学与自然和社会联系起来,将书本知识与生活实际联系起来等。

二、促进小学生的身心发展

小学生记忆力强,好奇心强,求知欲旺盛,凡事都要问个为什么,对于感兴趣的事物会像海绵吸水一样,把有关知识牢记在心,终生难忘,手脑并用,进行新的探索。他们又善于模仿,并且习久成性。在小学阶段养成的好习惯,可牢固地保持一辈子;相反,如果养成不良的习惯,等长大了,纠正起来就困难得多。俗话说"三岁看大,八岁看老",正是这个道理。小学阶段习得的经验,将在一生中留下深刻的痕迹。美国爱迪生儿时对电产生了兴趣,经常摆弄一些电器,做些科学小实验,长大后成了大发明家。

在人的身心发展中,遗传仅仅提供发展的物质基础,而这种基础能否得到发展以及发展到什么程度,则与所处的环境和所接受的教育分不开。如,一棵橡树有成长为 30 米高的可能,但是在一般的环境只长到 12—15 米,在环境恶劣的地方则只能长到 6—9 米,而在精心培育的地方可以长到 18—21 米,甚至长到 24—27 米。入小学前,绝大多数儿童的发展水平差别不大,他们的发展潜力都很大,如果放任不管,他们的潜力只能发挥 20%—30%,如果精心培养和教育则可发挥潜力的 60%—70%。

可以说,小学阶段是个性发展的最佳期,也是智力水平上升的最佳时期。

1. 生理发展方面

教师应培养小学生坐、立、写字与看书的正确姿势,注意锻炼小学生的小肌肉,逐步锻炼其手部的精细动作,但应避免剧烈的运动。根据童年期儿童的生理发展特点,允许他们进行系统的学习,但不应过度疲劳和过度紧张。

2. 心理发展方面

主要培养小学生的感知觉、观察、有意注意、逻辑思维和个性等方面的发展。要引导小学生有目的、有顺序地进行观察,引导小学生从知觉事物表面特征发展到知觉事物的本质特征;要不断地向小学生提出要求并及时提示,使小学生的有意注意得到发展;要在教学活动中帮助小学生学会分析、综合、抽象、概括,逐步发展逻辑思维的能力;注意培养小学生的自我意识和自我评价能力。

3. 学习兴趣和学习习惯方面

使小学生了解学习在人的一生中的重大价值,培养小学生对学习的兴趣,形成良好的学习习惯;使小学生养成认真学习、积极思考的优良的学习品质。

4. 在思想品德方面

要培养小学生初步的分辨是非的能力,逐步发展小学生对道德的理解能力,培养小学生初步的自我评价和自我教育能力。

三、为人的终身发展奠定基础

小学教育作为现代国民教育体系的第一级教育,既不是为了发现、培养和选拔人才,充当第二、三级(中等、高等)教育的附庸,也不能发展成一种职业定向教育或某一方面的专门教育。它的主要任务是培养和提高全体社会成员的一般素养、基础学力,着眼于全体学生的全面发展,为各级各类教育及人才培养奠定基础,为国民素质整体提高奠定基础。

朱小蔓教授提出:"小学教育不是升学教育的基础,而是素质教育的基础,在人类倡导构建学习化社会的时代,它是终身教育的奠基阶段,是为人生的发展奠定基础的。""基础教育不是专业教育,它是整个国民教育的基础环节,基础教育不是为某一个行业,而是为所有行业培养人才打基础的,是为提高国民素养打基础的。""对小学教育'基础性'的重新定位表明,每一个学生潜能的开发,健康个性的发展,为适应未来社会发展变化所必需的终身学习的愿望和能力的初步形成,将逐步代替对文化知识的灌输,成为小学教育的重要任务。"杰出的苏联教育家苏霍姆林斯基(1918—1970)反复强调这样一个观点,即小学首先应当教会儿童学习。他认为,"学会学习"包含着一系列与掌握知识有关的能力,如:阅读能力、书写能力、观察周围世界现象的能力、思考能力、用语言表达自己的思想的能力。这些能力好比是工具,没有这些工具,要掌握知识是不可能的。

小学教育中的学科设置体现了很强的综合性,学科内容的综合化,同时又强调德、智、体、美、劳的全面发展性和个性发展的整体性,这些都为小学素养教育的全面性奠定了强有力的基础,为人的终身发展奠定基础。

第三节 小学教育的发展

小学教育随着社会政治、经济和文化的发展变化而不断演进。了解小学教育产生与发展的历史,可从中分析社会发展对小学教育的影响和制约,探索小学教育发展的历程和发展趋势。

我国小学教育的发展历史可以追溯到古代,随着生产力的发展和政治经济制度的变革,小学教育从近代开始真正制度化。

一、古代小学教育

自从有了人类社会,便有了人类的小学教育活动。在漫长的原始社会,人类的教育活动是和整个人类社会的生活、劳动完全融合在一起的。

《学会生存:教育世界的今天和明天》一书,对原始社会的教育状况进行了概括性地描述:在原始社会里,"一个人是通过共同生活的过程来教育自己的,而不是被别人所教育的。家庭生活或氏族生活、工作或游戏、仪式或典礼等都是每天遇到的学习机会;从家里母亲的照管到狩猎父亲的教导,从观察一年四季的变化到照管家畜或聆听长者讲故事和氏族巫士唱赞美诗,到处都是学习的机会"。可见,原始社会儿童的教育由整个部落来承担,实施教育的基本形式是社会公育,主要任务是保证儿童的存活,以及把年长一代积累的生产劳动经验和生活经验传授给他们。部落老人是儿童教育的主要承担者,他们采用口耳相传的方式在实践活动中对儿童进行教育。在生产力水平低下的奴隶社会和封建社会,小学教育主要是以家庭小学教育的形式存在。随着生产力的不断提高,私有财产的出现,人类社会进入了阶级社会,儿童教育也发生了变化。一方面,教育出现了阶级性,上层统治阶级家庭注重对子女的小学教育,以便把他们培养成为未来的统治者;另一方面,儿童教育的成人化倾向加重。

(一) 古代小学教育的产生与发展

目前世界上所发现的有文字记载的最早的学校——苏美尔学校,就是小学性质的学校,距今约2500年。苏美尔学校主要培养寺院和宫廷的缮写员。"教科书"是几百块刻有象形文字的小泥板,内容有数学、语言学(苏美尔语)、绘画等。校长被称为"学校之父",学生被称作"学校之子",另有助教(称作"老大哥")书写新的内容供学生誊写,并负责检查。导生则负责考勤和鞭打违纪的学生。西方最早的学校是古希腊时期雅典的文法学校、琴弦学校和斯巴达的国家教育机构。通过文化教育和军事训练,培养和谐发展的个人或武士、军事领导人。

我国最早的学校产生于夏朝。其中,"序"是习射的场所,并发展成为奴隶主贵族议政、祭祀、养老和教育子弟的地方;"校"本是以木材为围栏、驯马养马的地方,后发展成为习武的场所,为奴隶主"为政尚武"、巩固统治政权服务。中国古代自从学校产生以后,便逐步形成了"小学"和"大学"两个并无直接联系的教育阶段。"大学"乃"大人之学",以成人为教育对象,以"修身齐家治国平天下"为目标;而"小学"则以儿童(大致包括6—20岁左右的未成年人)为教育对象,着重进行启蒙教育和行为的训练。如《东汉观书》卷一《帝记》载:"光武……年九岁而南顿君卒,随其叔父在萧,入小学。"汉代的小学教育机构有小学、书馆(可能是比小学更为普遍的儿童教育机构)、书舍(可能比书馆程度高一些)、官邸学(为皇亲国戚子弟设立的小学)、私学等。古代小学教育的基本职能在于:一是蒙养,进行道德品格的培养、行为习惯的训练、读书识字习武和算术等知识技能的学习;二是进行社会道德伦理和文化礼仪的教化。此外,也作为"大学的补充",尤其是在科举时代,小学更是为科举考试服务。古代小学有官办的,但数量很少,主要是私学性质的。

西方自古希腊始,雅典教育中就有文法学校、弦琴学校。古罗马时期的学校教育已形成较完整的体系,7—12岁的男女儿童都可以进"初级学校"学习。进入中世纪以后,学校被教会垄断。中世纪后期,社会生产力的发展,城市的兴起和市民阶层的出现,促使形成了中世纪的大学以及世俗性的城市学校(即城市自治组织和行会组织成立的"基尔特学校")。城市学校打破了教会对教育的垄断,传授初步的文化知识和实用技能,为后来初等学校的产生奠定了基础。

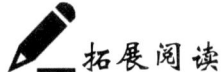拓展阅读

《庙学典礼》一书对元代官办小学的教学组织形式的记载

设立小学,照依已行事理施行。

座次,师席居中,左右以次设书桌(以左为上)。诸生序齿,两两相对。直日设坐,师席南。两端,钟设于师席右,名牌设于师席左。

……

诸生所讲读书,合用朱文公《小学》书为先,次及《孝经》《论语》。早晨,合先讲《小学》书,午后随长幼敏钝分授他书……

诸生逐日仪式:

晨参。(略)

讲书。直日与侍立各一人,以《小学》书及签筒置于书桌,异于堂中。诸生北面重行立,钟声一声,喝诸生齐揖,拱立。初开日,师先讲《小学》书第一章,次日诸生齐揖毕,侍立取签筒置师前桌上,呼其上姓名,闻呼者出班,自东方折旋入本位。或抽三四签,唯师意。毕,复讲第二章。讲毕,鸣钟,喝揖,诸生齐揖。毕,喝复位,诸生各就位。

诵书。诸生就位诵所授书,或未通晓,起立拱手问,师再说。或斋长先通,师令巡问诸生通否。

会食。(略)

习字。(略)

试书。直日鸣钟,诸生各执书,重行立于师前,以次就试,当试者以两手执书册度写师,或各执,或令斋长右立执之。试者揖毕,拱立念书。毕,复向前取书册而退。俱毕,以

次授诸生书。

授书。(略)

出入。(略)

暮归。(略)

(二) 古代小学教育的特点

1. 学校教育与生产劳动严重脱离

进入奴隶社会以后,学校便由不劳而获的奴隶主阶级掌控,他们不允许自己的子弟去学习那些只有奴隶们才需要的生产知识和技术。反过来,他们更不允许从事生产劳动的奴隶进入学校接受教育。学校教育的内容主要是一些统治术、外交术和军事训练。如我国西周的教育以"六艺"为内容,即礼、乐、射、御、书、数。进入封建社会,统治阶级一改奴隶社会的血腥镇压为道德教化和宗教控制。教育内容主要是渗透着封建伦理的道德文章和宗教教义。中国封建社会教育以伦理道德为本位,形成了完整的儒学教化网络,确立所谓"格物、致知、诚意、正心、修身、齐家、治国、平天下"的求学做人的目标和路径,以此引领着人的一生及整个教育过程。蒙学便是这个教化网络的基础和启蒙阶段。蒙学的学习内容包括:常识类,如《百家姓》;诗歌类,如《神童诗》《千家诗》;人伦类,如《弟子规》《童蒙须知》;综合类,如《三字经》《千字文》等。这些教材从识字入手,将知识性、趣味性、伦理性很好地结合起来,以达到"蒙以养正"的目的,为以后"治国、平天下"立下根本。欧洲中世纪的学校为教会所控制,教育内容贯穿神学精神的"七艺"——文法、修辞、辩证法、算术、几何、天文、音乐。

2. 学校教育具有鲜明的阶级性、宗教性和等级性

古代教育的阶级性突出地表现在教育的领导权和受教育权以及教育目的上。学校成为统治阶级接班人的培养所,享受学校教育是统治阶级的特权和专利,同时也成为其谋取权力、地位和荣华富贵的阶梯和敲门砖。在奴隶社会,所谓"学在官府""礼不下四夷"。到了封建社会,虽然学校教育的对象、规模、种类相对扩大和增加了,但教育进一步增加了等级性和宗教性。我国春秋末期私学的产生打破了"学在官府"的文化垄断现象。私塾将学校教育延伸到乡村,以小地主的子弟和经济条件较好的农民及手工业者的子弟为教育对象。欧洲的教会学校也遍及城镇乡村,一般的劳动者子女也可入学。但绝大多数劳动者子弟被排斥在学校的大门之外,教育的阶级性依然十分明显,只是比奴隶社会有了进步。与此同时,以世袭方式和血缘关系为纽带建立起来的封建等级制加强了对学校的控制。在统治阶级内部,将学校与出仕授官、权力分配直接联系起来,以增强学校的社会分层功能。如我国唐朝官学中的"六学"(国子学、太学、四门学、书学、律学和算学),对每一级学校的入学资格都做了严格规定,区分的主要标志是祖、父辈官品的高低。而皇亲国戚的子弟则专设"二馆"(崇文馆、弘文馆)。宗教性主要是指在西方中世纪时期,教育为教会所垄断,圣经是唯一的最高真理。虽然在"七艺"中也有算术、天文等,但无不涂上浓重的宗教色彩。如把"1"解释为上帝是唯一的神,"2"是指耶稣基督具有神性和人性的两重性格,"3"是指圣父、圣子、圣孙的三位一体,"4"是指四个福音天使……

3. 教育制度和方法以纪律约束和体罚为主,强调师道尊严

古代教育有着极强的专制性,旨在加强对受教育者的思想和行为控制。中国儒家思想中的三纲五常、中庸之道、西方的宗教教义,都强调对封建统治思想和秩序的服从和维护。在儒家教育思想中,教师作为"道"的化身、"德"的典范、"礼"的代表,具有至高的权威。荀子认为,"师法"事关国家兴亡。他提出:"国将兴,必贵师而重傅;贵师而重傅,则法度存。国将衰,必贱师而轻傅。"因为,"礼者,所以正身也;师者所以正礼也。无礼何以正身? 无师,吾安知礼之为是也?"所以教师对学生有绝对的权威。"言而不称师,谓之畔;教而不称师,谓之倍。倍畔之人,明君不内(纳),士大夫遇诸途不与言。"荀子的这一思想是合乎封建统治阶级利益要求的,因此在中国古代教育的发展中影响深远。与此同时学校以灌输压服、死记硬背和体罚为基本的教学方法。《学记》明确提出:"夏楚二物,收其威也。"宋元的蒙学要求儿童读书要熟读成诵,"不可误一字,不可少一字,不可多一字,不可倒一字"。虽然,教育者们也非常提倡个人的"精思""自得",然而个人的自得和修养只能在"三纲五常"的范围之内。在欧洲的僧侣学校中,棍棒、鞭条是必备的"教具",罚跪、监禁、断食、殴打盛行。残酷的棍棒纪律,严重地压制人的个性,消磨和摧灭人的意志。

4. 教育组织形式以个别教学为主

建立在个体手工业的基础之上,古代东西方的教育都是以个别施教的形式为主。我国古代的私塾中,每个学生修业时间可同可异,同一时间内学生的课业进度各不一样,教师则分别进行个别指导。古代西方的学校也是个别进行的,同时在校的学生,其入学时间、学习的内容和进度也各异。

二、近代小学教育

(一) 近代小学教育的产生

为了反对宗教愚昧主义,反映新兴的市民阶层和资产阶级在教育上的要求,夸美纽斯从"泛智"思想出发,大力倡导开办新型的泛智学校,推行普及小学教育。他依据儿童的年龄特征,把人的教育分为四个阶段:出生到 6 岁是婴儿期,设立母育学校实施家庭教育;6—12 岁是儿童期,由设在每个村落的国语学校进行小学教育;12—18 岁是少年期,由设在每个城市的拉丁语学校实施中等教育;18—24 岁是青年期,通过设在省或王国的大学实施高等教育。夸美纽斯对小学教育及普及小学教育制度的确立,做出了历史性贡献。

1640 年英国资产阶级革命标志着世界近代史的开端。此后,法、俄、美、日等国也先后爆发革命,资本主义制度逐步确立和巩固下来。与之相应的是资本主义教育制度的形成和发展,现代教育制度也随之不断建立和完善。但在 20 世纪以前,小学教育一直作为双轨制教育制度的一轨,基本上是为劳动人民子女提供的教育。也就是说,在这一过程中,虽然各国纷纷颁布法令,大力普及小学教育,由国家拨款来建立免费的初等学校网点,设立师范学校来培养初等学校的教师,但在这一发展过程中,小学教育的普及与发展,对提高广大劳动人民的科学文化水平、推动现代生产力发展和社会的文明进步产生了巨大作用。

第一,作为慈善事业的小学教育。17 世纪中期以后,随着工业革命和资本主义制度

的逐步确立和巩固,与之相应的现代国民教育制度也开始形成和发展。但在20世纪以前,西方的国民教育体系一直是双轨制的。小学教育作为双轨制教育制度的一轨,主要由教会控制,是一种"慈善的事业",为劳动人民子弟提供一种普及性、终结性的谋生教育,而与双轨学制中的另一轨——精英教育的学校系统(大学及其预备学校——文科中学)相隔离。总之,这一时期的小学教育是为劳动人民开办的,主要是在教会控制之下的一种慈善性事业,是工业革命的发展与当时社会政治矛盾共存的产物。

第二,作为公共事业的小学教育。19世纪后半期至20世纪40年代,现代生产对劳动者的知识和能力要求也不断提高,成年工人和童工的知识水平、劳动纪律以及教育问题开始成为资本主义经济和社会发展的重要问题。国家逐步从教会的手中争得初等教育的举办权,初等教育开始纳入国民公共教育制度和体系,作为一项公共事业。德国的魏玛公国1619年颁布的《学校法令》要求开列6—12岁男女儿童名单以保证适龄儿童入学;普鲁士国王威廉一世于1713年颁布教育法令,详细规定了政府设立学校、强迫义务教育、学校课程、办学经费等。法国在大革命时期,提出人人享有平等的受教育机会和权利,强调普及教育的重要性,由国家举办"国民教育之家"。1833年法国颁布施行《基佐法案》,规定每个乡必须设立一所初等小学,每个城市要设立一所高等小学;儿童入学要交费;初等小学课程有读、写、算、法语、神学、道德,高等小学课程开设几何、测量、绘画、史地、音乐,注重与生产生活相关知识的教学;强调加强宗教教育;教师必须经专门训练,得到国家证书后方可任教。基佐教育法的实施是法国初等教育发展史上的重要里程碑,推动了法国初等教育和师范教育的发展。第三共和国于1882年两次颁布《费里法案》,不仅确立了国民教育义务、免费和世俗化三原则,而且将这些原则的贯彻实施具体化。英国1883年在宪章运动的推动下颁布《工厂法》,规定9—13岁的童工每天应在工作时间接受两小时义务教育;1870年《初等教育法》规定国家实行强迫义务教育的具体措施,标志着英国初等教育制度的形成,后又相继通过义务教育和免费教育的法案。1825年美国联邦政府颁布了第一部义务教育法,随后各州相继颁布法令,实施强制初等教育和实现免费义务教育。日本在1872年的《学制令》中也规定了义务教育制度。

与古代小学教育相比,近代小学教育的教育对象扩大了,并逐步发展成为一种普及义务教育。小学教育开始面向所有适龄儿童,而且不再分等级和性别,国家通过法律进行规定和保障。与此同时,小学教育目标和内容也走向世俗化,功用性目的占据主导地位,基本的读、写、算能力的训练与世俗知识取代了宗教知识的地位,成为小学教育的主要内容。

(二) 近代小学教育的特点

近代小学教育呈现出以下四个特点:

1. 宗教性和慈善性

在西方近代小学教育发展历程中,宗教的影响可谓巨大。可以说,宗教是影响近代西方许多国家发展小学教育的核心力量之一。在宗教改革运动的推动下,小学教育成为新教的领导者们宣传新教教义的重要手段,也成为英国国教重视的对象,在这种背景下,西方近代小学教育呈现出强烈的宗教性和慈善性。这不仅表现在初等教育的开办和管理中,也表现在小学教育的课程内容等多方面。即使到了20世纪,西方许多国家的小学教育中,宗教性的学习内容在初等学校中仍然被保留着。宗教性不仅体现在西方近代小学教育的实践活动中,而且体现在西方近代教育家的教育思想中。在夸美纽斯等人的思想中,培养宗教信仰是重要的目标之一。在洛克等人的观念中,初等教育是一种慈善性的工作。随着国家意识和国家权力的加强,教会开办初等学校的权力被逐渐剥夺,小学教育的宗教性和慈善性才逐渐减弱。但小学教育中的宗教教育并没有被完全排除,小学教育的宗教性仍然在一些西方近代国家中被保持下来。

2. 民族性和国民性

中世纪后期所形成的欧洲国家是以一个民族、一种民族语言为标志的国家。因此,在欧洲,"民族"和"国家"是紧密联系在一起的。近代小学教育产生的标志——本族语学校正是民族性的最初步体现。18世纪以后,随着民族国家权力的增强,民族意识得到进一步强化。尤其是18世纪末19世纪初,在法国思想启蒙运动和法国大革命的推动下,欧洲社会在精神领域兴起了民族主义和国家主义思想,在19世纪的上半叶,民族主义是最有声势的革命原则。在卢梭等法国启蒙思想家的思想中,在以费希特、黑格尔为代表的德意志民族主义的思想中,以及建国初期的美国领导者的思想观念上,都强烈地体现出这种以民族和国家利益为上的倾向。重视本民族语言、本民族文化,强调国家公民对民族利益、国家利益的服从等成为民族主义和国家主义思想观念的主要内涵,在西方近代初等教育中也得到充分体现。民族性和国民性进一步增强,主要表现在:小学教育由教会所控制的慈善事业逐渐转变为由国家所管理的公共事业,普及小学教育作为国家建立的一项教育制度得到推行;小学教育培养目标强调培养国民、公民所需要的各种素养,重视对本民族文化和国家制度的学习,强调培养爱国主义精神。

3. 义务性和普及性

义务教育在近代西方社会后期是一个重要的、出现频率较高的词汇。在顾明远主编的《教育大辞典》中,义务教育又被看作是"普及义务教育",根据国家法律规定对适龄儿童实施一定年限的、普及的、强迫的、免费的学校教育。由于这种教育要求社会、家庭和学校予以保证,对儿童来说既是享受的权利,又是应尽的义务,故也称"强迫教育"。从这些解释中,可以确定的是义务教育是一种通过法律来强迫实施的、免费的、普及的教育,这种借助法律的强制性来普及和实施教育的做法在近代得到确立,并且近代义务教育的普及正是从小学教育开始的。从宗教改革起,普及小学义务教育逐渐成为近代西方各国发展小学教育的一个重要方面。这也使得小学教育逐渐成为一种普及的义务性教育。

4. 科学化

西方近代小学教育除了在实践上呈现出国民性、义务性和普及性等特性之外,在发展过程中还呈现出不断科学化的特性。这一特性促进了近代小学教育理论的确立,也促使近代小学教育在实践上越来越注重采用建立在儿童心理发展特点之上的教育教学方法,促进了教育科学方法的科学化。近代小学教育的科学化主要表现在两个方面:一是逐渐确立和形成了以心理学为基础的小学教育理论。从夸美纽斯等人继承古希腊的教育思想、提出教育适应自然的原则开始,到瑞士教育家裴斯泰洛奇明确提出"教育心理学化",直至德国教育家赫尔巴特完成"教育心理学化"的任务,科学的小学教育理论初步建立;二是众多近代教育家在小学教育的实践中纷纷尝试采用新的、符合儿童心理发展特点的教育教学方法。但小学教育的科学化在近代并没有得到真正实现,直到19世纪末20世纪初,随着儿童心理学研究的深入和发展,现代的、科学的小学教育理论才逐渐得以确立。

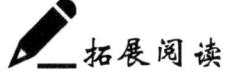

《英国的星期日学校》

"星期日学校"也称为"主日学校"(英文为"Sunday School"或"Sabbath School"),主要是指宗教慈善机构在星期日为贫困儿童提供免费教育的一种教学组织。英国社会大规模兴办主日学校主要集中在1780—1850年,1870年教育法案颁布后,义务教育得到普及,主日学校运动逐渐式微。但作为对全日制学校教育的一种补充,直到今天,英美国家的主日学校仍发挥着一定作用。

18世纪,英国工人子弟很少有机会接受正规教育。特别是随着城市工人数量的急剧增加,原来的语法学校、私立学校、慈善学校和家庭小学(dame schools)越来越不适合工人子女面临的实际境况。一方面,由于经济条件所限,普通工人无力负担子女的教育费用;另一方面,贫困家庭的儿童很小便在工厂做工,根本无暇在全日制学校读书。此外,当时工人子女的教育问题也未引起政府的重视。在这种情境下,主日学校运动的出现,在一定程度上弥补了政府责任的缺失和民间教育机构的不足,在普及初等教育、促进知识传播、教化道德行为方面发挥了重要作用。

背景:工业化时期的社会转型是英国主日学校运动兴起的深层动因。在这一过程中,许多儿童也加入工业大军。由于他们比成年工人手脚灵活,易于管教且报酬低廉(报酬约为成年工人收入的10%—20%),所以很受工厂主的青睐。这些童工没有条件接受正规教育,其父母长时间在工厂中做工,亦无暇关照他们的成长。由于疏于管教,他们很容易沾染各种恶习,如喧闹、偷窃、打架等,以致少年犯罪问题在当时引起社会各界的广泛关注。许多社会精英如福音运动领导人威伯福斯(William Wilberforce)认为宗教教育是引导底层民众虔诚信教、避免道德败坏的重要途径。英国社会早期建立主日学校的尝试正是出于对社会转型时期贫困儿童和少年道德问题的普遍忧虑。18世纪的宗教复兴是英国主日学校运动的重要原动力。早期主日学校主要依靠慈善捐助建立起来,而宗教团体尤其是主张社会改良的非国教徒团体是当时社会慈善事业的主要承担者。主日学校运动也是18世纪以来一种更为人道、宽容、积极的儿童观发展的结果。儿童的情感、智慧和愿望开始受到成人的尊重,他们被当作需要进一步接受教育的特殊群体来对待。洛克的"儿童生来是一张白纸"的思想被许多宗教杂志引用、传播;卢梭的观点也为许多英国人所接受,他认为:"孩子生来是好的,是一个不好的社会把他教坏了。"受这种新儿童观的影响,中上层社会的慈善家们开始以更加宽仁的态度来对待贫困儿童,意识到只有为这些孩子提供教育,才能避免他们重蹈其父母们的覆辙——因为堕落而陷入贫困。为工人子女举办免费学校只是18世纪英国宗教慈善的一种表现,它在兴办医院、救助贫民、废除奴隶贸

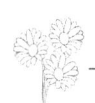

易等方面也扮演着积极的角色。正是因为工业化过程中的童工问题和整个社会对待儿童观念的转变使贫困儿童教育问题凸显出来,从而引起社会精英和慈善家们的关注。在很大程度上讲,举办主日学校的理念植根于人们对教育的社会效用和人的后天可塑性的深信不疑,这种观念直到今天仍发挥着重要作用。

三、现代小学教育

(一)现代小学教育的发端

进入20世纪,随着科技的发展和工业化水平的提高,对各种类型和专业的中高级专门人才的要求也越来越高,传统的大学精英化教育规模不断扩大,并开始向下延伸,中等教育获得大力发展;同时,现代生产对劳动者的知识和能力要求也不断提高,义务教育随之由小学教育阶段上延到中等教育阶段。于是,原先的双轨制学校体系和教育制度逐步发展成为同一性质和体系的公共教育制度。小学教育性质也由此发生根本性转变,并与中等教育直接衔接起来。例如,作为双轨制教育制度代表的英国,1931年在《青年教育》的报告中开始将11岁以下的儿童教育称为小学教育,11岁以上的儿童教育称为中等教育。《初等学校》报告进一步确立了以11岁为界,将教育划分为小学教育和中等教育的观点。1944年的"巴特勒法案"正式将小学教育、中等教育、继续教育构成连续的普通教育学校体系。儿童在接受小学教育后,参加国家组织的统一的"11岁考试",以决定上不同类型的中学。而作为单轨制代表的美国建国之初,学校类型庞杂,无严格制度,水平也很低。为了新国家的政治和经济发展的要求,19世纪30年代开始,在贺拉斯·曼的积极推动下,美国兴起了"公共教育运动",为培养国家公民而广泛设立学校,使人人享有平等的教育权利;通过征收教育税来维持公共教育的经费,实施免费义务教育;创立师范学校,为小学教育培养优良师资。此后小学教育得到大力地发展,在此基础上,中等教育和高等教育也获得相应的发展。南北战争以后,美国进一步形成了由幼儿教育、小学教育、中等教育、高等教育构成的完备的教育机构和制度体系。

我国小学教育是自清朝末期颁布的《钦定学堂章程》(壬寅学制)开始的。在壬寅学制中的三段七级学校制度中,第一级为小学教育,包括蒙学堂4年、寻常小学堂3年、高等小学堂3年。儿童10岁入学。1904年正式付诸实施的癸卯学制中的小学教育包括蒙养院(学前教育)4年、初等小学堂5年、高等小学堂4年,儿童7岁入学。至此,传统的蒙学性质的小学,开始向现代教育制度下的小学教育转变。1912—1913年民国政府公布的壬子癸丑学制把小学教育缩短为7年,其中初等小学校4年,为义务教育,高等小学校3年,毕业后可入中学或师范学校、实业学校。这反映了资产阶级普及教育和教育平等的要求。1922年的壬戌学制进一步将小学教育缩短为6年,即初小4年为义务教育,高小2年,并将幼稚园纳入小学教育阶段,以利于幼儿教育与小学教育的衔接。这样,小学教育的学制年限更加务实、合理,以利于普及义务教育的推行。新中国成立后,为了更有利于劳动人民子女接受完全小学教育,1951年的学制改革进一步把小学教育缩短为5年,实行一贯制;而且为了使失学的青年和成人能够接受小学教育,新学制还设立了工农速成初等学校、业余初等学校和识字学校。

1963年在吸取建国十五年教育发展大量的经验教训基础上,制定颁发了新的中小学课程,成为改革开放前比较具有代表性的小学教学计划。"文革"期间,学制遭到新中国成立以来最严重的破坏和损毁。1978年之后,政府大力推动小学教育的普及与提高。1980年中共中央、国务院《关于普及小学教育若干问题的决定》提出,80年代在全国基本实现普及小学教育历史任务。1986年,全国人民代表大会又制定了《中华人民共和国义务教育法》,明确规定实施九年义务教育。小学作为义务教育的重要组成部分正式纳入法制轨道,极大地促进了小学教育的发展与提高。2001年,在党中央、国务院的领导下,教育部正式启动了新一轮基础教育课程改革,颁发了《基础教育课程改革纲要(试行)》等一系列政策文件,初步构建了符合时代要求、具有中国特色的基础教育课程体系。

2010年,《国家中长期教育改革和发展规划纲要(2010—2020年)》提出:巩固提高九年义务教育水平,巩固义务教育普及成果,提高义务教育质量,增强学生体质,推进义务教育均衡发展。我国正努力实施素质教育,培养具有创新精神和实践能力的优秀人才和高素质的劳动者,以适应国际竞争和增强综合国力。

(二)现代小学教育的变革

小学教育是现代教育制度的一部分。现代小学教育的产生是现代教育以及现代社会发展的一个重要标志;同时,小学教育的产生和发展又极大地改变和推动了现代教育以及社会的发展与变革。

第二次世界大战以来,各国普遍进行经济的恢复和政治的变革,科学技术得到飞速发展,各国纷纷重视人才培养和发展教育,加大智力投资。20世纪60年代后,教育进入大发展大改革的时期,现代国民教育体系的进一步发展和完善使教育机会均等成为小学教育的核心目标。70年代,联合国教科文组织在《学会生存——教育世界的今天和明天》中提出:在向学习化社会前进的教育策略考虑的一个基本问题,是"根据需要与可能,采用多种多样的形式,进行普及的基础教育。这一点应放到70年代教育政策的头等优先地位"。1985年,亚洲及太平洋地区教育部长和经济计划部长会议首次提出,把扫盲和普及小学教育作为2000年实现全民教育的目标。1990年世界全民教育大会庄严提出,全民教育的最终目标是"每一个人——儿童、青年和成人——都应获得旨在满足其学习基本需要的受教育机会";它的基本目标或中期目标之一,是在2000年前实现包括普及小学教育、成人扫盲和消除男女差异在内的"全民教育"目标。由此,小学教育具有了全民教育的性质。

与此同时,随着全民教育和终身教育的兴起,现代小学教育又开始改变过去作为制度化教育的附属地位,发展成为以儿童为中心的学习共同体。小学教育作为一种学习共同体,旨在为儿童终身发展服务,它被纳入个体的整个终身学习历程,注重学前教育与小学教育的衔接、小学教育与中等教育的衔接,以及学校与社区、家庭、社会相互协调与整合,形成一种生态化的学习支持系统——社区大家庭。这种社区大家庭强调学校的学习化与生活化,小学生在校长和老师的领导下,从中实现知识、经验的建构和价值态度的养成。

应当说,现代小学教育的普及和发展对工业化社会的建立做出过重要的历史性贡献。在日益发展和完善的现代教育制度体系中,小学教育有着更加重要的地位和作用。同时,随着信息化、全球化和学习型社会的到来,在信息化、全球化的今天,小学教育又面临新的挑战和变革。

美国卡内基教学促进基金会(The Carnegie Foundation for the Advancement of Teaching)前主席波伊尔(Boyer,E L),以其终身的教育智慧凝结成了"学习共同体"的美好理想,他借助丰富的想象力,描绘出了一幅活力无限、魅力无穷的基础学校的理想图画。他在系统研究初等教育、中等教育以及高等教育及整个教育系统过后,得出一个重要结论:"我越发地相信教育是一个整体网络,每一个学习阶段与其他阶段都关联着,而教育改革最具希望的前景在于小学,在于正规教育的头几年。""处于一个新的千年纪元来临之际,我们有机会对美国最为基本的教育机构——小学作出新的承诺。悠悠万事,唯此为大。"他认为:"基础教育是一切教育的基础。""基础学校是为孩子创造一个美好的世界。"他在系统研究的基础上提出小学教育变革的新设想。他提出:小学教育的最基本要素,用一个最简单的词来概括——联系。即在一所小学中,人与人之间是相互联系的,形成一个以促进学习为共识的社区大家庭;开设的课程是相互联系的,达到连贯一致的目的;课堂教学内容与文艺生活是联系的,构成一个更加丰富的学习环境;学习与生活是联系的,以此培养学生的优良品德。以上的相互联系,形成未来的一种崭新的小学教育,为孩子建立一个更美好的世界。

(三) 我国小学教育的现状

自1986年颁布《义务教育法》以来,我国开始实施九年义务教育,包括小学教育和初中教育。至今,我国义务教育阶段学制是"六三制"(小学六年,初中三年)和"五四制"(小学五年,初中四年)并存,其中"六三制"是我国义务教育阶段的基本学制和发展方向。在新一轮基础教育课程改革中,新的义务教育课程设置方案是按照"六三制"来设计和实施的。小学阶段以综合课程为主,一年级至二年级阶段为小学低年级学段,开设品德与生活、语文、数学、体育、艺术等课程;三年级至六年级阶段为小学中高年级学段,开设品德与社会、语文、数学、科学、外语、综合实践活动、体育、艺术等课程。

目前,我国的小学教育从各方面都有了极大的发展,小学教育的水平也有了很大的提高。

1. 普及小学教育

中华人民共和国成立以来,普及小学教育成为党和政府的一贯方针,先后十多次下达文件或指示,要求在全国范围内尽快普及小学教育,并从1986年开始推行九年义务教育。

为了尽快普及小学教育,我国采取了两个基本方针:一是坚持"两条腿走路"的办学方针,即国家办学与厂矿企业、社队办学相结合;二是实行多种类型的办学形式,中华人民共和国成立以来试行的学校类型主要有全日制小学和非全日制小学两种,非全日制小学如半日制小学、巡回制小学、季节性小学等。

2. 全面推进素质教育

小学阶段的根本目标是使学生掌握必要的文化科学基础知识和基本技能。提高学生素质,培养合格的社会主义公民。1993年,中共中央、国务院在《中国教育改革和发展纲要》中要求:中小学要由"应试教育"转向全面提高国民素质的轨道,面向全体学生,全面提高学生的思想道德、文化科学、劳动技能和身体心理素质,促进学生生动活泼地发展,办出各自的特色。

1999年,《中共中央国务院关于深化教育改革全面推进素质教育的决定》再次明确强调在小学阶段必须实施并全面推进素质教育。

2006年修订的《中华人民共和国义务教育法》明确规定"义务教育必须贯彻国家的教育方针,实施素质教育",表明素质教育上升为国家意志。

《国家中长期教育改革和发展规划纲要(2010—2020年)》指出:"坚持以人为本、全面实施素质教育是教育改革发展的战略主题,是贯彻党的教育方针的时代要求,其核心是解决好培养什么人、怎样培养人的重大问题,重点是面向全体学生、促进学生全面发展,着力提高学生服务人民的社会责任感、勇于探索的创新精神和善于解决问题得的实践能力。"

小学教育是人生的基础教育阶段,也是对人的成长和发展最有影响力的时期。随着时代的发展,在全球化背景下,坚持以人为本的教育理念,以树人为教育目的,以传道授业解惑为根本原则,在吸收国外先进教育经验的同时,大力弘扬优秀的中国传统文化精髓,实现富有中国特色的小学教育优化发展是新时代小学教育发展的应有之义。

为小学教育发展定好"位"

小学教育的发展方向是一个值得认真讨论的重要问题。现实中,有的学校把"追求学教的日臻完善和高品位的风格特色,创一流,做示范"作为办学目标;有的把"走特色之路,办一流学校,努力实现教师、学生共同发展"作为办学目标。北京市一所著名小学以"身体健康,心理阳光,品质高尚,学习优良"作为办学方向。办学目标决定了办学方向。办学方向的确定,其实就是教育发展如何定"位"的问题。就当前小学教育现状来说,定好发展的"位",是极其重要的事。

那么,如何为小学教育发展定好"位"呢?

第一,要明确教育目的。教育的目的是什么?鉴于历史的经验教训,我们不如提倡把"学会和谐生存"作为教育目的。所谓"学会和谐生存",就是让每个受教育者都明白并遵守"己所不欲,勿施于人""己欲立而立人,己欲达而达人"这样古老却并不落后的道理。因为这样的道理蕴含着人类最先进社会形态所追求的永恒的真理——公平、公正、友善。

第二,要明确教育发展的方向。明确了使受教育者"学会和谐生存"这个教育目的,那么,教育发展的正确方向也就清晰地展现在我们面前了:"为每个人提供接受'学会和谐生存能力'的终身教育"。

第三,确定好小学教育的发展方向。"为每个人提供接受'学会和谐生存能力'的终身教育"是伴随人一生的总的教育发展方向。小学教育的发展方向就要与人的少年阶段的生理、心理、智力特点以及社会角色相适应。

第四,科学对待小学教育发展的问题。若要准确地把握小学教育的发展方向,实现小学教育的目的,就必须正确地认识和处理好这样两个问题:第一,小学的学习特点。人类的学习方式之一是"模仿式学习"。在小学年龄段的人,其学习特点是以"模仿式学习"为主。第二,教师、教材、学生三者之间的关系。教材是前人"认识、学习与获取知识"和"应用知识处理实际问题"的记录,其中既有前人应用已掌握的知识从事一般劳动的故事,也有在一般劳动中应用已掌握的知识进行创新的故事;教师的教学过程就是按照教材设计的情景,引导学生"如何学习与应用知识"。

思考与讨论

1. 我国小学教育在整个教育中的基础地位和在儿童发展中的启蒙作用体现在哪里?为什么要特别重视我国农村的基础教育?
2. 从全民教育角度出发谈谈新时期加强发展小学教育的现实意义。
3. 小学教育的发展历程是什么?
4. 从我国当前小学教育的发展现状,谈谈你对全科教育的看法。
5. 如何区分小学教育、初等教育与基础教育。

参考文献

1. 联合国教科文组织国际21世纪教育委员会. 教育——财富蕴藏其中[M]. 北京:教育科学出版社,1996.
2. 孙培青. 中国教育史[M]. 上海:华东师范大学出版社,2009.
3. 吴洪成. 中国小学教育史[M]. 太原:山西教育出版社,2006.
4. 钟启泉. 现代课程论[M]. 上海:上海教育出版社,1989.
5. 潘仲茗. 当代中小学教育改革实验概说[M]. 成都:四川教育出版社,1998.
6. 汤书翔. 小学教育学[M]. 武汉:华中科技大学出版社,2001.
7. 国家教育委员会师范教育司. 小学教育改革与发展简介[M]. 北京:首都师范大学出版社,2005.
8. 章小谦. 中国教育概念的产生——夏、商、西周时期的教育概念[J]. 华东师范大学学报(教育科学版),2011(4).

第三章
教育目的与学校教育制度

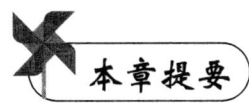

小学教育要以教育目的和学校教育制度作为发展的基本依据,它贯穿小学教育发展的全过程。要弄清楚教育目的和教育方针政策的关系,制定教育目的的相关理论,我国的教育目的,新时期素质教育的基本思想,为学生的全面发展,提高学生的整体素质提供理论指导。了解学校教育制度的概念和历史沿革,掌握我国的学校教育制度和现阶段义务教育及实施情况,把握现代学校教育制度改革的新动向。

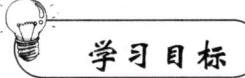

1. 了解教育目的的相关理论。
2. 理解素质教育的基本思想指导小学教育实践。
3. 了解学校教育制度的历史沿革和我国的学校教育制度。
4. 把握新时期学校教育制度发展的趋势。

消除对素质教育的五种误解

素质教育是一种理想,是一种价值,是一种境界。在进行素质教育讨论和实践的过程中,我们要消除容易产生的几个误解。袁振国在《教书育人》第 3 期列举五种误解:

(一)把素质教育误解为非知识教育。素质教育倡导促进学生的全面发展,倡导主动的、生动活泼的教学风格。但是,素质教育绝不是不要或忽视知识教育,在科学急速发展、科技竞争愈演愈烈的形势下,知识教育、理性教育始终应是教育的基础。(二)把素质教育误认为非考试教育。通过考试进行筛选虽然不是完美的方法,但到目前为止依然是较好的和公平的方法。把素质教育误认为非考试教育,甚至把素质教育与考试对立起来,非此即彼,是把素质教育大大窄化了。当然,素质教育有对现有的考试制度、考试内容、考试形式等进行深刻变革的要求。(三)把素质教育误认为非升学教育。应试教育主要的就是片面追求升学率的教育。但是升学教育与片面追求升学率绝不是一回事。年龄越大,年级越高,素质教育的内容越丰富,任务越繁重,意义也越大。(四)把素质教育局限于课外活动。以为搞点琴棋书画就是素质教育,"课堂外搞素质教育,课堂内搞应试教育"是这种错误观点的典型表现。如果我们明确了素质教育不仅不忽视而且非常强调知识与理性教育,那么,就自然会得出这样的结论:课堂内不仅要搞素质教育,而且课堂是素质教育的主阵地和主渠道。(五)素质教育有一种统一的标准模式。素质教育并不是什么人心血来潮的产物,它是全国教育改革许许多多成功经验的概括与提升;它又是一个发展的概念,不断从各地、各种类型的教育改革经验中得到丰富和扩展。因此素质教育从来没有一个标准模式,将来也不会有一个标准模式。

第一节　教育目的

人类任何有意识的活动总是以一定的目的作为出发点和归宿,目的性是人类实践活动的一个根本特性。马克思在谈到人的自觉的有目的的活动同动物本能活动的区别时写道:"蜘蛛的活动与织工的活动相似,蜜蜂建筑蜂房的本领使人间的许多建筑师感到惭愧。但是,最蹩脚的建筑师从一开始就比最灵巧的蜜蜂高明的地方,是他在用蜂蜡建筑蜂房以前,已经在自己的大脑中把它建成了。劳动过程结束时得到的结果,在这个过程开始时就已经在劳动者的表现中存在着,即已经观念地存在着。"①教育的目的直接指向人的身心发展,而人的身心发展又受到社会的制约,反映一定社会对所培养的人的要求。教育目的在整个教育活动中起导向性的作用。它是各级各类学校制定具体教育目标、确定教育内容、选择教育方法、评价教育效果的依据,贯穿整个教育过程的始终。本节试图对教育目的的一般理论问题和我国的教育目的等问题作出回答,以便我们确立正确的教育目的观,培养健康发展的人。

一、教育目的概述

教育目的关系到把受教育者培养成什么样的人和具有什么样的素质的问题,这是教育理论最具根本性的问题,是一切教育工作的出发点、依据和归宿。

(一)教育目的的含义

教育目的是指一个国家或社会的教育对人才培养规格的总要求,是国家为培养人才而确定的质量规格和标准。它体现了一个国家或社会的教育价值观,即"为谁培养人""培养什么样的人"。

在西方,捷克教育家夸美纽斯说:"只有受过一种合适的教育之后,人才能成为一个人。"和其他很多西方教育者一样,夸美纽斯认为教育是培养人的社会实践活动,是促进人的身心发展的活动。

---

① 马克思,恩格斯.马克思恩格斯全集(第23卷)[M].北京:人民出版社,1972:202.

(二) 教育目的与培养目标、教育方针的关系

1. 教育目的与培养目标的关系

教育目的是各级各类教育培养人的总的质量标准和规格要求,教育目的必须集中反映时代、社会和个体发展的总体要求,是教育最高理想的体现,具有一定的终极性。培养目标是特定的社会领域、不同层次、不同级别和不同类型教育的具体目标,它是教育目的的具体化,是各级各类学校对学习者身心发展所提出的具体标准和要求,是教育活动的具体努力方向。

教育目的和培养目标之间的关系是普遍与特殊的关系。教育目的是社会对教育所要造就的社会个体质量规格的总的设想或规定;而培养目标是针对特定的对象提出来的。教育目的是各级各类学校确立培养目标的依据,培养目标是在教育目的的基础上制定出来的,因此是教育目的的具体化。同时,教育目的只有具体化为各级各类学校的培养目标,才能进行现实操作和具体落实。

2. 教育目的与教育方针的关系

教育目的与教育方针的关系,存在着两种观点,即"方针即目的"论和"方针非目的"论。① "方针即目的"论认为,教育目的与教育方针本身没有什么差别,它们表达的是同一个意思,可以通用。"方针非目的"论又包括两种观点:一种观点认为"方针包含目的",另一种观点则认为"目的决定方针",方针是实现教育目的的手段。

教育目的与教育方针既有区别又有联系。联系在于教育目的是教育方针的重要组成部分,教育目的的确立及其内容必须符合教育方针的规定。有的时候,教育方针一身二任,既是方针,又是目的。它们在教育社会性质的规定上具有内在的一致性,都包含"为谁培养人"的规定性,都是一定社会各级各类教育在性质和方向上不可违背的根本指导原则;区别在于教育方针是为实现一定时期的教育目的而规定的教育工作的基本指导思想,教育目的着重对人才的培养质量和规格作出规定,教育目的是教育方针的一个组成部分,是方针中最核心和最基本的内容。教育目的在对人培养的质量规格方面要求较为明确,教育方针在"办什么样的教育""怎么样办教育"显得突出。

(三) 教育目的的相关理论

1. 个人本位论和社会本位论

如果对教育史上关于教育目的的不同主张做一个分析的话,可将其概括为两大派:个人本位论与社会本位论。

个人本位论主张教育目的应根据人的本性需要来确定,这种观点曾在 18 世纪和 19 世纪上半叶广泛盛行于西方资本主义世界,其主要代表人物有法国哲学家卢梭、瑞士教育家裴斯泰洛齐和德国教育家福禄培尔。

个人本位论从人的本性、本能的需要出发,认为教育目的在于使人成为人,使人性得以发展和完善,个人的价值高于社会的价值。如,卢梭反对把培养公民作为教育的目标,

---

① 郑金洲. 教育通论[M]. 上海:华东师范大学出版社,2000:183.

主张不施加任何影响的"自然教育",以顺应人的天性的发展。这种个人本位的教育目的学说,在不同的历史时期不尽相同,在剥削阶级占统治地位的社会里,作为反对社会对人的摧残,反对教育上宗教神学对人的思想禁锢,反对封建蒙昧主义,反对封建主义强加于人的一切教育要求,提倡人的个性解放,尊重人的要求和人的价值,都有着历史进步意义。但是,这种主张认为人生下来就有健全的本领,教育可以不受社会的制约,是不现实的。其所谓发展个人本性,实质上是发展人的自然本性,把人当作纯生物看待,忽视人的社会性,这也是片面的。

社会本位论则主张教育目的应根据社会要求来确立,教育除了社会的目的以外并无其他目的,个人的一切发展都有赖于社会,教育的结果也只能以其社会的功能来加以衡量,因此,教育目的应当根据社会的要求来确定。其主要代表人物有柏拉图、孔德、那托尔普、迪尔凯姆(又称涂尔干)、凯兴斯泰纳等。如,法国实证主义哲学家孔德认为:"真正的个人是不存在的,只有人类才存在,因为不管从哪方面看,我们个人的一切发展,都有赖于社会。"①另一位社会学家那托尔普认为:"在教育目的决定方面,个人不具有任何价值,个人不是教育的原料,个人不可能成为教育的目的。"②德国教育家凯兴斯泰纳也说:"国家的教育制度只有一个目标,那就是造就公民。"③教育除了造就每个人乐于为社会而生活,并乐于贡献其最优力量于人类生活的保存和改善以外,不能有别的目的。

我们认为,一方面,个体的发展要以社会的发展为基础,要受到社会发展的制约,要服从社会发展的需要。教育的任务在于促使人去适应他所处的那种社会关系、社会生活条件,获得其所能获得的那种发展,因而教育目的不能不为社会所制约。另一方面,如果看不到每个人都是一个独立的实体,在制定教育目的时完全无视个人的因素,也会使教育工作产生某种偏差。如果一味强调社会需要,而完全不考虑人发展自身的各种需要,如求知欲的满足,对美的追求,以及身心健康的需要等,就可能培养出缺乏理智和情感、缺乏志趣和爱好、生活态度冷漠、精神世界贫乏的对象来。教育目的如果完全不反映人的个性的发展,势必会培养出某种"标准件"。如此,教育就可能成为一种强加于人的精神因素。

2. 内在目的论和外在目的论

杜威把教育目的区分为两类,一类是教育过程以内的目的,一类是教育过程以外的目的。前者是教育本身的目的或者说"活动里面的目的",后者是从外面强加给教育活动的目的。"教育本身并无目的。只是人,即家长和教师等,才有目的。"杜威要求教育家反对"一般的和终极的教育目的",认为它是和一切的特殊联系割裂开来的,以至于教与学的过程仅成为达到预定目的的手段。学校应该寻求"具体的目的",以代替狭隘的、说教的、消极的"一般目的"。可见,杜威有意识区分了教育目的的类型,即教育的内在目的和教育的外在目的。他反对"教学过程以外的目的""一般的目的",赞成"教学过程内部的目的""具体的目的"。

---

① 吴俊升.教育哲学大纲[M].北京:商务印书馆,1935:145.
② 同①,第149页。
③ 同①,第149页。

3. "教育准备生活说"与"教育适应生活说"

斯宾塞是19世纪后期英国著名的教育家,他第一次明确提出了"教育准备生活说"的思想(也称"教育预备说")。他认为,教育的主要任务就是教会人们怎样生活,教会他们运用一切能力,教育的目的就是为"完满的生活"做准备。他指出:"为我们的完满生活做准备是教育应尽的职责,而评判一门教学科目的唯一合理办法就是看它对这个职责尽到什么程度。"斯宾塞把教育排列成以下的次序:准备直接保全自己的教育,准备间接保全自己的教育,准备做父母的教育,准备做公民的教育,准备生活中各项文化活动的教育。这是制定合理课程体系的出发点。只有这样,学生才能在有限的学习时间条件下学习最需要知道和掌握的知识。"教育准备生活说"反映了人们期望通过教育获取能够使个人幸福的知识与能力的现实要求,在今天的教育实践和现实生活中仍然占有一定的位置。

与斯宾塞不同,杜威反对将教育视为未来生活的准备。他认为,教育就是儿童现在生活的过程,而不是将来生活的预备。他说:"生活就是发展,而不断发展、不断生长就是生活。"杜威在《我的教育信条》中指出:"学校主要是一种社会组织。教育既然是一种社会过程,学校便是社会生活的一种形式。""因此,教育是生活的过程,而不是将来生活的准备。"因此,最好的教育就是"从生活中学习""从经验中学习"。他认为,一旦把教育看作是为儿童未来的生活做准备,必然要教以成人的经验、责任和权力,而忽视了儿童此时此刻的兴趣与需要,把儿童置于被动的地位。因此,他主张"教育即生活"。一切事物的存在都是人与环境相互作用产生的,人不能脱离环境,学校也不能脱离眼前的生活,学校教育应该利用现有的生活情境作为其主要内容,教儿童适应眼前的生活环境,即培养能完全适应眼前社会生活的人。

二、我国的教育目的

人的全面发展是现代教育的共同追求。马克思主义关于人的全面发展思想奠定了我国人的全面发展教育的根基,素质教育的提出和发展,又不断践行、丰富和实现着人的全面发展思想。

(一)我国教育目的提出

新中国成立后,我国对教育目的的表述也随着社会发展而有所不同。

1957年,毛泽东根据社会主义政治经济和生产建设对人才的需要,在《关于正确处理人民内部矛盾的问题》中提出:"我们的教育方针,应该使受教育者在德育、智育、体育几方面都得到发展,成为有社会主义觉悟的有文化的劳动者。"这个教育方针,反映了社会主义发展对人才规格的要求,对我国教育工作产生了重大影响,一直是发展我国教育的重要方针。

1958年,中共中央、国务院发布《关于教育工作的指示》,其中第三条指出:"党的教育工作方针,是教育为无产阶级的政治服务,教育与生产劳动相结合,为了实现这个方针,教育工作必须由党来领导。"

1982年,《中华人民共和国宪法》第四十六条对我国现阶段的教育目的做了这样的规定:"国家培养青年、少年、儿童在品德、智力、体质等方面全面发展。"这是中国当代历史上第一个以法的形式出现的教育目的。

1983年,邓小平给北京景山学校的题词是:"教育要面向现代化、面向世界、面向未来。"它为教育的发展指明了大方向。

1985年,中共中央《关于教育体制改革的决定》指出:"教育体制改革的根本目的是提高民族素质,多出人才,出好人才。""所有这些人才都应该有理想、有道德、有文化、有纪律,热爱社会主义祖国和社会主义事业,具有为国家富强和人民富裕而艰苦奋斗的献身精神,都应该不断追求新知,具有实事求是、独立思考、勇于创造的科学精神。"这个教育方针,既体现了德、智、体全面发展的一贯思想,又融入了新的时代发展对人才规格的新要求,具有时代气息和国家强盛对人才要求的紧迫感。

1986年,六届全国人大四次会议通过的《中华人民共和国义务教育法》规定:"义务教育必须贯彻国家的教育方针,努力提高教育质量,使儿童、少年在品德、智力、体质等方面全面发展,为提高全民族素质,培养有理想、有道德、有文化、有纪律的社会主义建设人才奠定基础。"

1995年,八届全国人大三次会议通过的《中华人民共和国教育法》规定:"培养德、智、体等方面全面发展的社会主义事业的建设者和接班人。"

1999年,《中共中央国务院关于深化教育改革全面推进素质教育的决定》指出:"实施素质教育,就是全面贯彻党的教育方针,以提高民族素质为根本宗旨,以培养学生的创新精神和实践能力为重点,造就有理想、有道德、有文化、有纪律的、德智体美等全面发展的社会主义事业建设者和接班人。"

2002年,十六大报告指出:"全面贯彻党的教育方针,坚持教育为社会主义现代化服务,为人民服务,与生产劳动和社会实践相结合,培养德智体美全面发展的社会主义事业建设者和接班人。"

2006年修订的《〈中华人民共和国义务教育法》规定:"义务教育必须贯彻国家的教育方针,实施素质教育,提高教育质量,使适龄儿童、少年在品德、智力、体质等方面全面发展,为培养有理想、有道德、有文化、有纪律的社会主义建设者和接班人奠定基础。"新时期的教育目的具有历史继承性,也反映了新时期社会发展的特点和我们对教育目的新的思考和探索。

(二)确定教育目的的依据

教育目的的确定受很多方面的影响,而基本依据大致可概括为以下四个方面。

1. 社会政治、经济、文化制度

社会生产力在一定程度上制约着教育目的,在一定生产力基础上建立起来的生产关系对教育目的起决定性作用。所以,教育目的的确定必然会与一定社会政治、经济、文化制度相联系。

2. 人的身心发展特点和规律

教育活动是一种对象性的活动。教育目的既然是教育活动主体对培养对象质量和规格的设计,就不能不依据人的身心发展规律。教育目的必须要以各级各类教育培养目标为基础,并通过具体的教育目标去落实,因而,教育目的需要反映不同学段受教育者的共同成长规律。完全不考虑人的身心实际及发展规律的教育目的不仅是错误的,而且还是无效的。

3. 制定者的教育理想和价值观

教育目的首先是教育活动中人的价值选择。人们在考虑教育目的时往往会受其哲学观念、人性假设和理想人格等观念和价值取向的影响。人总是用理想提升自己,用理想人格塑造自身。在社会主义国家,马克思主义经典作家关于全面发展的人格理想是教育目的确定的重要依据。

4. 马克思关于人的全面发展学说

中华人民共和国成立以来,马克思主义关于人的全面发展思想一直是我国制定教育政策的理论依据。

马克思主义认为,人的全面发展是一个历史的过程,人的全面发展要通过发展社会生产力、消灭社会分工,实现经济基础的质的变革以及整个社会的本质改造来实现。人的全面发展是人类社会高度发达、劳动高度进化的必然产物。任何社会的进步水平和人的解放程度总是同人的德、智、体三者发展水平成正比的。人的智力和体力反映了人与自然的关系;人的道德反映了人与人之间的社会关系;马克思主义人的全面发展学说认为人是通过实践活动而获得自身发展的,其唯一方法是教育与生产劳动相结合。在促进人的各方面协调发展的问题上,教育成为最重要的途径之一,个人的全面发展必须依靠学校教育打好基础。因此,社会主义教育应以培养全面发展的人为目的。

马克思关于人的全面发展思想强调人的个性自由和全面发展的辩证统一,而且认为不同的历史阶段和社会发展进程应当被理解为人的个性全面、自由发展的逐步实现的过程。个性自由和全面发展是马克思主义关于人的全面发展思想的灵魂。

(三) 全面发展教育组成部分

全面发展的教育目的决定了全面发展教育的整体内容,即德育、智育、体育、美育和劳动技术教育。

1. 德育

德育即思想品德教育,是教育者按照一定的社会要求,有目的、有计划地对受教育者施加系统的影响,把一定的社会思想观点、政治准则转化为个体思想品质的教育。

我国小学的德育包括思想教育、政治教育和道德品质教育。德育是实现全面发展教育目的的保证,是全面发展教育的重要组成部分,德育对其他各育起着重要的指导作用:它一方面可以从思想上、政治上保证育人的方向,使教育者沿着社会所期望的方向发展;另一方面又给其他各育提供动力和能源,推动受教育者智、体、美、劳等方面的发展,促进全面发展教育目的的实现。

2. 智育

智育是授予学生系统的科学知识、技能和帮助学生发展智力的教育。人们常常把智育与教学混为一谈,把智育等同于教学。实际上,智育与教学是既有联系又有区别的两个概念。智育是全面发展教育的组成部分之一,它与德育、体育、美育、劳动技术教育一起构成一个完整的教育体系;而教学则是学校的基本工作,是实施上述各育的基本途径,它与智育属于不同的层次。从完成的任务方面看,智育与教学亦有所不同。智育与其他各育一样,具有自身的任务和内容。智育的任务是向学生传授系统的文化科学基础知识,培养、训练学生形成基本技能和技巧,发展学生的智力。教学则不仅要完成智育任务,还要完成其他各育的任务,即智育是教学的基本任务之一。

在全面发展教育中,智育为其他各育的实施提供知识技能准备和智力支持,是实施其他各育的基础。其他各育中的知识因素,都要靠智育去形成和发展。同时,智育中也包含其他各育的因素。因此,要使年轻一代具有高尚的情操、崇高的理想、健康的审美情趣、科学的卫生保健知识、熟练的劳动本领,必须实施智育。

3. 体育

体育是授予学生健身、卫生知识、技能,发展学生肌体素质和运动能力,以增强体质、发展体能、锻炼体能为目标的教育。体育是促进学生身体发育,增强体质的重要手段。小学阶段是学生一生中生长发育的关键时期,指导他们有计划、有组织地锻炼身体,可以促进青少年和儿童身体的正常发育,增强体质,为其一生的健康奠定良好的基础。体育还能丰富学生的业余生活、愉悦学生性情、缓解学习紧张、减轻学生负担。

4. 美育

美育又称审美教育或美感教育,是培养学生正确的审美观点以及感受美、鉴赏美和创造美的能力的教育。美育是社会主义精神文明和物质文明建设的需要。美育能提高学生的审美能力,增长人的聪明才智,丰富人的精神生活,满足学生日益增长的审美要求和情趣,给学生提供区别善恶、美丑的标准,提高他们的精神境界,促进社会主义精神文明的建设。美育也可使学生在未来的物质生产过程中按照美的要求创造出优质美观的产品。

美育是陶冶性情,培养健全人格的需要。美育具有形象性和情感性的特点,能以具体、鲜明、生动的形象感染人、陶冶人。美育可以潜移默化地影响人的气质、情操、性格、意志和信念,起到塑造人的心灵、陶冶人的情感、培养健全人格的作用。美育也是实施其他各育的需要,是全面发展教育的重要组成部分,它渗透在全面发展教育的各个方面,对学生身心健康和谐地发展有促进作用。

5. 劳动技术教育

劳动技术教育是向学生传授现代生产劳动的基础知识和基本生产技能,培养学生正确的劳动观念,养成良好的劳动习惯的教育。劳动技术教育包括劳动教育和技术教育两个方面。

劳动技术教育有利于促进学生的全面发展。在小学阶段对学生进行劳动技术教育,让学生参加一定的劳动,可以促进学生养成良好的道德品质,培养劳动观念、劳动习惯和尊重劳动人民的思想感情,养成珍惜劳动成果、爱护公共财物的品德,增强对社会和集体的责任感。劳动技术教育可以使学生把课堂上学到的知识和实际联系起来,加深对书本知识的理解,促进理论和实践、感性认识和理性认识的结合,使学生形成比较完整的知识,掌握一定的生产劳动技能。在劳动实践中,学生的情操可以得到陶冶,体质受到锻炼。

三、素质教育是新时期实现我国教育目的的根本途径

(一)素质教育提出的背景

建国初期至"文化大革命"前,全面发展教育是我国教育思想的主流,"文化大革命"期间教育受到破坏。粉碎"四人帮"后,特别是党的十一届三中全会以后,教育又恢复了生机。1977年,中断11年的高考制度恢复。80年代以后,高考的"指挥棒"作用日益增强,片面追求升学率现象越来越严重。许多地方无休止地加班加点,砍掉必要的课外活动和生产劳动技能教育,放弃德育、体育和美育,使学校教育的全部工作都服从和服务于应付升学考试和提高学生升学率。这种"应试教育"严重地影响了学生的身心健康,造成了学校教育与生产劳动、与社会实际、与学生生活的严重脱节。如何从根本上革除"应试教育"的弊端,使我国的基础教育健康发展,成了一道急需解决的难题。

1983年,邓小平同志提出:"教育要面向现代化,面现世界,面向未来。"这成为指导我国教育改革和发展的具有长期性、全局性和根本性的战略方针,为我国教育的健康发展指明了方向。

20世纪80年代以来,我国基础教育开始了整体改革的探索,先后出现了各种教育实验,如"愉快教育""成功教育""和谐教育""创造教育""主体性教育"等,这些实验探索推动了教育整体的发展,为素质教育的提出奠定了实践基础。

1985年,《中共中央关于教育体制改革的决定》指出:"教育体制改革的根本目的是提高民族素质,多出人才,出好人才""所有这些人才都应该有理想、有道德、有文化、有纪律,热爱社会主义祖国和社会主义事业,具有为国家富强和人民富裕而艰苦奋斗的献身精神,都应该不断追求新知,具有实事求是、独立思考、勇于创造的科学精神。"

1990年,江苏省较早在《江苏省教育委员会关于当前小学教育改革的意见(试行)》中以政府文件的方式明确"素质教育"一词和确立素质教育的地位。1991年,江苏省又率先召开素质教育研讨会。

1993年,中共中央和国务院印发的《中国教育改革和发展纲要》明确提出了"转轨"的问题,提出:"基础教育是提高民族素质的奠基工程,必须大力加强。""中小学教育要由'应试教育'转向全面提高国民素质的轨道,面向全体学生,全面提高学生的思想道德、文化科学、劳动技能和身体、心理素质,促进学生生动活泼地发展,办出特色。"素质教育的问题在党的文件中被明确提了出来。

1994年,在全国教育工作会议上,国务院副总理李岚清明确使用了"素质教育"的概念,指出:"教育必须从'应试教育'转到素质教育的轨道上来,全面贯彻教育方针,全面提高教育质量。"

拓展阅读

学校不补课:孩子高兴　家长不干

山西太原市各学校就要放假了,学校大多也按照教育主管部门的要求,明确放假后不再补课。这对于一直盼望着假期的孩子们是个好消息,然而家长们却不干了,纷纷向学校递交了自愿补课申请,强烈要求学校利用离春节还有较长时间的这个空当给孩子们补课。

学校为难,学生反对,家长却意志坚定地抵制"禁补令",这背后有着怎样的故事?

家住太原市新建路的张女士近来有点上火,在她的运作下,孩子同学的家长大多同意了补课事宜,也与学校达成了默契。校方告诉张女士,你们愿意自己张罗就行,但决不能使用学校的教室,地方自己寻找。尽管校方的态度不尽如人意,但补课总算有着落了。

而最让她头疼的事儿,是孩子的强烈反对。孩子的"小九九"是,为了防止甲流的传染,学校从本学期中期开始执行周末休息一天的制度,以期早日完成教学任务提前放假。如今好容易盼到假期,突然又冒出个补课来,他自然不愿意就范。

与孩子和家长的针锋相对相比,学校的态度显得有些矛盾。目前甲流已经式微,适当补补课也未尝不可,但是不能在自己的学校里,教育局已经明确表态不需补课了,真要顶风作案学校并不划算。但顺应家长的要求,可提高学生的水平,同时也可让老师们有点额外收入,如果被举报,查到底也不会有学校的责任,这当然是一件一举多得的事情。

事实上,学校这种态度对于家长来说相当于一种鼓励。目前有不少家长像张女士一样想方设法为补课而努力,因为需求旺盛,不难想象实现补课是板上钉钉的事情。

其实,张女士上火的原因,还不止这些。她也心疼孩子,知道一个学期了,每天十几个小时趴在课桌、书桌上,太需要放松调节一下了。但与孩子的前程相比,也只能勉其难而为之了。只是这样,当家长的,本身又平添了另一番的痛苦和不忍。

——《学校不补课:孩子高兴　家长不干》,载于《中国教育报》,2010-02-03.

(二) 素质教育的含义、特性和内容

1. 素质教育的含义

关于素质教育的说法很多,但后来比较一致的说法是:"素质教育是以提高国民素质为宗旨,以培养学生的创新精神和实践能力为重点,面向全体学生,全面提高学生的思想道德、文化科学、劳动技能和身体、心理素质,促进学生主动地生动活泼地发展的教育。"①

2. 素质教育的特性

(1) 基础性和基本性

"基础性"是针对受教育者接受教学内容来说的,强调教学内容适应学生的基本经验和生活实际,适应学生的智力发展水平。也就是教学内容对受教育者来说是基础的东西,也包含着教学要符合学生的生活基础和经验基础,同时又要通过教学促进学生智力的发

---

① 马振海.素质教育读本[M].开封:河南大学出版社,1997:14.

展。所以在教学内容上反对让学生高不可攀,也反对过分容易,力求符合学生实际。在教学中,一方面要求教师要认真分析教材,从知识结构体系、教材编写意图上整体把握教材,另一方面要认真分析学生身心发展的特点,把握学生身心发展的顺序性、阶段性及个体差异,找到教材和学生发展的适应点,循序渐进地开展教学。长期过高地要求,只会使学生丧失学习的兴趣,甚至会产生学习的心理障碍。

"基本性"是就学科的内容而言,强调教学应教给学生基本的知识,也就是说基本概念、基本原理和基本法则。因此,在教学内容上,反对多而杂,力求去芜求精。在教学过程中应当让学生集中精力去解决基本性的问题。

(2) 全体性和全面性

素质教育在贯彻教育方针上做到"两全",即全体性和全面性。所谓全体性是指为全体适龄儿童和青少年敞开接受正规基础教育的大门。也就是说,素质教育不允许以任何形式或手段对入学儿童按照种族、民族、性别、肤色、宗教、语言、经济地位、残疾与否等标准进行筛选,更不应该按成绩好坏进行非正常的淘汰。这是素质教育最根本的要求和最本质的规定。

素质教育的全面性是指使每一个受教育者的素质得到全面发展,成为一个在个人精神领域和社会生活领域完整的人。这里所说的全面性指向学生生活的各个领域,既有知识的学习,也有道德的修养、体能的开发、审美能力的培养,情感能力的发展等。

(3) 本体性和主体性

过去的教育曾存在着一种偏颇:重视社会规范的要求,忽视人自身发展的需求。也就是在培养人的问题上只注意到人的社会功能和价值,对于人自身的发展和内在价值则不去关注。素质教育把教育的着眼点放在学生身上,以学生为本位、为核心,更强调学生自身发展的要求。强调要把重点放在育人上,要培养人的素质,开发潜能,启迪心智,增强后劲,并认为这就是教育的本体功能。而为社会服务,则是本体功能派生出来的外部功能。因为它是人的素质、教育本体功能外化的功能。因此,只有抓住"人"的发展这一根本,社会的发展才成为可能,才是水到渠成的事。

主体性就是要尊重学生这一教育主体的本质特性。学生作为教育主体都有哪些本质特性?一般认为包括三个方面:主动性、独立性和创造性。素质教育自始至终贯彻主体性原则:从主体出发——尊重学生的主体地位;依靠主体——发挥学生的主体作用;为了主体——完善学生的主体素质。素质教育的主体性正是反映了教育与发展的关系,教学就是促进学生主动性、独立性和创造性的发展。

(4) 持续性和终身性

有人把"应试教育"比喻为一种短视的教育,只看到眼前的一些琐碎的知识的学习,而不注重学生长远和可持续的发展,以至于造成学生把学习当成是一种可以投机取巧的活动,甚至对学习产生厌倦情绪。而素质教育要培养学生的基本学识和基本素养,为未来的学习和生活奠定基础,让学生对学习感兴趣,把学习当成是一生的兴趣。

**拓展阅读**

1988年,世界75位诺贝尔奖获得者在巴黎聚会,有人问其中一位获奖者:"你是在哪所大学、哪个实验室学到你认为是最主要的东西?"这位白发苍苍的学者答道:"是在幼儿园。""在幼儿园学到些什么东西呢?""把自己东西的一半给小伙伴,不是自己的东西不拿,东西要放整齐,吃饭先要洗手,做错了事情要表示歉意,午饭后要休息,要仔细观察周围的大自然。从根本上说,我学到的东西就这些。"

————马振海.素质教育读本[M].开封:河南大学出版社,1997.

3. 素质教育的内容

谈到素质教育的内容应首先去探究素质的结构层次,也就是说,应当首先找到素质的基本结构,才能有针对性地进行培养。人生下来就已经不单纯是一个自然的人,他是个性和社会性对立统一发展的结果,人的文化素质、心理素质以及身体素质不是自发形成的,而是教育的结果。人只有受到教育才能逐步摆脱动物化实现人化,达到素质应有的高度。

(1) 生理素质教育

生理素质是人的整体素质赖以生成的基础。我们知道,人与一般生物在基因编码系统的开放程度上有很大差异。植物以及更低级的生物其DNA编码是特异的、封闭的,它们直接地表达在生物机体的生长发育方面。而动物的基因编码具有两重性。动物的DNA编码一部分是特异的、封闭的,而另一部分则是未特化的、开放的。基因中的开放部分要通过后天的环境的相互作用才能完成编码。特异性编码可以遗传,而开放性编码是不能遗传的。人的基因编码系统也可以分为特异性和开放性两部分,除了保障躯体发育的指令及决定少量的本能行为的特异信息之外,人的基因系统中绝大部分都是开放的,都需要吸收后天的信息才能最终完成编码。甚至人的那些少量的特异性本能行为,也需要在后天的环境中加以锤炼。所以,人类个体出生以后,有很严重的依赖性,要通过整个儿童期来学习,来实现自己潜在的、天赋的资源。

儿童生理素质的提高是需要教育的。首先要注意儿童需要丰富的营养和充足的睡眠。其次,讲究卫生,培养孩子良好的卫生习惯。再次,要注意孩子的身体锻炼,增强体质。最后,要学会预防疾病。

(2) 心理素质教育

心理素质教育就是培养健康的心理、健全的人格。主要包括:开发潜在的智能,使人获得正常的智力;培养愉快的情绪,使人乐观向上,积极进取,对生活充满自信,善解人意,与人相处关系和谐,会包容,具备一定的情绪调控能力;形成坚强的意志,能主动自觉地迎接困难、战胜困难,具有独立、果敢、坚韧、勇敢的品质。

心理素质教育很难把握,但它对儿童的发展非常重要,重要性体现在以下几个方面:首先,它是儿童发展的基础。它作为把握世界的一种独特方式,与人的认识相伴随,是孕育创造性思维的温床和产生崇高道德行为的沃土。美国斯坦福大学特尔门教授及其助手曾在1921年选择智商较高的小学三年级至初中二年级学生1 478名,对其中800名男生进行了50年的跟踪研究,发现成绩最高与最低两部分之间,明显的差异不在智力水平的高低,而在整体心理素质的优劣。其次,它是儿童健康生活的基础。据上海精神卫生研究所对3 000名学龄儿童的调查,其中有生理问题的仅占1.3%,而有心理问题的则占20%,主要表现在情绪失常,易紧张,忧郁,注意力不集中,爱发脾气,情绪偏执,胆小,以自我为中心,抗诱惑力差等。再次,它是现代人所必备的品质。现代社会对人的影响更多表现在心理层面,社会竞争加剧,由此带来高节奏的生活方式,生活的不确定性、复杂的人际关系,这就要求现代人有较高的心理调适和心理承受能力,学会在复杂的社会生活中成长。

(3) 文化素养教育

这里所讲的文化,主要是指精神文化,包括科学、文学、艺术、道德等,对少年儿童进行科学教育,就是要使他们掌握自然科学和社会科学的基础知识和基本技能,培养少年儿童的科学素养和人文素养,发展学生的智力,培养学生的能力。

(三) 实施素质教育的意义

1. 实施素质教育能够从根本上革除"应试教育"的弊端,更加全面地贯彻党的教育方针

"应试教育"是一种以应付升学考试为中心,以片面追求升学率为目的的短视教育。长期以来,给我国的基础教育带来了很大危害。其主要弊端是:

偏重智育,忽视其他各育,不利于学生素质的全面提高。长期以来,在教育工作中,学生的学习观念发生了变化,树立不起长远的学习目标,部分学生缺乏吃苦耐劳的精神,拜金主义、享乐主义、个人主义盛行,轻视劳动和劳动人民,广大中小学生的体质下降等,这都和片面追求升学率有关。

偏重智育中知识的灌输,忽视智力开发和能力的培养。智育既包括知识的学习,也包括智力的开发和能力的培养,"应试教育"为了应付考试,把教育做简单化的理解,只注意到知识的学习,而忽略了知识学习的过程和怎样更有效地获得知识。把人的大脑变成了知识的容器,严重影响了学生主动地、生动活泼地发展。

偏重应试科目的教学,而忽视非应试科目的教学。考什么,教什么,如果不是考试科目,即使课程计划和课程标准有明确的规定,也会想尽一切办法应付过去。这使学生的知识残缺不全,很难适应进一步学习和实际生产、生活的需要。

偏重少数升学有望的"尖子生",忽视甚至歧视升学无望的大多数学生。这种做法严重影响到全体学生素质的提高,使升不上学的学生很难适应社会发展的需要,背离了基础教育提高全民族素质的根本目标。

偏重统一要求,忽视个性差异。为了升学考试,千篇一律地要求学生,把对学习的理解和对学生的理解简单化,不利于学生个性、特长和创造力的发挥,影响到社会主义现代化建设对多规格人才特别是创造性人才的需求。

偏重校内教育,忽视社会实践。使学校教育严重脱离社会实际,脱离生产劳动,脱离社会主义现代化建设的需要。

偏重眼前的成绩,忽视学生长远的甚至终身的发展。把教育的所有视线都放到学生一时一事的得失,而没有树立一种长远的目标和全局的观念,有人把这种教育叫作"短视的教育"。

素质教育与"应试教育"截然不同,它是一种全面和全体的教育。素质教育主张学生德智体美全面发展,面向全体学生,而不是只重视智育,忽视其他各育,只重"尖子"生,忽视大多数学生。素质教育倡导学生积极主动地发展。因此,素质教育将从根本上革除"应试教育"的弊端,更好地贯彻党和国家的教育方针,使我国的基础教育向更高的层次发展。

2. 实施素质教育,提高全民族素质,是我国实现社会主义现代化的决定因素

我国社会主义现代化建设需要高素质的国民,党中央多次把我国现代化建设同我国劳动者素质、国民素质和全民族素质联系起来,认为后者是决定前者成败的关键因素,把它作为一项战略任务提到了全党和全国人民面前。这是因为:第一,劳动者素质低成了制约我国经济和社会发展的最大障碍。我国是世界上最大的发展中国家,人口多,底子薄,国民受教育的程度和水平与发达国家有很大的差距。近些年虽然有所发展,但仍不能满足经济和社会发展的需要。第二,我国社会主义现代化建设,对国民素质提出了更高的要求。社会主义的现代化,并不仅仅是具有先进的生产工具和丰富的物质资料,很大程度上是人的现代化。它要求人们不仅有更广阔的科学文化素质和劳动技术素质,而且更要有好的身体素质、更高的思想道德素质和更健康的心理素质。就思想道德素质而言,不仅包括坚定的理想和信念,还应包括爱国主义、集体主义、为人民服务的思想、民主法制意识、社会公德意识、开拓创新意识等。

实施素质教育是全面提高国民素质的必由之路。基础教育是提高民族素质的奠基工程。基础教育是为人生打基础的教育,是面向全体国民的教育,它担负着提高全民族素质的重任。只有从"应试教育"转向素质教育的轨道,才能真正完成这一战略任务。

3. 实施素质教育顺应了国际教育改革的潮流

当今世界技术更新加快,竞争日趋激烈,人才的竞争成了世界各国关注的焦点,各个国家相继出台了自己的教育改革方案。这些方案包含了素质教育的各个方面,如加大了教师培训的力度,提高教师的素质;教育朝着公平的方向发展,不放弃任何一个学生。2016年3月,美国联邦教育部任命新的委员会起草了每个学生成功法关注到了所有学生的发展;英国教育部于2016年7月12日宣布,英格兰的8 000多所小学将采用中国的数学教学方法,英国政府决定投入4 100万英镑,用于购买或编订高质量的教科书,学习如何采用上海式数学教学方法,并推进相关教师的培训;荷兰政府也决定进一步改革对学校教育质量的监管方式,从2016—2017学年开始,有关教育部门将向各中小学发送"质量简报","简报"会显示各校的教学水平和不足之处,学校委员会须对学校的教育质量负责,促进学校教学质量的不断提升。很多国家都在思考和变革本国的教育,使其更适应新形势的需要。

总之,要从素质教育的内涵入手,结合我们的教育和教学,正确把握素质教育提出的背景,它的本质、特性、内容和意义,把素质教育和学生的发展、教师的提高联系起来,不断提高自己的教育素养,为素质教育的实施奠定基础。

第二节 学校教育制度

一、学校教育制度概述

(一) 学校教育制度的含义

学校教育制度简称学制,是一个国家各级各类的学校系统,具体规定学校的性质、任务、入学条件、修业年限及彼此之间的关系。学制的建立为实施正规的学校教育提供了基本的制度保障。学校教育制度是教育制度的主体。

学制由纵向划分各级学校系统和横向划分的各类学校系统所构成。

1. 各级学校系统

我国的学校系统从层次来说由学前、初等、中等、高等教育所组成。各级学校指学前教育机构、初等教育机构、中等教育机构、高等教育机构。

2. 各类学校系统

各类学校根据学校的性质、学科、专业等,区分出普通教育、职业技术教育、师范教育、成人教育。

(二) 我国现代学校及学制的产生

我国现代学校教育制度是从清末开始的。1901年,清政府明令全国书院改为学堂,在省城的改为大学堂,在各府和直隶州的改为中学堂,在州县的改为小学堂,但当时还没有形成正式的学制。

中国教育史上第一个学制系统产生于1902年,清政府颁布了系列学制系统文件,统称《钦定学堂章程》,又称"壬寅学制"。这一学制正式颁布,但并未全面实行。1904年1月,清政府又颁布了《奏定学堂章程》,通常称为"癸卯学制",这是我国第一个正式实施的学校教育制度。1905年8月,清政府看到大势所趋,决然下诏,停止科举,从此新式学校得到更加迅速的发展。

1912年,中华民国成立后,针对清末教育的弊端,进行了学制改革,颁布了"壬子癸丑学制",该学制第一次规定了男女同校、改学堂为学校。之后,经过多年的探索,1922年颁布了"壬戌学制"。这是在总结中华民国建立以来学校发展的经验教训,借鉴西方学制基础上制定的,因而是一个较为成熟的现代学校系统,一直沿用到中华人民共和国成立。该学制首次规定中小学"六三三"分段,即小学六年、初中三年、高中三年。

中华人民共和国成立后,1951年政务院颁布《关于改革学制的决定》,确定了中华人民共和国的第一个学制,我国学制发展开始走上了一个新纪元。

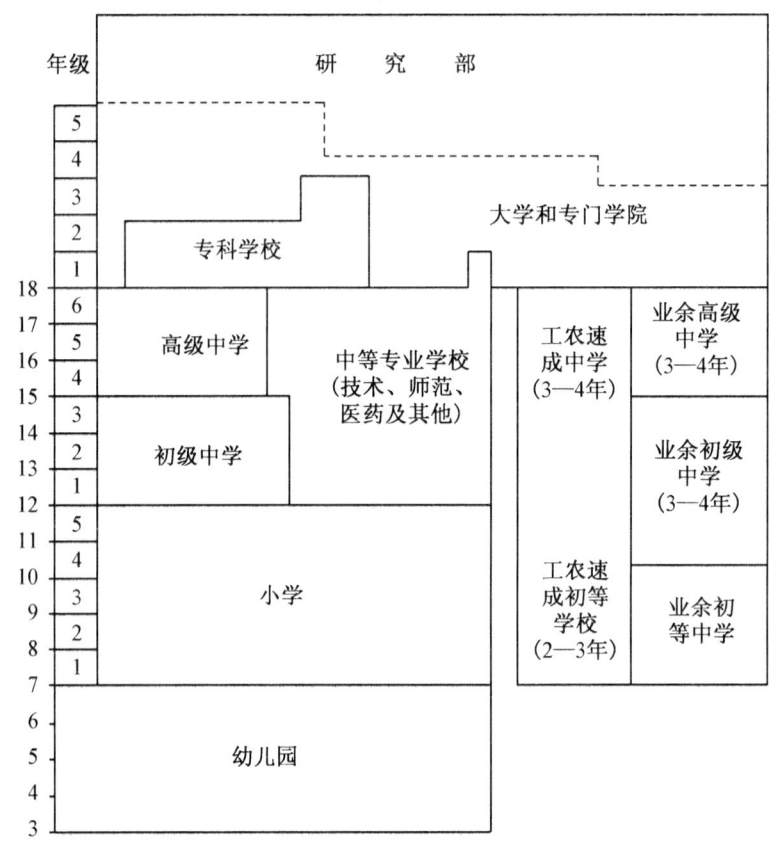

图 3.1　中华人民共和国学校系统图(1951 年)[①]

其后,我国的学制经历了几次大的变动,其中既有经验也有教训。1976 年,在经历了"文化大革命"后,教育事业也和其他领域一样,着手重建和发展被破坏的学校系统:延长了中学的学习年限;恢复和重建了中等专业学校和中等技术学校,创办了职业高中;恢复了高等学校专科和本科两个层次;扩大了高等专科学校的规模;恢复和重建了很多"文化大革命"中被迫解散的学校、系、科和专业;建立了学位制度,完善了研究生教育制度;恢复和重建了各级各类成人教育机构。我国的学校教育逐渐走上正轨。

二、我国的学校教育制度

《国家中长期教育改革和发展规划纲要(2010—2020 年)》按照完善现代国家教育体系、形成终身教育体系的要求,明确了今后一个时期我国学制方面的发展任务。其主要内容有:积极发展学前教育,重点发展农村学前教育;巩固提高九年义务教育水平,重点推动均衡发展,普及高中阶段教育;把职业教育放在更加突出的位置;全面提高特殊教育,完善特殊教育体系,健全特殊教育保障机制。

[①]　毛礼锐,沈灌群.中国教育通史(第六卷)[M].济南:山东教育出版社,1989:71.

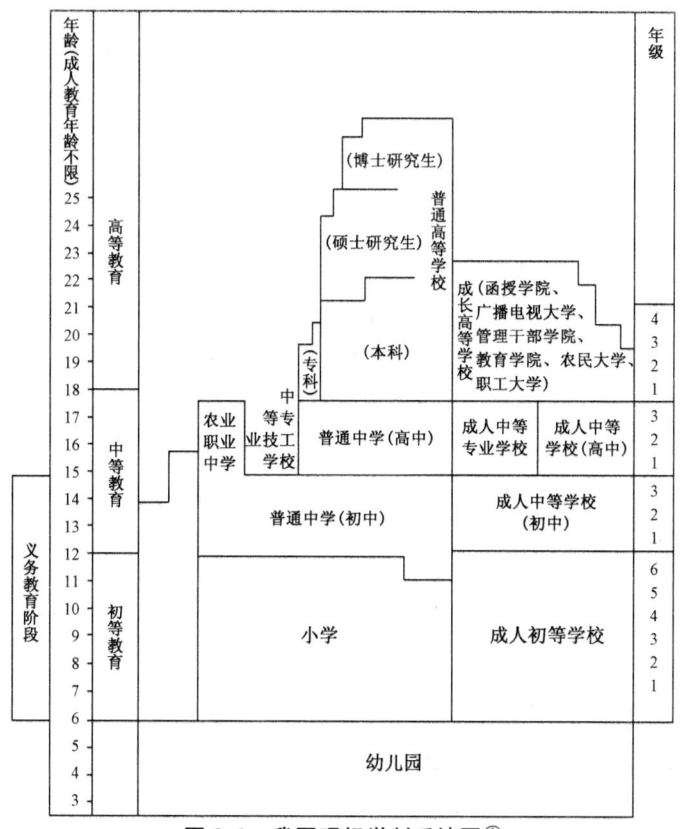

图 3.2　我国现行学制系统图①

我国现行学制的机构(如图 3.2 所示)纵向分为四个等级,横向分为若干不同的类型,现分述如下:

(1) 幼儿教育(幼儿园),招收 3—6 岁的幼儿。

(2) 初等教育,主要是指全日制小学教育,招收 6—7 岁儿童入学。学制为 6 年。在成人教育方面,则以成人初等业余教育为主要形式。

(3) 中等教育,是指全日制普通中学、各类中等职业学校和业余中学。全日制中学修业年限为 6 年,初中为 3 年,高中为 3 年;职业高中为 2—3 年,中等专业学校为 3—4 年,技工学校为 2—3 年。属成人教育的各类业余中学,修业年限适当延长。

(4) 高等教育,是指全日制大学、独立设置的学院、专科学校、研究生院和各种形式的成人高等学校。

高等学校招收高中毕业生和同等学力者。专科学校修业为 2—3 年,大学和独立设置的学院为 4—5 年,毕业考试合格者授予学士学位。成人高等学校修业年限适当延长,学完规定课程经考核达到全日制高等学校同类专业水平者,承认学历,享受同等待遇。条件和设备较好的大学、独立设置的学院和科学研究机关设研究院。硕士研究生修业年限为 2—3 年,招收获学士学位和同等学力者,完成学业授予硕士学位。博士研究生修业年限

---

① 吴文侃,杨汉清.比较教育学[M].北京:人民教育出版社,1999:70.

为3年,招收获硕士学位者和同等学力者,完成学业授予博士学位。

三、义务教育及其实施

义务教育又称强迫教育,是根据《中华人民共和国宪法》的规定,适龄儿童和青少年都必须接受,国家、社会、家庭必须予以保证的国民教育。义务教育具有强制性。

(一)义务教育的发展历程

义务教育最早源于德国,宗教领袖马丁·路德首先提出义务教育的概念。改革胜利后,为使人们都有学习《圣经》的能力,路德颁布了义务教育法。德国魏玛共和国在1619年的有关教育法令中规定:孩子的父母或监护人必须让6—12岁的孩子进入学校,这是义务教育最早在相关法律中被提出。在1763—1819年,德国基本完善了义务教育法规。

工业革命后,义务教育发挥着使人们掌握工业知识的任务,义务教育的时间也由最早的3—6个月,发展到6年,直至现在世界各国普遍采用9—12年。

1986年4月12日,第六届全国人民代表大会第四次会议通过的《中华人民共和国义务教育法》规定,国家实行九年制义务教育。要求省、自治区、直辖市根据该地区经济、文化发展状况,确定推行义务教育的步骤。该法于同年7月1日起施行,这是中华人民共和国成立以来最重要的一部教育法,标志着中国已确立了义务教育制度。

2005年12月,国务院下发了《关于深化农村义务教育经费保障机制改革的通知》,逐步将农村义务教育全面纳入公共财政保障范围,建立中央和地方分项目、按比例分担的农村义务教育经费保障新机制,这为义务教育立法打下一个非常好的基础。

2006年9月1日起开始实施新的《义务教育法》,新修订的《义务教育法》最终明确:"国家将义务教育全面纳入财政保障范围,义务教有经费由国务院和地方各级人民政府依照本法规定予以保障",完成了"人民教育人民办"到"义务教育政府办"的真正转变。

(二)义务教育的基本特性

我国的义务教育具有三个基本性质,即强制性、公益性、统一性。

1. **强制性**

强制性又称义务性,让适龄儿童、少年接受义务教育是学校、家长和社会的义务。谁违反这个义务,谁就要受到法律的制裁。家长不送学生上学、学校不接受适龄儿童、少年上学、政府不提供相应的条件,都要受到法律的规范。

2. **公益性**

公益性即明确规定"不收学费、杂费"。公益性和免费性是联系在一起的,如修订的《义务教育法》第二条规定:"义务教育是国家统一实施的所有适龄儿童、少年必须接受的教育,是国家必须予以保障的公益性事业。实施义务教育,不收学费、杂费"。

3. **统一性**

统一性是贯穿始终的一个理念。在新的《义务教育法》中,始终强调在全国范围内实行统一的义务教育,这个统一包括要制定统一的义务教育阶段教科书设置标准、教学标准、经费标准、建设标准、学生公用经费的标准等。

(三)义务教育的实施

1986年的《义务教育法》规定,"义务教育事业,在国务院领导下,实行地方负责,分级管理"。这一体制在当时激发了地方普及义务教育的积极性,加快了义务教育的发展步伐,为实现"普九"发挥过积极作用。新的《义务教育法》对管理体制有了新的表述:"义务教育实行国务院领导,省、自治区、直辖市人民政府统筹规划实施,县级人民政府为主管理的体制。"这一规定突出了两点:一是省级政府的统筹作用,负有首要责任;二是明确了管理以县为主,县级政府对义务教育发展负有主要责任。

四、现代学校教育制度改革

世界许多国家十分重视教育发展,都在积极调整和完善本国的教育制度,以适应教育发展的需要。总的来看,各国的学制改革有以下一些共同的趋势。

(一)初等教育入学年龄提前,义务教育年限延长

20世纪60年代以来,早期教育受到了各国的普遍重视。大多数国家都提倡"早出人才,快出人才"。有一些国家把学前教育纳入义务教育的范围。如英国规定,幼儿教育是义务教育的第一阶段,招收3—7岁的儿童。法国的学前教育是初等教育的组成部分,学前教育虽然不是强迫的,但免费实施,所有2—5岁的儿童均可以就近上幼儿学校。此外,许多国家规定的儿童入学年龄都有所提前。据联合国教科文组织《1960—1982年世界教育统计概述》介绍,在199个国家和地区中,绝大多数都规定儿童入学年龄在五至七岁之间,规定为七岁的占66.8%,比以前提早一两年。中国近年来实行七岁入学,同时试行六岁入学,入学年龄也在提前。

义务教育制度是伴随大工业生产的发展逐渐实行的。各发达国家义务教育年限在不断延长。不仅要普及高中,还要普及职业技术教育,甚至是高等教育。日本于明治年代提出"文明开化"的口号,1883年开始实行小学三年义务教育,1886年改为四年,1900年普遍推行,1907年实行小学六年义务教育。二次世界大战后,1947年颁布《教育基本法》,规定实行九年义务教育,在"教育是立国之本"的口号推动下,不仅很快普及了九年义务教育,而且促进了高中阶段教育的发展。到20世纪70年代,日本初中毕业生升学率已达90%以上。1989年初中毕业生的升学率为94.7%,1996年,日本高中教育的入学率已经达到96.8%,实际上已经普及了高中。据联合国教科文组织1990年报告,世界发达国家的义务教育年限情况是:英国11年,意大利8年,法国10年,西德12年,美国11年,日本9年,苏联10年,巴西8年,中国9年,印度8年。义务教育年限的长短成为一个国家教育发展程度的重要标志之一。

(二)普通教育与职业技术教育的综合化

中等教育结构改革的中心问题是处理普通教育与职业技术教育的关系,加强两者之间的结合,成为当代中等教育结构改革的趋势。

各国在学制改革中,处理中等教育阶段普通教育与职业技术教育的关系,认识并不完全一致,采取措施也不尽相同,有的侧重发展与完善职业技术学校体系,有的在普通中学

增加职业技术课程或设立职业技术班,但两者相互渗透、趋于结合的方向是共同的。在普通中学增加职业技术教育内容,为中学毕业生做好就业准备,在职业技术学校增加普通教育课程,为学生打下更好的文化科学基础,增强对未来职业的适应能力。中等教育向综合统一的方向发展,乃是基本趋势。

(三) 高等教育大众化、普及化

在当前世界各国的学制改革中,高等教育的大众化和普及化表现特别明显。按照通行的说法,一个国家在校大学生人数占同龄人的比例在15%以下为精英教育,15%—50%为大众化教育,50%以上为普及教育。世界上很多发达国家的高等教育已经达到大众化阶段,正在向着普及化阶段迈进。大多数发展中国家正在向着高等教育的大众化努力。我国从20世纪90年代后期开始,出台了加速发展高等教育的一系列措施,高等教育迎来了加速发展的时期。1999年1月由国务院批转的教育部《面向21世纪教育振兴行动计划》明确提出了"到2010年高等教育入学率接近15%"的工作目标。

高等教育的大众化、普及化除了表现在高等教育机构日益多样化,还表现在高等教育机构中学生的成分发生了变化,成人大学生所占的比重越来越大,与普通大学生之间的界限将变得更加模糊。我国放宽了大学报考者的条件,不再有年龄限制,出现了70岁老人考大学的现象。

(四) 以终身教育思想为指导,构建了终身教育体系

首先提出终身教育理论的是联合国教育、科学和文化组织成人教育局长法国教育家保罗·郎格朗。他认为:数百年来,社会把个人的生活分成两半,前半生受教育,后半生工作,这是毫无科学根据的。教育应是个人一生中连续不断地学习的过程。今后的教育应当是能够在每一个人需要的时候以最好的方式提供必要的知识和技能。因此,对终身教育的解释是:"人在一生中所受的各种教育的总和。它改变了传统的教育观念,实行教育制度的一体化,认为教育应包括学前教育、学校教育、成人教育、继续教育等。其中既有学校教育,又有社会教育;既有正规教育,又有非正规教育。"教育不仅是授予学生走向生活所需要的知识,而且要发展学生的自学能力,以便将来走向社会能够独立获取知识。1965年,联合国教科文组织国际成人教育促进委员会讨论终身教育提案,决定把终身教育作为全部教育工作的指导思想。1972年,联合国教科文组织出版《学会生存——教育世界的今天和明天》一书,使终身教育思想广泛传播。许多国家调整教育结构、改革学制以终身教育思想为指导。日本进行教育体制的第三次改革,明确宣布以终身教育为前景,规定中小学教育要成为"终身教育的基础",瑞士、法国等国家以立法形式贯彻终身教育思想。

相对于传统的阶段性教育(重视和强调学校教育)来说,终身教育思想主张在时间上贯穿人的一生,在空间上打通学校与社会、家庭的阻隔,拓展到全社会。

终身教育观念和理论带来了教育领域的一系列变革。在教育观念上,要求我们树立大教育观,同等重视正规教育和非正规教育;在教育体系上,要求构建终身教育体系,使教育贯穿人的一生;在教育目标上,要培养和提升人的终身学习的意识和能力,建设学习型

社会,为所有人提供合适的教育,同时培养学习型个人;在教育方式上,要求是多样化的教育,促进学习者更加主动地学习。

思考与讨论

1. 我国的教育目的对当下的教育教学有何启示?
2. 素质教育的本质是什么?
3. 谈谈你对我国现行的学校教育制度的理解。
4. 国际学制改革的趋势是什么?

参考文献

1. 项贤明.泛教育论[M].太原:山西教育出版社,2000.
2. 黄全愈.素质教育在美国[M].广州:广州教育出版社,1999.
3. 冯建军.当代主体教育论[M].南京:江苏教育出版社,2001.
4. 瞿葆奎.教育学文集·教育目的[M].北京:人民教育出版社,1989.
5. 联合国教科文组织国际教育发展委员会.学会生存——教育世界的今天和明天[M].华东师范大学比较教育研究所,译.北京:教育科学出版社,1996.

第四章
小学教育功能

教育功能是教育在促进社会和个人发展过程中所体现出的作用。结合我国小学教育发展的特点,小学教育功能主要有社会和个人功能两方面。其中,小学教育的社会功能有:促进全民素质提高;促进社会经济发展;促进社会政治文明;促进社会文化发展。小学的个体功能主要体现在促进个体社会化和促进个体个性发展两个方面。

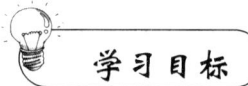

1. 了解小学教育功能的含义。
2. 理解小学教育的社会和个体功能。
3. 运用小学教育功能指导小学教育实践。

六年影响一生——重庆市谢家湾小学办学理念解读
重庆九龙坡区谢家湾小学　刘希娅

我校始建于1957年,是四川省、重庆市首批办好的示范小学。近年来,我校在"六年影响一生"的办学理念引领下,通过发掘重庆红岩文化,实施以"红梅花儿开,朵朵放光彩"为核心的主题学校文化,形成了鲜明的学校文化体系,全面提升了学校的办学品位,在全国范围产生了一定的影响。

教育的目的在于"发展与推动"。推动、发展的根在哪里?在于科学系统的学校文化建设,而科学系统的学校文化建设的形成,则有赖于科学、先进的办学理念。因此,从某种意义上说,解决了办学理念问题,也就解决了办学的根本问题。

鉴于这一指导思想,2004年1月,我校在"以文化经营学校"这一发展思路的指导下,进行了包括家长在内的广泛而深层次的办学大讨论,提出了"六年影响一生"的办学理念。2005年2月,在这一办学理念引领下,我们又取能体现这一理念内涵的歌词"红梅花儿开,朵朵放光彩"作为学校的文化主题。它体现了我校注重传统文化教育和德育为首的育人指导思想,而且还精要地表达了我们所追求的全体、全面、全过程的育人愿景。

"六年影响一生",是我校坚持多年的"实施可持续发展教育"理念的继承和发扬,是时代赋予我们的新的办学使命,它从孩子生命成长和思想成长的需要定位了办学方向。中央教科所田慧生副所长评价说:"谢家湾小学从孩子终身发展的高度去思考和鞭策办学,是对小学教育在基础教育工作中的地位和作用的深刻认识。"

(原载《人民教育》2009年第8期)

《教育大辞典》对"教育功能"的表述为:"把人类积累的知识、经验传授给新一代,促进其身心发展,使其成为适合社会需要的人,保障和推动社会的发展""细分起来教育有如下功能:① 政治的功能,教育要为巩固一定社会的政治经济制度服务;② 经济的功能,教育要为经济发展培养人才;③ 文化的功能,教育要传递和发展社会文化,促进社会文明建设;④ 发展个性的功能,使人的智力和体力都得到充分的发展。"[①]从教育的本质可以看出,教育既需要满足人的发展要求,也需要满足一定社会的发展需要,这也决定了教育的功能须从人与社会这两个角度去揭示。同样小学教育的功能也要从这两方面去分析。

邓小平同志指出:"小学一年级的娃娃,经过十几年的学校教育,将成为开创二十一世纪大业的生力军。中央提出要以极大的努力抓教育,并且从中小学抓起,这是有战略眼光的一着。如果不向全党提出这样的任务,就会误大事,就要负历史的责任。"小学教育功能是小学教育活动、小学教育系统对个体、社会发展所产生的各种实际作用和影响。这种作用和影响可能是正向的促进,也可能是负向的阻碍。从作用对象上划分,小学教育功能分为小学教育的社会功能和小学教育的个体功能两大类。本章主要从小学教育的社会发展功能和小学教育的个体功能两个方面来阐述小学教育功能。

第一节 小学教育的社会功能

教育主要是通过培养人来实现其社会功能的,教育的这一根本性特征使教育的社会功能具有间接性、隐含性、潜在性、迟效性、超前性等特点。那么,作为基础教育的小学教育的社会功能主要表现在促进全民素质提高、促进社会经济发展、促进社会政治文明、促进社会文化发展等方面。

一、促进全民素质提高

众所周知,广义上来讲,小学教育必须是面向全体人民的教育。这样,才能从根本上彻底扫除文盲,从整体上提高全民族的文化素质;从狭义上讲,是指小学教育必须面向全体适龄儿童。虽然影响全民素质的因素有很多,既包括来自上一代的遗传素质,也包括他

---

① 顾明远.教育大辞典(第1卷)[M].上海:上海教育出版社,1990:17.

所处的社会环境和生活水平。但是教育一方面可能对提高全民的遗传素质、改善社会环境和人们的生活观念发挥作用，更重要的是在这些条件基本相同的情况下，教育对改善全民素质发挥着决定性的作用。几乎所有国家都在努力创造条件，确保每个人接受初等教育的权利。因为全民素质主要体现在全民的身体素质、科学文化素质和思想品德素质等方面，教育作为促进人德智体美劳全面发展的实践活动，最直接的效果就是提高全民素质。

（一）促进全民身体素质提高

在素质教育的大背景下，对小学生的要求在德育、美育以及体育上都提出了新的要求，小学是儿童身体迅速发展的时期，儿童的身体比起幼儿来虽强健得多，但与繁重、持久的学习任务相比还是弱的，因此，关心儿童的身心健康，增强儿童的体质是小学教育中十分重要的一部分。

在儿童进入小学的最初一年，学校尤其关注儿童的健康。保护以及增强儿童体质的意识与措施贯穿于小学教育乃至各级学校教育的全过程。这一任务在儿童时期之所以尤其重要，是因为儿童还不懂也不会意识到要保护自己的身体和各种器官，小学教育工作者在这方面的责任就更为重大，稚嫩的身体可以锻炼得结实，也容易受到损伤。近些年来，我国小学生近视率的提高、心血管、神经性疾病的增多是不可轻视的问题。在小学期间，教育儿童养成良好的作息习惯和清洁卫生习惯是对身体健康的积极保护。同时，小学教育的这一重要教育也为促进全民身体素质的提高奠定基础。

（二）促进全民科学文化素质提高

在知识经济时代，国家的发展将更大程度地取决于人的发展，科技人才成为世界各国共同争夺的稀缺资源。教育是国家间人才竞争的重要途径，是培养科技人才的重要手段。许多国家都把提高国民的科学文化素质看成是21世纪竞争成功的关键，为此各国纷纷制定一系列措施发展本国教育以培养科技人才。此外，在教育实践活动过程中，前人积累下来的经验以及科学文化知识被传授给学习者，学习者通过对其消化、吸收而内化成自己的知识体系，并在此基础上进行新的发明和创新。可见，教育在提高国民科学文化素质方面有着重要作用。

小学时期的儿童正处在智慧潜力逐步显现并迅速发展的时期，小学教育的一个重要任务就是启迪儿童智慧发展。除教学内容外，读、写、算和手工操作的技能技巧的训练对儿童智力的发展和今后学习能力的发展具有重要的意义。儿童手工操作往往被忽视，然而具有发展创造能力的人一般在小学期间就有种种表现，动手能力的训练错过了这一时期，收效就较慢。另外，最为重要的是学生熟练掌握、运用书面语言的能力。在学习过程中，教师会着重培养学生的学习自主性，包括合理安排学习时间，独立完成作业，检查、订正作业错误，努力克服学习中的困难。小学生自信心的发展是与能否克服困难密切相关的，也与教师的评价相关。因此，小学教师在指导、帮助学生学习的过程中，对他们关心和鼓励也在不断帮助学生进步与独立。

创新是一个民族进步的灵魂，是国家兴旺发达的不竭动力。创新成果的产生依存于创新思维和创新能力,而这种思维和能力,必须从小培养,从学生时代开始养成。因此,小学教育在培养儿童的好奇心、求知欲,帮助儿童自主学习、独立思考、保护儿童的探索精神、创新思维,以及开发儿童的潜能等方面都具有重要的启蒙作用。

拓展阅读

1992年中国科协对我国公众进行社会调查,结果显示,中国公众具备科学素养的比例为0.3%,仅为美国1990年调查结果6.9%的1/23,约为欧共体12国1989年调查结果4.4%的1/15。① 最近一次的调查结果(0.2%)跟1992年那次相比没有大的变化。对此,中国科普研究所得出结论:这种状况说明我国公众还不具备基本程度的科学精神和科学意识;不具备基本程度的科学思维方法;不具备用科学方法思考和解决社会与生活中的各种问题的能力。

(三) 促进全民思想品德素质提高

进入小学的儿童,随着生活范围的不断扩大,会遇到越来越多的道德问题。小学生道德品质的发展关键是要认真做到言行一致、校内外一致。言行不一致的存在,是因为小学生缺乏坚强的意志,以及习惯或道德行为的形成需要一定数量与强度的实践训练。因此,小学思想品德教育的重点在于培养小学生良好的道德观念和行为习惯,即文明行为的养成教育。我们如果能够长期地对小学生进行严格要求、反复训练,就会在他们的头脑中建立起一系列的条件反射,形成道德行为上的高层次的动力定型,做到习惯成自然,为小学生日后的学习和工作奠定坚实的基础。

小学中组织与安排好儿童的课外、校外活动,发挥班级、儿童组织的作用,可以培养儿童较宽广的认知兴趣和关心集体、关心他人、团结协作的精神,可以为儿童提供展现个性才能和进行主动选择的机会,可以使儿童形成健康愉快的心理状态和自主能力。

小学教育是面向儿童所实施的德、智、体、美等全面发展的教育。小学教育既不是就业定向的职业技术教育,也不是培养高层次专门人才的专业教育。它是面对全体儿童实施普通的基础知识和基本技能的教育。在此基础上发展他们的能力,培养他们高尚的思想道德品质和提高他们的身体心理素质,使他们具备国民应有的一些基本素质,为他们进一步深造创造条件。小学教育是培养各级各类人才的前提。小学教育是向全体儿童进行的最基本的知识、技能教育,帮助他们学会如何做人,奠定学习、生活和进一步发展的基础。

一个国家的学校教育体系大都分为若干阶段。我国的学校教育体系,一般包括初等教育——中等教育——高等教育三大阶段。其中初等教育(小学教育)和中等教育(中学教育)都属于普通基础教育,其连贯性很强,但每个阶段又有其独立的性质和任务。1986年颁布的《中华人民共和国义务教育法》规定,国家实行九年义务教育。义务教育是国家

---

① 朱效民.国民科学素质——现代国家兴盛的根基[J].中国科技论坛,1999(5).

用法律形式予以规定,要求适龄儿童必须接受,国家、社会、学校、家庭也必须保证的,强制、免费和普通的国民基础教育形式。义务教育是面向全体公民的教育,是面向未来的重大事业。"九层之台,始于累土。"小学教育是各级各类教育的基础,又是九年义务教育的第一阶段,在实施义务教育中负有直接而又十分重大的责任。小学教育的健康发展将有利于从根本上杜绝新文盲的产生,直至最终消灭文盲,从而保证接受教育成为每一个人的权利和义务目标的实现。

因此,小学教育为提高国民素质奠定基础,为培养各级各类人才奠定基础,为儿童一生的发展奠定基础。

二、促进社会经济发展

教育的经济功能是指教育系统对一定社会经济发展所起的作用。事实上,在资本主义上升时期,资产阶级经济学家就已经注意到教育的经济效果。英国经济学家亚当·斯密(1723—1790)认为:学习一种才能,须受教育,须进学校,须做学徒,所费不少。这样费去的资本,好像已经实现并且固定在学习者的身上。这些才能,对于他个人自然是财产的一部分,对于他所属的社会,也是财产的一部分。工人增进的熟练程度,可与便利劳动、节省劳动的机器和工具同样看作社会上的固定资本。教育对经济发展的促进功能在当代社会愈发凸显。随着科学技术的迅猛发展和当代经济发展中科技含量的大幅提高,当代经济增长方式已由依靠物质、资金、资源的粗放型增长模式转变为依靠技术、知识和人力资本的集约型增长模式。经济增长模式的转变,日益彰显了教育的重要性。

(一)能有效提高劳动生产率

劳动生产率指劳动者的生产效果或能力,用劳动者单位劳动时间生产的产品数量或单位产品所耗费的劳动量表示,劳动生产率的提高是生产发展和经济增长的决定条件。随着科学的发展,提高劳动生产率越来越依靠劳动者的教育水平和科学技术的应用状况。首先,劳动生产率的提高取决于劳动者的质量,因为劳动者是生产工具的创造者和使用者,劳动者的平均熟练程度、文化技术水平是充分发挥生产工具效率、改进生产工具的重要条件。其次,劳动生产率的提高取决于劳动过程中的劳动手段、劳动对象的性能和质量。劳动者的质量是提高生产率的前提,仅有高质量的劳动者,没有较高的劳动手段,劳动对象的性能以及质量难以保证,那么提高劳动生产率也是空谈,所以二者必须紧密结合,才能发挥更好的效果。

教育是以培养人为己任的社会活动,而在生产力三要素中,人是最关键、最能动的因素。1960年,美国经济学家、诺贝尔经济学奖获得者西奥多·舒尔茨(1902—1998)以《人力资本投资》为题的演讲,使"人力资本"成为当今经济学、教育理论中最重要的范畴。人力资本是指体现在人身上的资本,是对生产者进行教育、培训等支出及其接受教育的机会成本等的总和,以人的劳动能力的高低和可使用程度作为衡量依据。舒尔茨提出了人力资本收益测算法,强调了教育及教育投资对国民经济增长的贡献率,将教育作为促进经济增长、发展社会经济的重要支撑点。一般而言,在初级机械化生产阶段,生产中体力劳动与脑力劳动的比例是9∶1;在中等机械化生产阶段,这个比例是6∶4;在自动化生产阶段比例是1∶9。许多国家的经济发展经验也已表明,采用先进生产工具和提高劳动者素质,对于提高劳动生产率具有重要作用。有研究证明,一个受过初等教育的工人可以使劳动生产率提高30%;而一个熟练工人进修一年,比他在工厂工作年提高劳动生产率1.6倍。总之,教育能够通过自身的独有功能提高劳动力的劳动熟练程度,进而提高劳动生产率,最终促进经济增长和发展。

世界历史上三次成功的追赶

19世纪后期以来,在世界经济发展史上,先后出现过三次成功的经济追赶范例。第一次,美国追赶英国。从19世纪到1913年,美国生产力都居于欧洲首位。1820年、1870年、1900年,美国人均GDP分别相当于英国人均GDP的78.3%、75.3%、89.2%,到1913年美国人均GDP已经超过英国5.5%。与此同时,从1820年、1870年到1913年,美国人均受教育年限也分别由相当于英国的87.5%、88.3%,提高到91.2%。第二次,日本追赶英国。1950年,日本人均GDP只相当于美国的19.6%。而1953—1992年,日本GDP平均增长率为6.5%,同期美国为3.0%。1992年,日本人均GDP相当于美国人均GDP的90.1%。同时,1913年日本人均受教育年限相当于美国的68.2%,1950年就达到美国的80.8%,1973年达到美国的82.9%。第三次,韩国追赶西欧国家。1965—1992年,韩国GDP平均增长8.8%。1973年,韩国人均GDP相当于西欧国家(12个国家)人均GDP的24.3%,1992年上升到57.5%。与此同时,1960年韩国普及了小学教育。20世纪70年代,韩国开始大力发展高等教育,1975—1985年,高等教育入学率从10%提高到30%,实现了高等教育大众化;1985—1995年,高等教育入学率又从30%提高到50%,实现了高等教育普及化。①

(二)为经济的发展提供人力支持

教育是社会系统中的一个子系统,按照事物普遍联系的规律,教育必然要跟其他子系统发生联系。通过教育培养人才,为经济发展提供智力和人力支持,这仅仅是为经济的发展提供了可能。教育担负着培养劳动力的任务,是社会再生产的必要条件,因而也是经济增长的必要条件。社会再生产主要依靠劳动力再生产而实现,而劳动力再生产的基本因素是教育和训练。教育与社会再生产的关系主要体现在通过教育培养、训练生产所需要的熟练劳动者和各级各类专业人才上。所以重视教育,尤其是重视小学教育,为国家培养人才奠定基础。

小学教育是各级各类教育的基础,从个人来讲,完好的小学教育,为其身心健康发展奠定了基础,同时为其接受中等教育提供了条件。从一个国家来看,只有小学教育普及和

---

① 中国教育与人力资源问题报告课题组.从人口大国迈向人力资源强国[M].北京:高等教育出版社,2003:15-16.

提高了,中等教育、高等教育才能逐级普及和提高。从这个意义上讲,小学教育具有为高一级学校教育打基础、为培养各级各类人才打基础的性质。1986年颁布的《中华人民共和国义务教育法》规定,国家实行九年义务教育。义务教育是国家用法律形式予以规定,要求适龄儿童必须接受,国家、社会、学校、家庭也必须保证的,强制、免费和普通的国民基础教育形式。义务教育是面向全体公民的教育,是面向未来的重大事业。小学教育是义务教育的第一阶段。因此,小学教育的普及程度、质量优劣,直接关系到我国经济和社会发展所需的亿万劳动者的素质和各级各类所需人才的质量,关系到推动社会经济发展的力量的质量。

拓展阅读

特区创立之初,深圳主要得益于优惠政策的扶持。随着特区经济的纵深发展,各类人才和技术的稀缺现象日益凸显。特区的决策者们很快意识到,要使深圳保持可持续发展,在建立完善社会主义市场经济体系框架的基础上,必须加快人才培养,大力推进科技创新。1997年,深圳市委二届八次全会提出了加快实施"科教兴市"战略,特区选择不断加大教育投入、推进"科教兴市"战略自1979年至2001年,深圳特区累计教育投入283.31亿元,其中财政性教育投入239.23亿元,年均递增40%。1997年至2001年,深圳累计教育投入197.51亿元,其中财政性投入142.68亿元,是特区建立以来前17年财政性教育投入70.30亿元的两倍。

1999年,深圳创建虚拟大学园,截至2002年,驻园院校已达到38所,培养各级各类人才8 000多人,在读研究生达到4 700多人;成立了29所名校驻深研究院和深圳高新区孵化器有限公司;驻园院校共有200多个项目落户深圳,4项科研成果入驻虚拟大学园孵化器,其中钢骨架塑料复合管、纳米粉末制备技术等批项目获得国家发明专利和国际发明专利。各类高水平人才和高新技术源源不断地涌入特区建设的各个领域,成为深圳经济和社会发展的重要推动力量。据国家有关部门统计,"九五"期间,深圳综合经济实力已迅速升居于全国大中城市前列。①

三、促进社会政治文明

一般来说,教育是通过传播思想、制造舆论来影响社会政治生活的。在现代社会,教育发挥着弘扬社会政治、思想、道德及文化领域中的正面因素,抑制与抵御腐朽、落后等消极因素,进而提高社会政治文明水平。一个国家的政治文明水平,取决于该国的整体,但同时与人民的文化水平、教育水平密切相关。一个国家的教育普及程度越高,公民素质也就越高,就越能具有公民意识,越能认识到政治文明的价值并推崇政治文明的措施,越能在政治生活和社会生活中积极履行政治文明的权利,承担相应义务。

---

① 翟博.实施科教兴国战略:实现中华民族伟大复兴的根本方针[N].中国教育报,2002-11-5.

（一）有助于促进政治民主化

政治民主化是近现代世界性的政治发展趋向，教育可以促进社会政治民主化。通过教育培养具有一定政治素质的社会公民，是教育维系社会政治稳定的一个突出表现。社会统治阶级总是要通过教育造就公民，使受教育者具有国家、政府或执政党所需求的政治理想与政治信念。正是教育的推动，使公民的民主意识，民主观念得以养成。民主意识又与科学意识密切相关，公民缺乏科学知识素养也就无法提高其民主素养。因此，国家教育事业的发展和全体国民科学文化水平的不断提高是实现社会政治民主化的重要前提与保证。小学教育作为义务教育，即是面向全体国民的教育，在小学开展的德育课，在很大程度上帮助学生树立正确的价值观的同时也帮助学生树立政治民主化的理念。

（二）有助于加工与传播政治信息

无论是古代社会还是现代社会，政治信息的加工和传播都是国家和政府的重要工作，政治信息传播的广度和深度如何是衡量政府权威的重要标志。一个国家的政治主张、政治见解等政治信息要为广大民众所熟悉和了解、掌握，并得到支持，必须加强政治信息的广泛传播。在现代社会中，只有对公民进行教育，使公民有效地参与政治活动，才能使公民对一些政治认知、政治信念、政治感情、政治态度、政治价值观等政治信息进一步地传承。教育通过传播科学真理，弘扬优良品德，形成正确的舆论，同时产生进步的政治观念，以促进社会的进步与革新。进入小学阶段的学生，由于年龄小，好奇心强，对外界的所有信息都充满了好奇，引导小学生能够正确地理解和获取正确的信息就显得至关重要。小学教育由于其基础性的特点，能够把社会上的政治信息按照小学生的认知特点，加工成通俗易懂的信息，传播给小学生，帮助小学生正确地理解和了解社会政治信息。

（三）有助于增进世界政治认同

当今世界政治发展的多极化趋势没有变。虽然世界政治复杂多变，但是世界政治多极化的大趋势没有改变。从某种意义上讲，政治多极化是经济全球化与地区经济集团化对立统一的产物。尽管经济全球化在曲折中前进，伴随经济全球化不断深入发展，国际形势中的不稳定因素突出，经济全球化的负面影响日益突出，但总体看来，当今世界和平与发展这一时代主题没有改变。在新的形势下，各国妥善应对全球化，争取共存共荣的意识进一步增强。

尽管在人类历史上，全球政治首次成了多极的和多文化的局面，但文明冲突的背后又隐藏着求同存异、共同发展的必然趋势。全球政治的主要冲突将发生在不同文化的族群之间、不同经济利益集团之间，文明与经济的冲突将左右全球政治。教育作为传播文明的重要手段，在讲究资源共享，强调通过国际沟通与合作，加强全世界各民族之间的交流、理解，以及相互尊重、认可或保留彼此的文化意识等方面，将会起到非常重要的作用。

进入小学的儿童，随着生活范围的不断扩大，会遇到越来越多的社会问题也会自然地参与到政治环境中。因此，小学思想品德教育的重点是培养小学生良好的道德观念和行为习惯，即文明行为的养成教育。我们如果能够长期地对小学生进行严格要求、反复训练，就会在他们的头脑中建立起一系列的条件反射，形成道德行为上的高层次的动力定

型,做到习惯成自然,为小学生日后的学习和工作奠定坚实的基础,同时,这也是推进政治文明水平不断提升的重要前提和有力保证。

四、促进社会文化发展

不同社会阶段和不同国家的文化发展水平的差异决定了教育的存在形态,进而决定教育的发展水平。文化传统制约着教育活动过程,文化变迁影响教育发展变革。可以说,文化影响着教育的一切,我们也可以认为:教育是在文化生态中存活的。当然,教育活动也在不断促进社会文化的延续和发展。在一定意义上,文化创造的过程本身就是教育过程。学校教育在文化传承、文化选择、文化交流以及文化创新的过程中具有系统性、集中性、高效性和普及性等特性,可以说是社会文化发展最基本、最重要的途径。小学教育作为学校教育的开端,不管是从教育目的还是从课程内容的设置上,都体现着对文化的传承、文化选择、文化交流以及文化创新。

(一) 有利于文化传承

每一种文化体系中一般都有一个主流文化,主流文化是指在一定的社会或地域中占据主导地位、起着主流作用的文化。社会文化生成了教育生长的土壤和条件,反过来教育又有对这种文化体系进行选择的功能,选择主流文化作为其传承的主要范式。但鉴于主流文化需要创新性发展,需要对其进行批判性选择,这样,教育就担负起了传承、创新及融合文化的功能。其次,教育使人具备了一定解读文化的本领。教育通过对物化的和文字传承的、口头传承的文化形式的认知,促进主流文化的世代延续。无论什么文化的传承都离不开人这个中介,都要依靠人对文化的理解来达成,而人对文化的理解则需要依赖于教育,因此,教育自它产生之日起就是作为批判、传承文化的重要手段而存在,教育是传递文化的重要工具。同样,小学教育作为教育的基础部分,在传承文化中的作用不容忽视。

(二) 有利于文化交流

随着现代社会的发展,各国家、各民族之间的交流日益增多,并开始注重学习、吸取优于本民族的一些其他民族的文化特点。尽管民族之间的文化冲突不断发生,但和平共处、文化交融的大格局仍然存在。随着世界各国现代化建设的加速,这一文化融合的进程还将加快。教育的重要作用之一就是传播文化,无论多元化文化还是主流文化都应是传播的对象。当前,全世界各个国家、民族和地区之间存在越来越多的共性的东西,我们在强调主流文化的同时,也要注重多元文化的传承、保留和发展,求同存异、共同发展是我们的追求。就目前而言,我国的教育应为发扬中华民族的优秀传统文化服务,为建设中国特色社会主义现代文化服务。同时,要依靠教育发展我国的非主流文化及其他文化,以利于不同文化的交融。所以,教育应重视发展多元文化,促进各社会民族间的相互尊重与和谐发展。小学教育在孩子的发展过程中,更多的是帮助学生能够正确了解多元文化,接收多元文化,因此,小学教育在推动文化交流中也起着不可忽视的作用。

(三) 有利于文化创新

社会文化总是处于不断发展变化的过程中,文化要发展就要有创新。如果没有文化的创新,也就没有真实意义上的文化发展,而文化的创新则需要通过教育来实现。一方面,教育对传统文化的传承总是着眼于古为今用,传承文化的过程也是文化更新的过程;另一方面,现代社会的急剧变革,现代科技的迅猛发展,必然要求教育突破原有的文化范式,实现对文化的创造、拓展与更新。现代教育的发展要求我们对前人世世代代积累的经验进行有目的地选择和运用,不管按照什么样的标准,选择的过程就是一个创新的过程,因为这种选择总是带有新的意识和新的观念。此外,现代教育通过培养新的人才,把前人积累下来的经验内化成自己的知识体系和思想观念,在已有的基础之上,不断超越,从而创造出新的文化。小学教育重在培养学生创新的理念,同样也有助于文化的创新。

第二节 小学教育的个体功能

小学教育的个体发展功能指的是小学教育对个体发展的积极影响和作用。尽管小学教育具有促进社会发展的功能,但作为培养人的社会实践活动,小学教育以促进人的发展为直接目标,促进人的发展的功能是教育的本体功能,小学教育通过培养人、培养社会所需要的人,间接地促进社会的发展。小学教育是儿童接受学校教育的开端。在这个阶段,儿童将发生三个方面的具有人生启蒙意义的转化:一是由随意游戏活动向有目的、有计划的学习活动转化;二是由个体和松散的群体活动向有组织、有规律的集体活动转化;三是由口头言语向书面言语转化。这些转化可以使儿童突破时间和空间的限制,拓宽认识范围,从而对于促进其全面发展产生重大影响。由此可见儿童思想品德的形成、知识能力的发展和身体素质的增强,都将在小学教育阶段正式起步。因此,小学教育促进人的发展功能是小学教育的本体功能,小学教育促进社会发展的功能是小学教育的派生功能或工具功能。小学教育社会功能的发挥,必须通过培养社会需要的人,而不是把小学教育作为工具直接作用于社会。每一个人,既是社会的一员,符合社会的要求,又是一个与众不同的独特的人,是他自己。因此,小学教育在促进人的发展中表现出两个功能:一是促使个体社会化,二是促使个体个性化。社会化是社会对个体的共同要求,个性化是个体自己独特的发展需要,二者相互作用实现人的自身发展的统一。

一、促进个体社会化

(一) 个体社会化的含义

从社会心理学的角度讲,个体社会化是指个体在特定的社会情境中,通过自身与社会的双向互动,逐步形成社会心理定向和社会心理模式,学会履行其社会角色,由自然人转变为社会人并不断完善的长期发展过程。儿童成长就是不断适应社会要求,参与社会生活,履行社会角色的过程,是自然人转变为社会人的过程。完全的自然人只存在于母体中,婴儿自出生就需要学会适应社会,开始个体社会化的发展。人作为一种社会性动物,不可能离开其他人而生存,因此,人必须通过社会化而成为人,社会性是人的本质属性。

这就是马克思所说:"人的本质不是单个人所固有的抽象物,在其现实性上,它是一切社会关系的总和。"

正因为社会性是人的本质属性,所以,人的发展要社会化。人的社会化,是个体在其社会文化环境中,通过社会交往活动,学习和掌握知识、技能、语言、社会价值观和行为规范等,适应社会生活,参与社会生活、创造社会新文化的过程。

个人社会化的主要任务是掌握基本的生活技能,接受并认识各种社会生活、社会行为规范、树立正确的个人生活目标,承担不同的角色任务,为适应社会生活打下良好基础。在一般人的社会化过程中,具有决定意义的途径主要是家庭文化熏陶、学校文化教育和社会文化影响。因此,我们认为,个体社会化是个体在社会环境影响下,认识和掌握社会事物、社会标准的过程。通过这个过程,个体得以独立地参加社会生活,从"自然人"逐渐变成"社会人"的过程。

社会化有很多内容,主要涉及政治社会化、道德社会化、法律社会化、职业性别角色社会化等。社会化的过程,是学习和内化社会规范的过程。个体通过学习和掌握政治、道德、法律、职业和性别角色的规范,形成符合政治道德、法律、职业和性别要求的社会角色。角色是一个人的社会担当。一个人一生要担当很多角色,而且角色会不断变化。作为孩子,有孩子的角色要求;作为学生,有学生的角色要求;工作后,承担岗位上的某个角色,有相应的岗位角色要求;为人父母,有父母的角色要求;即便到了退休,适应退休生活,从工作状态转为休闲状态,也需要再次社会化。因此,个体社会化是持续终身的过程。人生活在社会中,不断地适应社会,就需要不断地社会化。影响社会化的因素很多,如家庭、学校、同伴群体、大众传媒、职业组织社区,等等。不同年龄阶段,影响个体社会化的主导因素不同。幼儿阶段以家庭为主,青少年阶段以学校为主,成年阶段以职业或工作为主,退休后以社区和家庭为主。

学校作为青少年生活的主要场所,对青少年的社会化起着重要的作用。法国社会学家涂尔干认为,"教育是年轻一代系统地社会化的过程"。尽管促进个体社会化的因素不只是学校,但学校在促进青少年个体社会化中发挥着主导作用。这是因为学校教育代表社会,尤其是代表社会主流价值观对青少年提出要求,为青少年的发展提供社会性规范,培养社会所需要的合格成员。教师是社会的代言人代表社会对学生提出要求,进行有效的规范引导。教育内容,尤其是学校正式的课程,作为一种法定课程和文化,代表着统治阶级的利益和价值观。因此,学校教育具有鲜明的社会性,学校是青少年社会化的重要场所。

(二)小学教育促进个体社会化的表现

1. 形成社会价值观

社会是人与人的集合,但人与人聚集在一起,可能是松散的联合体,并不必然构成社会。社会必须具有凝聚力,而凝聚力来自社会价值观。社会价值观是一个社会、一个国家和民族中所存在的,为其成员所共同认可的理想和信念。对于一个社会、国家和民族来说,社会价值观是精神支柱,对其社会成员具有一种精神聚合的作用,同时,为社会成员的行为指明方向。一个人、一个民族能不能把握好自己,在很大程度上取决于社会价值观的引领。教育促进个体社会化,首先个体必须学习和掌握社会价值观,尤其是社会的核心价值观,并将其内化,形成个体的社会意识,成为个体确定行为目标和行为方式的导向。教育就是根据社会的需要,对个体学习和掌握社会价值观的过程予以积极引导,培育和践行社会价值观。对于我国来说,教育就是要引导学生践行社会主义核心价值观,成为社会主义的建设者和接班人。

其次,个体社会化必然要学习和掌握社会规范,将之内化为自己的行为规则,做出符合社会规范的行为。社会规范是社会价值观在社会成员行为中的体现,是用以调整、控制、规约人们行为的准则。社会规范有正式和非正式之分,正式的社会规范表现为社会的道德、法律、规章、制度、纪律等,非正式的社会规范表现为社会的习俗、传统、民风、时尚等。一个人在社会中生活,必然受社会规范的制约。社会规范,作为客观存在,必须内化为个体的社会价值观,并在社会生活中表现出来。总之,社会价值观和社会规范的形成都是人的社会性的重要内容,教育必须引导学生学习和掌握社会价值观,尤其是社会核心价值观和公民道德规范,形成符合社会要求的行为习惯,实现个体的政治社会化和道德社会化。进入小学的儿童,随着生活范围的不断扩大,受社会环境的影响越来越多,小学教育作为面向儿童德智体美劳全面发展的教育,主要通过引导学生初步树立坚定正确的政治方向,逐步确立科学的人生观、世界观,培养学生良好的道德品质来促进个体形成社会价值观。

2. 完善自我观念

一个人怎样认识自我,决定了他在社会生活中的角色,影响着他的社会行为。培养和塑造自我观念,对个人社会化非常重要。另外,因为人是社会的建构者,所以个体的自我观念也是社会发展的基础。

个体的自我观念包括两个方面:一是人对自我的认识,尤其是对自己个性和独特性的认识;二是对自我与他人、社会相互关系的认识。前者使个体保持一个独立的自我,成为一个有个性的人,后者使个体从他人、社会中获得自我,使个人发展与社会要求相统一,成为一个社会中的我。这两个方面,虽然有矛盾,但又在矛盾中实现对立统一。孤立地强调某个方面,都不是对个体自我观念的正确认识。人能否正确认识自我观念的两个方面,并处理好两方面之间的关系,是需要教育来引导的。小学教育是促进人认识自我,处理好与他人、集体、国家、社会关系的启蒙教育,有助于个体完善自我观念。

3. 塑造社会角色

社会化的最终结果是培养出符合社会要求的社会成员,在社会生活中担当一定的角色,创造价值,为社会发展服务。角色本来指演员在戏剧中所扮演的人物。社会学借用这个概念,意思指的是每个人都在社会上扮演一定的社会角色。社会角色是指个体在特定的社会关系中的身份及由此而规定的行为规范和行为模式的总和。具体地说,社会角色就是个人在特定的社会环境中相应的社会身份和社会地位,并按照一定的社会期望,运用一定权利来履行相应社会职责的行为。它规定一个人活动的特定范围和与人的地位相适应的权利、义务与行为规范,是社会对一个处于特定地位的人的行为期待。

个人在社会生活中扮演着各种各样的角色,在家里是儿女,在学校是学生,每一个角色都有自己应该遵循的行为规范。小学生好奇心强,对知识的接收能力强,对丰富多彩的社会充满好奇,小学教育在于帮助人们获得对社会的初步认识的同时,也在人们心中塑造不同的社会角色认识。当然,教育最重要的是必须教会学生合理地进行角色协调、避免角色冲突。

4. 掌握社会技能

生活在社会中的人,必须具有一定的社会技能。社会技能是人生存的基本条件,也是人生活和工作的基本支撑。社会技能包括基本的生存技能和职业技能两个方面。基本的生存技能,包括衣食住行的技能,用以维持一个人基本的社会生存。在所有生物中,人是本能最不成熟的生物,人类学家将人的自然未成熟性称为人的"未特性化",也就是人的未完成性。人的这种未完成性为人的发展留下了较大的空间,需要通过教育来弥补。教育可以使一个人掌握基本的生存技能,具备基本的生存能力,适应环境的要求和社会生活。职业技能即谋生的技能。人是社会生活的创造者,儿童期依赖父母生活,成年后则需要自己创造价值,需要自我谋生,这就需要掌握一定的职业技能。传统社会,当技术水平较低时,家庭承担着传授职业技能的职责;现代社会,随着职业的技术要求越来越高,职业技能的掌握必须依靠专门的教育。马克思指出:"为改变一般人的本性,使它获得一定劳动部门的技能和技巧,成为发达的和专门的劳动力,就要有一定的教育或训练。这种教育不完全是职业教育。职业教育固然直接传授专门的职业技能,但大工业生产"用那种把不同社会职能当作互相交替的活动方式的全面发展的个人,来代替只是承担一种社会局部职能的局部个人",现代社会职业的流动性,职能的更迭,使人的全面发展显得尤为必要。普通教育虽不直接传授职业技能,但它促进人的全面发展,为人适应大工业生产的全面流动奠定基础。科学家爱因斯坦(1879—1955)也指出,"青年人在离开学校时,是作为一个和谐的人,而不是作为一个专家","发展独立思考和独立判断的一般能力,应当始终放在首位,而不应当把获得专业知识放在首位"。①

(三) 小学教育如何有效促进个体的社会化

1. 要把立德树人作为小学教育的根本任务,发展素质教育

党的十七大把科学发展观写入了党章,党的十八大又把科学发展观确立为党的指导思想。科学发展观的第一要义是发展,核心是以人为本,根本方法是统筹兼顾。以科学发展观为指导,党的十七大报告提出了教育改革必须坚持"育人为本,德育为先"。党的十八大深化"育人为本"的教育理念,提出"把立德树人作为教育的根本任务,培养德智体美全面发展的社会主义建设者和接班人"。党的十九大再次明确提出,"要全面贯彻党的教育方针,落实立德树人的根本任务,发展素质教育,推进教育公平,培养德智体美全面发展的社会主义建设者和接班人"。"育人为本"不是空洞的理念,它旨在落实立德树人的根本任务,发展素质教育,培养德智体美全面发展的社会主义事业的建设者和接班人,它回答了我国教育"为谁培养人,培养什么人,怎样培养人"的重大问题,为今后的教育改革指明了

---

① 爱因斯坦.爱因斯坦文集:第3卷[M].许良英,赵中立,张宣三,编译.北京:商务印书馆1979:146-147.

发展方向"育人为本"作为教育工作的根本要求。坚持育人为本,在教育工作中就是要面向全体学生,加强青少年学生的道德教育,把社会主义核心价值观融入教育的全过程,渗透于教育教学的各个环节,贯穿学校教育、家庭教育和社会教育的各个方面,引导和教育学生自觉践行社会主义核心价值观;把弘扬以爱国主义为核心的民族精神和以改革创新为核心的时代精神作为时代道德教育的重要内容,着力提高学生服务国家、服务人民的社会责任感、勇于探索的创新精神和善于解决问题的实践能力;就是要不断地发展素质教育,提升学生的核心素养,发展其关键能力。

小学的德育主要是习惯养成教育。养成教育,是培养孩子养成良好习惯的教育。习惯是养成教育的产物,它往往起源于看似不经意的小事,却蕴含了足以改变人类命运的巨大能量。好习惯常常让人受益终生,坏习惯往往使人深陷泥潭。要抓好养成教育,应当从培养孩子的良好习惯入手,即让小学生从小养成懂得守纪律、关心他人、尊敬师长、爱护公物、勤俭节约、不怕困难、勇于向上等良好道德品质和行为习惯。这样,学生才能进一步树立热爱祖国的思想,并愿意为祖国的建设努力学习,贡献自己的一切。而这些良好品德的形成,不是一朝一夕,要潜移默化、日积月累。课堂教学既是学校传授文化知识和技能的阵地,又是德育的重要阵地,应该在这个阵地上充分传授知识和技能,积极渗透品德教育,充分发挥每一学科的德育功能。德育如细雨,润物无声;课堂教学是沙土,无时无处不渗透着细雨之水;学生似小草,吮吸着沙土里的水分。因此,摆在每个教育工作者面前的任务是如何搞好学校德育工作,以取得更为明显的成效只有教师认真备好每一节课,把思想教育内容科学地、灵活生动地融会于教学过程中,就能把思想教育作为课堂教学中一个任务来完成。其次,教师要结合班级和学生的实际,结合课文的中心、段落或字词句,深挖其思想精华,科学地渗透品德教育。当然,品德教育还必须结合学生的年龄和心理特点,寓思想教育于有趣的教学活动和课外活动之中,使学生在这些活动过程中,受到教育,规范行为,形成良好习惯。教师根据学生的特点和授课的内容,相应地开展主题班会、集体游戏、参观旅行等一系列的课外活动,深化教学内容,课内课外有机结合,可以起到事半功倍的效果。

小学教育作为最基础的教育,正如习近平总书记在大会上关于立德树人的要求,要从娃娃抓起,也正如重庆谢家湾小学的办学理念所说的"六年影响一生",小学教育在人的成长过程中,尤其是在形成人生价值观的过程中起着至关重要的作用,因此,我们小学教育要把立德树人作为根本出发点,实施素质教育,培养社会主义合格的建设者和接班人。

拓展阅读

二战后,一名纳粹集中营的幸存者,成为美国一所学校校长,每当有新老师来到学校时,校长就会给这位老师一封信,这封信是这样写的:亲爱的老师,我是一名集中营的幸存者,我亲眼看到人所不应该见到的悲剧:毒气室由学有专长的工程师建造;妇女由学识渊博的医生毒死;儿童是由训练有素的护士杀害。所以,我怀疑教育的意义,我对你们唯一的请求是:请回到教育的根本,帮助学生成为具有人性的人,你们的努力,不应该造就学识渊博的怪物,或者是多才多艺的变态狂或受过教育的屠夫。我始终相信,只有孩子具有人性的情况下,读书写字算术的能力才有价值……

2. 坚持全面发展,能力为重

促进人的社会化的关键是要培养出社会历史的创造者,而不是复制社会的客体,因此,教育就是要坚持把人作为完整的人来培养,全面加强和改进德育、智育、体育、美育;坚持文化知识学习与思想品德修养的统一、理论学习与社会实践的统一、全面发展与个性发展的统一;坚持能力为重,强化关键能力培养,着力提高学生的学习能力、实践能力、创新能力。

小学教育是儿童接受学校教育的开端。在这个阶段,儿童将发生三个方面的具有人生启蒙意义的转化:一是由随意游戏活动向有目的、有计划的学习活动转化;二是由个体和松散的群体活动向有组织、有规律的集体活动转化;三是由口头言语向书面言语转化。这些转化可以使儿童突破时间和空间的限制,拓宽认识范围,从而对于促进全面发展产生重大影响。由此可见,儿童思想品德的形成、知识能力的发展和身体素质的增强,都将在小学教育阶段正式起步。小学教育是培养各级各类人才的前提。小学教育是向全体儿童进行的最基本的知识、技能教育,帮助他们学会如何做人,奠定学习、生活和进一步发展的基础。从某种程度上讲,全面性是专业性的预备。只有保证小学教育的质量,才能确保高一级学校的教育质量。儿童接受小学教育的年龄阶段,是人生历程的巨大变化时期,是人的智力、能力和良好习惯形成的最佳时期,小学教育的每一个方面都不可偏废。所以说,小学教育阶段是孩子习惯养成的关键期,也是启发学生潜力的关键期。进入小学后,学生的学习能力、实践能力、创新能力都会得到快速的发展,因此,小学教育应以学生的全面发展为目标,注重培养学生的能力,为个体以后的发展奠定良好的基础。

3. 以人的发展为根本职能

尽管在社会中,每个人都承担一定的社会角色,成为社会的一员,但这并不意味着人必然成为社会的工具。在人与社会的关系中,人是主体,人在创造社会关系中,形成人自身,满足人的发展需要。所以,教育促进人的社会化,使人成为某一社会角色,但不能只局限于此,否则教育就陷入了狭隘的世俗主义、功利主义之中,只满足于眼前的需求,忽视人自身的长远发展。人的全面发展是人承担某一社会角色的前提。教育首先使人成为人,然后才能使人在社会生活中承担某种角色。联合国教科文组织国际教育发展委员会主席埃德加·富尔在致联合国教科文组织总干事勒内·马厄(1905—1975)的函中指出:"人类发展的目的在于使人日臻完善;使他的人格丰富多彩,表达方式复杂多样;使他作为一个人,作为一个家庭和社会的成员,作为一个公民和生产者、技术发明者和有创造性的理想家,来承担各种不同的责任。"①联合国教科文组织在《教育——财富蕴藏其中》中再次强化了这一思想:"教育不仅仅是为了给经济界提供人才:它不是把人作为经济工具而是作为发展的目的加以对待的。使每个人的潜在的才干和能力得到充分发展,这既符合教育从根本上来说是人道主义的使命,又符合应成为任何教育政策指导原则的公正的需要,也

---

① 联合国教科文组织国际教育发展委员会.学会生存——教育世界的今天和明天[M].华东师范大学比较教育研究所,译.北京:教育科学出版社,1996:2.

符合既尊重人文环境和自然环境又尊重传统和文化多样性的内源发展的真正需要。"[①]因此,在促进人的社会化的同时,把人作为社会的主体和中心,在社会发展中以满足人的需要,提升人的品质,实现人的全面发展为终极目标。小学教育作为基础教育,关键在于帮助个体树立这种意识,这就需要小学教育做到以人为本,以学生的发展为根本职能,帮助学生在成长的过程中,指引个体社会化的方向。

二、促进个体个性发展

(一) 个体个性化的含义

社会化是社会对人的共性要求。一个时代的人,一个国家的人,一个民族的人,一个行业的人,其社会化的要求都是相同的。例如,我们都是中国人,我们都是生活在21世纪的中国人,我们都是21世纪的中国大学生,因此,社会对我们有着中国人、21世纪的中国人、21世纪的中国大学生的共同规范和行为要求,这些规范和行为要求具有民族性、时代性和群体性。但社会化并不必然导致同质化,不可能造就完全相同的人,因为每个人的遗传因素不同,生活环境和所受教育不同,所参与的实践活动不同。加之个体具有主观能动性,即便对同样的影响,个体的认识和反应也不相同。因此,人在社会化中虽然形成了社会性的共同要求,但也使人与人之间个体的差异性显现出来,显示出人的独特性。因此,个体社会化不排斥个性化,而且社会化的过程,本身就是社会要求在个体身上显现的过程。每个人的个性都是个体社会化过程中的差异性。

个性化固然要发展人的个性,但不能等同于心理学上作为"人格"同义词的"个性"发展。心理学的个性特指一个人独特的、稳定的和本质的心理倾向和心理特征的总和,如能力、气质、性格、兴趣、爱好、动机、志向、价值观等。个体个性化并不局限于个体的心理特征,也指个体的独特性和差异性。怎样使一个人在社会化基础上成为一个独特的自我,是个性化的核心。与社会化的求同不一样,个性化是一个尊重差异性的求异过程,它反映的不是对社会的适应,而是在适应基础上的发展,变革和创造。因此,个体个性化,就是在人的共同社会性的基础上,发挥人的自主性和能动性,充分把人的差异性和独特性彰显出来,实现个体我与社会我的统一,生命的个体价值与社会价值的统一。

(二) 小学教育促进个体个性发展的表现

1. 促进个体主体性发展

马克思说,人区别于动物,就在于人"使自己的生命活动本身变成自己意志的和自己意识的对象。他具有有意识的生命活动。"人能够有意识地支配自己的生命活动,是一个自觉的生命体,具有自主性和能动性。所谓自主性,是人作为主体对待客体时所表现出来的积极的、能动的特性。人所面对的客体有两类,一类是外部的客观世界,一类是人的自我。人作为主体,要积极改造外部世界,同时,人作为主体也要超越自我,获得新的自我。

---

① 联合国教科文组织国际21世纪教育委员会.教育——财富蕴藏其中[M].联合国教科文组织总部中文科,译.北京:教育科学出版社,1996:70.

因此,"自主有两个尺度。第一个尺度描述个体的客观状况、生活环境,是指相对于外部强迫和外部控制的独立、自由,自决和自己支配生活的权利与可能。第二个尺度是对主观现实而言,是指能够合理利用自己的选择权利,有明确目标,坚韧不拔和有进取心"①。人对外部世界和内部世界的改造是统一的,外部世界的改造是内部世界改造的资源和条件,人正是通过对外部资源的占有和吸收,来获得自我发展的资源和改造自身的。自主性使人在对待外部世界和自身时表现出能动性。能动性是人特有的认识世界、改造世界的能力,以及在认识世界、改造世界中所具有的精神状态,如决心、意志力和进取心。

人的发展受社会的制约,如果没有生命的自觉,没有人的自主性和能动性,人的发展就会陷入被动之中,人就成为同质化的社会工具,而不是一个独特的我。

人的自主性、能动性是个体社会化的前提。没有个体的自主性、能动性,就不可能有人的个性化。自主性、能动性虽是人的特性,但它不是与生俱来的,而是通过后天的实践获得的。教育在唤醒人的自主性和能动性方面,具有重要的责任,对于个体发展而言,教育不仅是传授知识,发展能力,更是唤醒个体发展的主体意识,增强主体发展的能动性,使发展的过程成为一个主体自我提升的过程,一个唤醒生命自觉的过程。教育要给人知识,但获得知识不是教育的全部目的,还要把知识转化为促进个体自我发展的能力,使其成为滋养个体发展的能量。灌输式的教育,不可能唤醒和激发人的自主性、能动性,这就需要主体教育,给学生以主动探索、自主支配的时间和机会,把发展的主动权还给学生,让学生自主学习、探究学习,激发生命的自觉,促进生命创造性的发展。

人的这种自觉性也叫做主体性,是人面对客观世界的主观能动性。它表现为人的自主精神和主动性、积极性与创造性。教育对人的主体性的发展起着极为重要的促进作用。小学教育通过对儿童的道德、智力、能力的培养而提高儿童对自我的认识,提高儿童的主体性。对于个体而言,小学教育的过程是一种不断提升自我的过程,是激发并弘扬人的主体性的过程。

2. 尊重个体的差异性和独特性

人与人之间是有差异的,而且差异是绝对的。这种差异首先来自遗传。遗传因素的不同,塑造了个体不同的生物特性。虽然这些生物特性不能决定人未来发展的方向和成就,但它为人的个体发展、个性差异提供了物质条件,打上了底色。在这样一个生物学个体差异的基础上,人的发展取决于后天的环境、教育和实践活动等方面的影响。个体由于生活环境和实践活动的不同,后天发展的途径、方式及其结果都会表现出较大的差异,即便是同卵双生子,也是如此。不过,这种个体发展的差异性,既有生物学的自然影响,也有社会生活的自发影响。这种自发影响可能出现有利于个体个性化的一面,也可能出现有碍于个体个性化的另一面。

教育作为有目的地促进人的发展的实践活动,需要依据每个学生的个别差异进行。真正的教育,是适合每个人的个性化教育、有差异的教育,而不是大一统的划一性教育。

---

① 伊·谢·科恩. 自我论:个人与个人自我意识[M]. 佟景韩,范国思,许宏治,译. 北京:生活·读书·新知三联书店,1986:407.

划一性教育假定全体儿童是没有差异的,以统一的教育内容、统一的教育进度、统一的教育方式面对所有学生,泯灭了学生的个别差异和独特性教育。必须改变这种"目中无人"和"千人一面"的现象,根据每个人的特性和发展的不同要求,创造适合每个人的教育环境,设计适合每个人的课程,采取适合每个人的教育方式,发展每个人的个性特长。这样的教育未必是回到古代的个别教学,在班级授课制的集体教学中,可以通过改革教学形式,实施"走班制"、分层教学、分类指导,增加选修课,开发校本课程等,因材施教,为每个学生找到最适合自己的发展资源和发展方式,充分发挥每个人的潜能,让每个人都成为最好的自己。

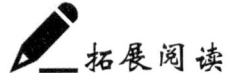拓展阅读

天使的翅膀①

辉仔非常自卑,他的身上有非常明显的伤痕,从颈上一直延伸到腰部,所以辉仔非常害怕换衣服,尤其是上体育课。当其他小孩子很高兴地脱下校服,轻松地换上运动服时,辉仔总会一个人偷偷地躲在角落里,用背部紧紧地贴住墙壁以最快速度换上运动服,生怕被人发现。可是,时间久了,其他小朋友还是发现了他背上的疤。

"好可怕哦!""怪物!"天真的、无心的话往往最伤人,辉仔哭了。辉仔的妈妈带着他找老师说明这个疤痕的来缘。"辉仔刚出生时就患了重病,我们想放弃又不忍心,幸好有一位高明大夫动手术救了他,但他的背部便留下了两条疤"老师心里不断地想,如果直接制止小朋友们取笑辉仔,只能治标,不能治本。辉仔还会继续自卑下去,必须想一个好办法。忽然灵光一闪,她摸了摸辉仔的头说:"明天的体育课,你一定要跟大家一起换衣服。"

辉仔眼里晶莹的泪水滚来滚去:"可是,他们又会取笑我,说我是怪物。"

"放心,老师有法子,没有人会笑你,真的!"

第二天上体育课,辉仔怯生生地躲在角落里,脱下他的上衣,果然不出所料,有小朋友又厌恶地说:"好恶心呀!"辉仔眼睛睁得大大的,眼泪已流下来。这时候,教室门突然打开了,老师出现了。几个同学马上跑到老师面前说:"老师你看,他的背好可怕,像条大虫。"老师没有说话,只是慢慢地走向辉仔,然后露出诧异的情,"这不是虫!"老师眯着眼睛,很专注地看着辉仔的背部"老师以前听过一个故事,大家想不想听?"小朋友最爱听故事了,连忙围过来。

老师说:"这是一个传说。每个小朋友,都是天上的天使变成的,有的天使变成小孩的时很快就会把翅膀脱下来,有的小朋友动作比较慢,来不及脱下他们的翅膀。那些动作比较慢的天使变成的小孩子,背上就会留下这样的两道痕迹。"

"哇!这是天使的翅膀啊?"小朋友发出惊叹。"对啊,"老师露出神秘的微笑,"大家要不要互相检查一下,还有没有人像他一样,翅膀没有完全掉下来的?"所有小朋友听到老师

---

① 魏微,路书红,王红艳等.中外教育经典案例评析[M].济南:山东人民出版社,2005:3-4.

这么说,马上七手八脚地检查对方的背,可是没有人像辉仔一样,有这么清楚的痕迹。

"老师,我这里有一点点的伤痕,是不是?"一个戴眼镜的小孩兴奋地举手。

"才不是的,我这里也红红的,我才是天使!"小朋友们争相承认自己的背上有疤,完全忘记了取笑辉仔的事情。辉仔原本哭红的眼睛,此刻已停止流泪突然,一个小女孩轻轻地说:"老师,我可不可以摸摸小天使的翅膀?""这要问一下小天使肯不肯。"老师向辉仔眨眨眼睛,辉仔鼓起勇气,羞怯地说:"好。"

女孩轻轻地摸着他背上的疤痕,高兴地叫起来:"哇,好软,我摸到天使的翅膀了!"女孩这么一喊,所有小朋友都大喊:"我也要摸!"

一节体育课,一幅奇特的景象,教室里有几十个小朋友排成长长的队伍,等着摸辉仔的背……

3. 促进个性和创造性的发展

个体个性化的最终结果是促进人的个性发展。个性是在一定社会历史条件下通过社会实践活动形成和发展起来的,是个体在社会实践中作为主体表现出来的观念、能力和行为。在一定意义上,个体的自主性、能动性、差异性、独特性,既是个性的表现形态,也是促进个性形成的因素。教育要发展人的个性,首先是要唤起人的自主性和能动性,尊重并适应个体差异性和独特性,同时,针对个体差异性和独特性,实施特色化、个性化的教育,对个人发展而言,学生更乐意接受适合自己优势潜能和兴趣爱好的学习方式,因此,我们必须为学生的优势潜能和兴趣爱好的发展提供合适的教育,允许他们选择适合自己的教育,推进学校的特色化和多元化发展,为学生的个性化选择提供条件创造性是人的个性的核心品质,是个体在创造活动中所表现出的自主、独特、与众不同的心理倾向。个性不是说与别人不同的话,做与别人不同的事,这些不同的话、不同的事能否成为个性,取决于它是否具有价值,是否能够成为一种创造性活动。创造是人生产新颖、独特、有价值的产品的活动。创造性不仅是自我意识的独特表现,同时其所表达的观点、所具有的行为都要新颖、有价值。胡言乱语尽管是独特的,但不是创造性,因为它没有产生出新颖的、有价值的产品。

创造性不是自发的,需要有意识地培养。创造性培养就是要激发人的好奇心与求知欲,培养人的创新意识和创新精神,教给人创造的方法,发展人创造的能力,特别是创造性想象和创造性思维的能力,以及善于进行变革和解决问题的能力。

创造性的培养不是某种心理品质的培养,不能通过某种专门的创造性(思维)课程来完成,"人是在创造活动中并通过创造活动来完善他自己的"[①]。也就是说,人只有在创造性教育中,通过创造活动,才能促进创造性生长。保守的教育活动,无法培养人的创造性,相反,还会压抑人的创造性。

4. 促进个体价值的实现

人的个体生命价值是针对人对社会的贡献而言。每一个生命个体如何展现其人生的

---

① 联合国教科文组织国际教育发展委员会.学会生存——教育世界的今天和明天[M].华东师范大学比较教育研究所,译.北京:教育科学出版社,1996:188.

价值,归根到底是通过他在社会生活中发挥的作用以及作用的大小来衡量的。人应该成为对他人、对社会有益的人。人能否有益于他人、有益于社会与他的道德水准和智力、能力水平的高低有关。小学教育使人意识到生命的存在并且为人们追求生命的价值与意义提供正确的指引,小学教育为实现生命价值奠定基础。所以,小学教育也在促进个体价值实现。

(三) 小学教育如何促进学生的个性发展

1. 把学生作为小学教育活动和发展的主体

从小学教育活动的要求看,教师在小学教育活动中起主导作用,学生是小学教育活动中的主体。学生是小学教育活动的主体有三个方面的含义。第一,学生是发展的主体。小学教育促进人的发展,而人的发展是自己的发展,是他人所不能替代的,是自主的发展,虽然人的发展借助于教育,小学教育可以加速和引导人的发展方向,但教育必须遵循人的发展规律,必须把人作为发展的主体。这是小学教育促进人的发展的又一基本要求。第二,学生是小学教育活动的主体。马克思认为,自由自觉的活动恰恰就是人类的特性,人只能在自由自觉的活动中得到发展,在由他人所支配的活动中,个体不可能得到发展。学生在教育活动中的发展是通过自我设计、自我构建、自我努力实现的。第三,学生是小学教育过程中的主体。在小学教育过程中,虽然学生接受教师的指导,但教师不能强制学生的发展,更不可能代替学生的发展,学生发展须由学生自己完成,教师只起引导作用。因此,在小学教育过程中,学生是活动的主体,是自我教育,自我发展的主体。这是落实素质教育,促进学生生动活泼地主动发展的前提。

传统的教育观念,把教师作为教育的主体,把学生作为教育的客体,教育就是教师对学生施加影响的过程,这种教育观念无视学生的主体地位,也无视学生在教育活动中的主体性。巴西教育学家保罗·弗莱雷(1921—1997)在《被压迫者教育学》中描述了这种状况:① 教师教,学生被教;② 教师无所不知,学生一无所知;③ 教师思考,学生被考虑;④ 教师讲,学生听——温顺地听;⑤ 教师制订纪律,学生遵守纪律;⑥ 教师做出选择并将选择强加于学生,学生唯命是从;⑦ 教师做出行动,学生则幻想通过教师的行动而行动;⑧ 教师选择学习内容,学生(没人征求其意见)适应学习内容;⑨ 教师把自己作为学生自由的对立面而建立起来的专业权威与知识权威混为一谈;⑩ 教师是学习过程的主体,而学生只纯粹是客体。① 上述这些表现已经成为传统小学教育的常态,制约了学生主动的发展,使培养出的学生缺乏活力,缺乏创造,唯唯诺诺,难以成为社会的主体。改变传统教育,必须改变"学生是客体"的观念,树立"学生是主体"的观念。这就要求在教育过程中确立学生的主体地位,通过学生的主体活动,发展学生的主体性。

首先,必须要确立学生在小学教育活动中的主体地位。教育主体是小学教育活动中具有自主性与能动性的存在者,是小学教育活动中人的因素。小学教育活动中人的因素有两个:教师和学生。教师和学生谁是小学教育活动的主体一度存在着争论。如前所述,

---

① 保罗·弗莱雷.被压迫者教育学[M].顾建新,赵友华,何曙荣,译.上海:华东师范大学出版社,2001:25-26.

传统教育把学生作为客体,20世纪80年代,顾明远先生提出学生既是教育的客体,又是教育的主体,引起了教育过程中教师和学生主客体地位的大讨论,先后出现了"教师单一主体论""学生单一主体论""教师与学生双主体论""教师主导学生主体"等多种不同的认识,尽管这些认识还存在着差异,但越来越多的学者都认识到学生在教育过程中的主体地位。教育过程不是教师对学生进行灌输和强迫改变的过程,而是教师引导学生自主发展、自我建构的过程。教师不能把学生作为被动的客体施加影响,作为接受知识的容器灌输知识,只能把学生作为发展的主体、学习的主体。教师的作用是为学生的发展提供资源,调动学生学习的积极性,引导学生独立学习,自主发展。联合国教科文组织在《学会生存——教育世界的今天和明天》中深刻地指出:"未来的学校必须把教育的对象变成自己。教育自己的主体,受教育的人必须成为教育他自己的人;别人的教育必须成为这个人自己的教育。"①教育要确立学生在教育过程中的主体地位,把学生真正当主体,防止教师不合适地发挥"主导"作用,使学生成为"被主导"的客体,剥夺学生发展的主动权。在小学教育过程中,教师要真心实意把学生作为主体,而不是虚假的主体。教育是教师引导与学生自主建构的结合,教师既要放手学生,让他们自主发展,又要做好引导工作,充分调动他们发展的主动性和自觉性,同时,也要防止学生的发展偏离了社会发展的要求,及时引导他们形成正确的价值观。

其次,把发展的主动权还给学生。就像一个人只能亲自生活,而不能由别人代为生活一样,一个人只能亲自发展,而不能由别人代为发展,这是一个朴素的真理。在教育过程中,教师不能代学生发展,发展的主动权只能掌握在学生自己的手中。但是,在传统教育中,课堂和班级都牢牢地掌握在教师手中,教师常常剥夺学生自主发展的权利,以详细的讲解和示范,代学生思考,代学生活动,学生被教师控制,失去思考的机会、活动的机会,丧失发展的主动权,"被发展""被塑造"。改变这种实践状况,就需要把发展的主动权还给学生。发展的权利本应该在每个人自身,之所以要把发展的主动权"还"给学生是因为传统的教育剥夺了学生发展的主动权。把发展的主动权由教师"还"给学生,实现学生发展方式的转型,使学生由被动的接受者转变为主动的学习者,为此,必须为学生主动学习提供可能的时间、空间和机会,为他们主动发展提供学生主体性的发展,只能通过实践活动来实现。"人的活动是社会及其全部价值存在与发展的本原,是人的生命以及人作为个性的发展与形成的源泉。"②"离开了探究,离开了实践,一个人不可能成为真正的人。"③学生作为教学实践活动的主体,其主体性的发展必须在探究和活动中实现。因此,教育重要的不是告诉学生什么,不是给予学生什么,而是让学生通过主动探索和创造活动,在对知识的理解、对活动过程的体验中获得主体性的提升,体验成长的意义。

---

① 联合国教科文组织国际教育发展委员会.学会生存——教育世界的今天和明天[M].上海:华东师范大学比较教育研究所,译.北京:教育科学出版社,1996:200.
② 瞿葆奎:《教育学文集课外校外活动》,人民教育出版社,1991:3.
③ 保罗·弗莱雷.被压迫者教育学[M].顾建新,赵友华,何曙荣,译.上海:华东师范大学出版社,2001:25.

最后,培养学生的主体性、学生的主体地位,不能只停留在教师"还"权于学生,教师把学生作为主体,更重要的是唤醒学生的主体意识,培养学生的主体性。主体性是指主体在与客体相互作用时所表现出来的积极的、能动的功能态势,集中表现为自主性,能动性和创造性。但仅仅把主体性限定为主客体对立关系中,是不全面的,因为马克思认为,主客体关系是以主体间的交往为中介的,主体性不仅表现在他们对自然界的一定关系中,而且表现在劳动主体相互间的一定关系中。也就是说在马克思看来,人的主体性还包括不同的主体在一定的社会历史条件下,为变革客体而进行的相互交往的特性。① 这种主体和主体之间相互交往的特性,就是主体间性,它是人的主体性的重要组成部分。可以说,主体间性是主体性在人与人之间关系中的表现。因此,培养学生的主体性,不是培养单子式的个人主体性,而是培养其交往主体性,即主体间性。主体间性,不仅把自己当作主体,也把他人当作主体,人与人之间是共主体。主体间性超越了在主客体关系中的个人主体性理念,把主体性置于主体与主体的关系之中。主体间性不是对个人主体的否定,相反,它保留了个人作为主体的根本特性,同时强调主体间的相关性、和谐性和整体性。② 所以,教育要培养学生的主体性,但不能使个人主体性走向个人主义,必须用主体间的关系约束个人主体性的过分张扬,强调主体间的平等对话、理解、交往。教育不是培养一个占有性的个人主体个"精致的利己主义者",而是培养和谐社会的主体,人类社会的主体。

2. 坚持教育创新

社会发展的过程,是一个不断创新的过程。没有创新,社会只能循环往复、停滞不前。教育要发展,根本靠改革,因此,教育也需要改革创新,改革创新是教育发展的强大动力。教育只有改革创新,才能适应时代的要求,适应人的发展新要求。但创新不是割断历史,不是推倒重来,创新是在继承传统合理内核的基础上,进行符合时代要求的革新。一方面,创新要继承历史的合理性;另一方面创新要革新历史,在否定中发展。教育创新,应该源自教育内在变革的创新,来自教育自身发展的迫切需要。

教育的核心是人,促进人的全面发展是教育创新的根据。教育为什么需要创新? 创新什么? 怎么创新? 我们只能根据人的发展需要,根据时代对人的发展要求,改革不利于人的发展的教育模式,创建有利于人的自由充分发展的教育模式。因此,教育创新目标就是不断提高国民素质,培养适应不断发展的社会需要的人才。教育创新活动应该围绕这一总体目标展开。美国学者库姆斯在反思 20 世纪 60 年代美国教育改革的教训时指出:在美国,多年来,各种各样的人一直在试图改变教育,但"多半都没有获得成功",是因为那些尝试"关注的是物,而不是人"。所谓"物",指的是装置、机械、方法、学科,以及组织或管理方式,而"教育是一项人的事业",涉及数以亿计的学生和数以千万计的专业教育工作者。要在教育中进行真正有效的变革,"只有通过促使人的变化——尤其是促使教师,即

---

① 袁贵仁. 马克思主义人学理论研究[M]. 北京:北京师范大学出版社,2012:107.
② 冯建军. 主体教育理论:从主体性到主体间性[J]. 华中师范大学学报(人文社会科学版),2006(1):115-121.

与学生接触十分密切的人的变化——才能完成"。① 所以，教育创新，核心在人，不在物。物质手段对于教育创新是必要的，但只是辅助手段，不能作为教育创新的根本，教育创新的根本在于培养人，关键在于教师素质的提高，教师的教育观念、教育教学方式方法的创新，教育制度为教育创新提供保障。

教育创新不同于创新教育。教育创新是围绕着人的发展，对教育观念、教育模式和教育制度等进行全面的变革和创新。创新教育是关于创新素质的培养，尤其指人的创新意识、创新精神、创新能力和创新人格的培养。教育创新和创新教育的目的是一致的，都指向人的培养，但创新教育只指向人的创新素质的培养，教育创新则指向人的全面发展。创新教育是培养创新素质的教育，核心在"教育"；教育创新是围绕人的全面发展进行的教育观念创新、教育模式创新、教育制度创新，核心在"创新"。《国家中长期教育改革和发展规划纲要（2010—2020 年）》指出，要创新人才培养体制、办学体制、教育管理体制，改革质量评价和考试招生制度，改革教学内容、方法、手段，建设现代学校制度，以利于创新人才的培养。可见，教育创新是创新教育的保障。教育创新不只是教育技术手段的创新，也不只是教育某些部分或某些环节的变化，它是涉及观念、模式、制度等诸多层面的整体性变革。

首先是教育观念创新。教育是一种有目的的、人为的活动，就在于它以观念为先导。不同教育观念，决定了不同的教育模式、教育方法。因此，观念的创新是教育创新的先导。在观念创新方面，主要是人才观、教育观。人才观回答什么样的人是时代需要的，教育观回答什么样的教育是好的教育。这两个方面有所侧重，但密切相连，教育是培养人的事业，不同的人才需要不同的教育。人的全面发展是对人才的基本要求，因此，要树立全面发展观念、人人成才观念和多元发展观念，尊重个人选择，鼓励个性发展；确立"适合的教育才是最好的教育"，围绕这一人才观树立终身学习观念、系统培养观念和特色教育观念，形成体系开放、机制灵活、渠道互通、选择多样的人才培养体制。

其次是教育模式创新。观念是先导，人才观念和教育观念的创新，必然要通过教育模式转化为教育行为和教育实践。因此，教育模式是教育创新的抓手和落脚点。没有教育模式即使是再好的教育观念，也难以落地生根，创新只是徒具虚名。教育模式是在一定的教育观念指导下，教育要素的不同组合方式和结构。教育模式是在长期教育实践基础上形成的，一旦形成就具有相对的稳定性。但任何教育模式都是建立在部分正确的假设的基础上，从部分正确的假设入手，只能导致部分正确，从而把教育改革"锁在一个封闭系统内"②。随着教育的发展和实践的变化，教育模式必须基于新的假设进行改革创新。

就当代中国教育而言，人才培养模式是教育模式创新的核心。为此，要深化教育教学改革，创新教育教学方法，实现教育中心从教师转向学生，从以学科为中心转向以学生为中心，从规范的统一课程转向有选择的多样性课程，从学生被教转向教师的引导与学生自主学习的结合，从灌输性教学转向自主学习、探索学习等。围绕着教育教学方式的这些变化，课程、师生关系、教学组织形式等也都发生相应的变化：课程从过分强调分科转向综

---

① 瞿葆奎.教育学文集　国际教育展望[M].北京：人民教育出版社，1993:273 - 274.
② 瞿葆奎.教育学文集　国际教育展望[M].北京：人民教育出版社 1993:274.

合,从单一的知识逻辑转向素养的提升,从机械的预设转向有目的的动态生成;师生关系从教师独白转向师生对话,从专制转向民主;教学组织形式从划一性班级授课制转化为班级教育和个别教育的结合,推进分层教学、走班制和增加选修课程、校本课程等个性化模式;改革封闭的学制系统,扩大学习时空,增强学制弹性等。

  再次是教育制度创新。教育观念和模式的创新,需要制度的创新做保证。创新模式使创新观念落地生根,创新制度为创新模式保驾护航。没有制度的创新,模式的创新也举步维艰。至此,《国家中长期教育改革和发展规划纲要(2010—2020年)》把制度创新作为改革的重点。2017年,中共中央、国务院颁布的《关于深化教育体制机制改革的意见》提出:"系统推进育人方式、办学模式、管理体制、保障机制改革,形成充满活力、富有效率、更加开放、有利于科学发展的教育体制机制。"制度创新不仅对教育创新起保障作用,而且在一定程度上对人的全面发展、个性发展具有解放作用,尤其是人才培养体制和考试招生制度改革直接关系到人的发展。在人才培养体制方面,现有的制度过于强调统一性和标准化,所有的人一个模子、一个标准、一个程序,不利于学生个性的充分发展,更不能适应创新精神与能力的培养。人才培养的改革,要打破划一管理模式,探索适应不同类型教育和人才成长的学校管理体制与办学模式,避免千校一面,扩大学校办学自主权,把办学的自主权还给学校,把选择的自主权还给学生。建立以学生发展为本的新型教学关系。健全全员育人、全过程育人、全方位育人的体制机制。人才培养的改革,要推进学校特色化建设,尊重学生的自主选择权,使他们能够按照自己的兴趣爱好和优势潜能,选择适合自己的学校。

  小学教育的功能在于既要帮助为社会发展培养出所需要的人才奠定基础,也要为促进学生个体全面发展做好引导。在小学教育过程中,抓住学生的发展特性,结合当前社会实际环境,与时俱进地培养学生各方面的能力,才能更好地发挥小学教育的功能。

思考与讨论

1. 结合现实,试列举小学教育对个体发展的负功能,并分析其出现的原因。
2. 结合实际,试论怎样才能有效地发挥小学教育促进个体发展的功能。
3. 列举影响人的发展的各种因素,并用所学知识进行分析。
4. 材料分析题

材料1:

  目前我国幼儿教育中存在着较为严重的"小学化"倾向,很多幼儿园以课堂学习代替游戏,给幼儿提早进行小学拼音、识字和数学等方面的教学。为此,教育部于2011年发出了《教育部关于规范幼儿园保育教育工作,防止和纠正"小学化"现象的通知》,明确要遵循幼儿身心发展规律,纠正"小学化"教育内容和方式。2012年,在教育部印发的《3—6岁儿童学习与发展指南》中明确指出,"严禁'拔苗助长'式的超前教育和强化训练",重申"严禁幼儿园提前学习小学内容"。2017年,中共中央、国务院颁布的《关于深化教育体制机制改革的意见》再次强调:"要加强科学保教,坚决纠正'小学化'倾向。遵循幼儿身心发展规律,坚持以游戏为基本活动,合理安排幼儿生活作息。"2018年,教育部办公厅下发的《关于开展幼儿园"小学化"专项治理工作的通知》,对幼儿园提出"严禁教授小学课程内容""纠正'小学化'教育方式""整治'小学化'教育环境"等治理服务。

请结合所学知识,谈谈在个体发展过程中幼儿教育"小学化"的危害,以及这种"小学化"的教育在小学教育中对个体的发展有哪些积极和消极的影响。

材料 2:

有这样一个案例:

几个学生正趴在树下兴致勃勃地观察着什么,一个教师看到他们满身是灰的样子,生气地走过去问:"你们在干什么?"

"听蚂蚁唱歌呢。"学生头也不抬,随口而答。

"胡说,蚂蚁怎么会唱歌?"老师的声音提高了八度。

严厉的斥责让学生猛地从"槐安国"里清醒过来。于是一个个小脑袋耷拉下来,等候老师发落。只有一个倔强的小家伙还不服气,小声嘟囔说:"您又不蹲下来,怎么知道蚂蚁不会唱歌?"

请运用本章所学知识来分析教师的行为,你觉得应该怎样做?

参考文献

1. 顾明远. 教育大辞典(第1卷)[M]. 上海:上海教育出版社,1990.

2. 魏微,路书红,王红艳等. 中外教育经典案例评析[M]. 济南:山东人民出版社,2005.

3. 冯建军. 主体教育理论:从主体性到主体间性华中师范大学学报(人文社会科学版)[J]. 2006(1):115-121.

4. 瞿葆奎. 教育学文集国际教育展望[M]. 北京:人民教育出版社,1993.

5. 伊谢科恩. 自我论:个人与个人自我意识[M]. 佟景韩,范国思,许宏治,译. 北京:生活. 读书. 新知三联书店,1986.

第五章 小学教师

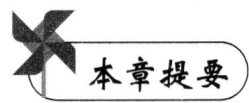

科技的发展,经济的振兴,乃至整个社会的进步,都依赖于劳动者素质的提高和大量合格人才的培养。提高劳动者的素质和培养社会主义人才都离不开学校教师,为了自觉地肩负起历史的重任,小学教师应该了解自己职业的社会职能、社会作用及其劳动特点,以明确方向,献身教育事业。本章将着重论述小学教师的职业性质、职业角色、劳动特点、职业素养、专业化的途径和方法等相关知识。

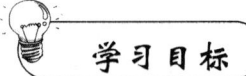

1. 理解小学教师的职业性质与劳动特点。
2. 掌握小学教师的职业道德、专业知识和专业能力。
3. 运用小学教师专业化的途径和方法提升专业水平。

张玉滚:风雪担书梦

张玉滚大学毕业后,放弃在城市工作机会,回到家乡,从一名每月拿30元钱补助、年底再分100斤粮食的民办教师干起,一干就是17年。学校地处偏僻,路没修好时,他靠一根扁担,一挑就是5年,把学生的课本、文具挑进了大山。他是这里的全能教师,手执教鞭能上课,掂起勺子能做饭,握起剪刀能裁缝,打开药箱能治病。由于常年操劳,"80后"的他鬓角斑白、脸上布满皱纹。

作为一名小学教师,他用17年如一日的坚守,照亮了山区农村孩子们的求学之路,也照亮了每一个人的心灵之路,他用高尚的品格诠释了新时期师德的内涵,展示了新时代人民教师的光辉形象。

第一节　小学教师概述

教师职业是一种专业化的职业,它的产生与发展经历了不同的时期与阶段。发展至今,教师职业已经日趋成熟。这一方面通过教师的社会地位和教育过程中的地位体现出来;另一方面,对于教师职业权利与义务的相关法规的完善也能说明教师职业的规范化程度。

一、小学教师的职业性质

教师职业是一个古老而又新兴的职业,既是古代社会分工的产物,又是现代专业化发展的结果。教师职业从远古时代融于生产劳动的非专业化的原始形态,演变为从事古代学校教育的泛专业化形态,最后走向近现代社会的教育专业化形态。教师职业形态的提升,经历了一个漫长的岁月,教师职业的发展与教育内外部的发展密不可分。现代教师是一种具有较高行业标准的职业,教师是从事教育教学的专业人员,这是现代教师职业的基本性质。

(一)教师的含义

从普通意义上讲,教师是特殊的社会群体,承担人类文化的传递工作,受社会的委托,通过在学校中对学生的身心施加特定影响,把其培养成为一定社会所需要的人,并以此为主要职责的专业人员。教师概念具有丰富的内涵:

首先,教师职业是指一种社会职业。这种职业与其他职业在分工上有明显的不同,它以培养人、教育人为主要工作。

其次,教师是指从事教育职业的人。我们可以这样理解,即教师是传递人类科学文化知识和技能,对学生进行思想品德教育,把受教育者培养成一定社会需要的人才的人。

依据不同的分类标准,可以把教师分成不同类型,如幼儿园教师、小学教师、中学教师、大学教师;普通教育教师和特殊教育教师;专职教师和兼职教师。本章内容主要介绍的是小学教师。

(二)教师职业的产生与发展

职业是人类社会进步、社会分工带来的产物,教师职业是人类社会文明发展到一定高度的标志,它的职业性是伴随着学校的产生而发展的。作为人类文明的重要传承者和创造者,教师职业的性质受到社会历史和经济文化变迁的影响。纵观人类教育发展史,教师职业大致经历了以下四个发展阶段。

1. 长者为师阶段

在人类社会发展的最初阶段,教育活动没有从生产劳动中脱离出来,它与生产生活紧密结合在一起。教育是与对新生一代的照看联系在一起的,所以主要是以"长者为师"。同时,由于原始社会中教育与一些重要的社会活动(如祭祀仪式等)结合在一起,因此传递经验和技能的工作也由氏族首领、巫师等来承担。

2. 亦官亦师阶段

随着人类社会的发展,教育从社会生产实践中脱离出来,成为一项独立的活动,学校教育主要被统治阶级垄断,服务于政治和宗教目的(如我国古代所谓学在官府,西方中世纪教会教育),教师常常是由官吏和僧侣等担任。另外,也存在"学者为师"现象,在古代中西方都有一批著名的学者办的学校,如西方中世纪大学等。

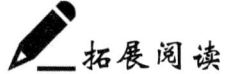

古代的学校

在中国,西周时实行政教合一,官师一体,官学中设有专职教育官。春秋战国时期私学兴起,教师多为各种学派的学者。秦朝主张禁私学,以法为教,以吏为师,推行吏师制度。汉代以后,历代封建王朝都在中央和地方设有官学,私学亦同时并存,教师的基本职责均为"传道、授业、解惑"。西方古代社会的官学亦有官师。在僧院学校、教会学校多以僧侣、神父、牧师为师;民间教育以商员为师。

3. 专职人员阶段

教师作为一个大规模职业群体的出现是在近代。19世纪50年代以后,随着工业革命的成功,大机器生产代替了手工业,科学技术在生产上得到了空前广泛的应用。生产的迅猛发展,不仅要求大大增加劳动者的数量,而且要提高劳动者的质量,从事机器生产的工人必须具备一定的科学文化知识,掌握一定的生产技能,因而提高劳动者的素质、普及初等教育就成为急迫的问题。欧美等国先后实施义务教育,而义务教育的普及需要大量的教师,于是一个庞大的职业群体便诞生了。

4. 专业人员阶段

20世纪60年代以后,尤其是20世纪80年代以来,国际社会与世界各国为提高教育质量和教师的地位,纷纷承认教师职业是一个专业性职业,教师是专业职业者。

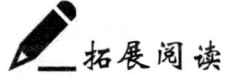

教师专业性转变历程

1966年,联合国教科文组织和国际劳工组织通过了《关于教师地位的建议》,强调"教学应被视为专业"。

1971年,日本中央教育审议会通过的《关于今后学校教育的综合扩充与调整的基本措施》提出"教师职业本来就需要极高的专门性",强调应当确认、加强教师的专业化。

1986年,美国《国家为培养21世纪的教师做准备》《明天的教师》两个报告中同时提出以教师的专业性作为教师教育改革和教师职业发展的目标。

1994年,我国《教师法》规定:"教师是履行教育教学职责的专业人员。"

1996年,联合国教科文组织提出"在提高教师地位的整体政策中,专业化是最有前途的中长期策略。"

教师是传递人类科学文化知识和技能,进行思想品德教育,把受教育者培养成一定社会需要的人才的人,教师职业伴随着学校教育的产生而产生,又随着时代教育的发展而发展。因而她是一个古老而又常新的职业。所谓古老,它起源于人类社会发展的初期,几千年绵延不衰,所谓常新,教师毕竟是社会的存在,往往是与社会同步发展的。不同的时代,不同的社会政治、经济、文化会存在不同的教育制度,因而对教师的要求也会不同。

因此,我们要全面地认识教师,既需要从纵深的历史维度,更要从时代横向维度,即从时代政治、文化、经济与人的发展等现实社会的具体性来认识。教师是具体的,而非抽象的。

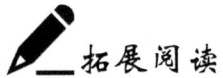拓展阅读

我国有关教师的法律制度

当前,我国有关教师的法律制度通常由教师资格制度、教师职务制度、教师聘任制度、教师培养与培训制度、教师考核与奖惩制度、教师待遇制度、教师申诉制度等组成。

教师资格制度是国家对教师实行的一种特定的职业许可制度,一般包括教师资格基本条件、资格认定、丧失和撤销的原则以及认定教师资格程序等内容。教师资格一经取得,即在规定范围内具有普遍使用的效力,非依法律规定不得丧失和撤销。《教师法》以及《教师资格条例》中,规定了在各级各类学校实行资格制度,对教师的资格分类、教师资格条件、教师资格考试、教师资格认定都有具体规定。

教师资格主要分为幼儿园教师资格、小学教师资格、初级中学教师资格、高级中学教师资格、中等学校教师资格、学生实习指导教师资格、高等学校教师资格。

取得教师资格的法定条件包括六个要件:一是必须是中国公民。这是成为教师的先决条件。二是必须具有良好的思想道德品质。这是取得教师资格的一个重要条件。三是必须具有规定的学历或者经国家教师资格考试合格。四是必须具有教育教学能力。五是身体素质。教师工作特点,从客观上要求教师的身体状况应符合有关规定。六是心理素质。教师工作繁重复杂,常常会遇到挑战与挫折、成功与失败、喜悦与悲伤,还要承担来自各方面的压力,所以作为教师要具有良好的心理素质以便从容面对挑战,更好地完成本职工作。

教师的任职条件是:一是具备各级各类相应教师资格;二是遵纪守法,具有良好的思想政治素质和职业道德;三是具有相应的教育教学水平、学术水平,能全面、熟练地履行职务职责;四是具备学历、学位及工作年限要求;五是身体健康。

教师聘任形式依据其聘任主体实施行为的不同可分为四种形式:一是招聘,即用人单位面向社会公开、择优选拔具有教师资格的人员。二是续聘,即聘任期满后,聘任单位与

教师继续签订聘任合同。三是解聘,即用人单位因某种原因不适宜继续聘任教师,双方解除合同关系。四是辞聘,即教师主动请求用人单位解除聘任合同的法定行为。

(三) 小学教师的社会作用

1. 传播和发展人类文化

人是有主观能动性的。人的主观能动性表现为人能认识世界和改造世界,正是在不断地认识世界和改造世界的过程中,文化被不断地创造出来。在新文化与原有文化的相互作用中,人类文化和社会处于一种不断地发展和进步状态。因而新一代人在进入社会生活之前,都应掌握人类创造的已有文化。青年一代掌握人类文化是一个人类文化传承的过程,学校是进行人类文化的代际交接和传承的场所,教师则是进行人类文化的代际交接和传承的执行者。在这里教师是人类文化的传播者、传递者和发展者,学生是人类文化的接受者、接替者和继承者。学校教育传播文化是有目的、有计划、有组织地进行的,它与其他大众媒体和文化出版事业不同。教师要把社会对新一代的要求和期待变为自己对每一个学生的具体的期待,要针对学生实际,进而对知识做出说明、解释和论证,以保证学生理解和掌握。学校和教师进行人类文化的代际传承,具有自觉性、科学合理性和专门性。

教师传递人类文化不仅仅是起一个传声筒的作用,他不但要对知识做说明、解释、论证,而且要对人类文化进行选择、提升和创造。所谓选择就是选择真正科学的知识,选择人类优秀文化,选择符合真善美精神的文化知识,选择适合学生接受的文化知识等。所谓提升和创造就是指教师对教科书的知识的说明、解释和论证,要结合自己的体验,去阐发和弘扬人类优秀文化传统,引导和鼓舞学生追求真善美。教师对教科书上的知识的说明、解释和论证,还要与人类科学文化的最新发展相结合,并进行自己的创造,去阐发它的最新的内涵和意义,把它提升到新的境界。

2. 推动社会物质文明和精神文明建设

虽然培养人是教师最主要的责任,但是围绕着培养人这一主题展开,教师的社会作用还包括对于社会物质文明和精神文明建设的推动。首先,教师作为一种专业化的职业,有着广泛的社会认同和较高的社会地位,因此,教师这一职业的言行体现着这个社会的文化群体所具备的素养和品质,从较高的层面体现着社会的文明水平,甚至会成为社会文明的一个标杆;其次,教师会传播和发展文化,教师不仅会"独善其身",而且还会形成一定的辐射去影响其他的人;最后,教师通过传授文化知识和培养人才,就可以全面推动社会物质文明和精神文明建设。例如,教师在教育活动中培养的有知识懂技术的劳动者,能利用自己的知识、技术制造物质产品;教师通过教育培养的科学技术专家,可以利用自己的创造活动发现新的科学原理或发明新技术,从而创造新产品,或通过改进工艺提高产品质量。

在知识经济时代,科学创新将成为发展高新技术和高技术产业的基础,培养科技创新人才将是提高综合国力和国际竞争力的关键。科技创新人才具有复杂的素质结构,培养这种复杂结构的高素质人才是一个长期艰苦的过程,它需要发挥教师的主动、积极的能动作用。具有发展高技术使命的科技创新人才必须具有高度的责任感、使命感和献身精神,这需要教师的积极影响。高技术时代的科技创新人才主要是要培养选择、运用和创造新知识的能力,它需要教师的精心设计和培养。在国内国际激烈竞争的现代社会,科技创新人才还要注意心理平衡的锻炼,敢于面对挑战,迎接挑战,这也需要教师的指导和培养。

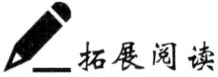 拓展阅读

南开大学教师获科技奖励和知识产权管理突出贡献表彰

日前,为了肯定高校科技奖励和知识产权管理取得的成绩,提高科技管理水平和管理队伍素质,发挥先进典型的示范作用,教育部表彰了100名在科技奖励和知识产权管理工作中做出突出贡献的高校教师,南开大学贺京同、李培新两位教师名列其中。

教育部自1985年设立科技奖以来,25次奖励了全国高校优秀科研成果,对我国的科学技术进步具有重大推动作用,为高校赢得国家科学技术奖打下良好基础。高校的广大科技奖励管理部门和管理人员在这个过程中发挥了重要的组织管理作用。与此同时,作为高校科技工作重要组成部分的知识产权工作,对提升高校科技创新水平和我国的科技创新能力做出了突出贡献,其中也倾注了相关管理部门和人员的共同努力。

3. 参与社会生活和服务社会

随着教育终身化潮流的发展,学校、社区与家庭的合作日益密切,就教育而言,社区与家庭的专业性明显要弱于学校,所以在三者合作的建构方面,教师群体作为一项资源得到了社会的普遍认可和重视,教师走进社会,参与社会生活,服务社会也越来越体现出教师群体不菲的社会价值。

(四)小学教师的地位

1. 教师的社会地位

教师被称为"人类灵魂的工程师"。古往今来,有不少思想家、科学家都从事过教师职业。他们一方面从事文化研究和传播,另一方面培养人才,对人类社会的发展做出了贡献。古往今来,也有不少思想家、教育家对教师工作给予了很高的评价,主张给教师以崇高的社会地位,倡导社会应尊重教师。中外历史上处于上升或进步阶段的统治阶级或有作为的政治家,一般都很尊重教师。

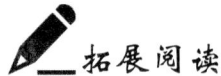 拓展阅读

教育学家——徐特立

徐特立(1877—1968)是我国近代杰出的无产阶级教育家,曾创办湖南省长沙师范学校、省立第一女子师范学校、长沙女子师范学校等学校,并担任校长。大革命时期他担任湖南省农民协会教育科长、农民运动讲习所主任。从1930年起,他一直是我国教育部门的主要领导人,先后任中央苏区教育部代部长、部长,陕甘宁边区教育厅厅长,中共中央宣传部副部长(主管教育)兼教育研究室主任等。同时,他还担任中央苏区列宁师范学校校长、教材编审委员会主任、苏维埃大学副校长(主持日常工作)、中央农业学校校长、陕甘宁

边区新教育协会会长、新教育学会理事长、延安自然科学院院长等职务。他一生十分重视师范教育和教师工作,主张"经师和人师合一""教师要做园丁,不要做樵夫"。他还经常以自己的经历鼓励师范生献身教育事业。作为一代师表,他毕生从事教育工作,桃李满天下。毛泽东称他是"革命第一,工作第一,做人第一";周恩来称他是"人民之光,我党之荣";朱德称他是"当今一圣人"。有《徐特立文存》《徐特立教育论语》等传世。

中国古代儒家把教师的地位看的很高,常常把教师与君王相提并论。《尚书·泰誓》中说:"天佑下民,作之君,作之师。"将君师视为一体或将君师并列于同等地位。荀况进一步把师纳入"天、地、君、亲"的序列。他说:"天地者,生之本也""先祖者,类之本也""君师者,治之本也。"(《荀子·礼论》)。自汉唐至明清,历代都有大儒。这些人饱学多识,学生也多能根据礼教事师。西方在古希腊时期,国王尊师的例子可以用马其顿王亚历山大与亚里士多德的亲密关系来说明。文艺复兴时期,资产阶级开始登上历史舞台,许多人也对教师职业怀有普遍的尊重。捷克教育家夸美纽斯说:"我们对于国家的贡献,哪里还有比教导青年和教育青年更好、更伟大的呢"。他认为,没有比教师更优越、更光荣的职位。到了现代,由于科学技术在生产中的应用越来越广泛,需要劳动者的文化程度越来越高,各国政府都普遍重视教育,同时大力提高教师的待遇和地位。十月社会主义革命胜利后,苏俄强调要提高教师的社会地位。无产阶级革命家和教育家加里宁称赞教师是"人类灵魂的工程师"。列宁提出"应当把我国人民教师提高到从未有过的,在资产阶级社会里没有也不可能有的崇高的地位"。同时,强调要提高他们与这种地位相称的素养,"而最重要的是提高他们的物质生活条件"。此后,苏联政府为提高广大教师的工资待遇做了不懈的努力,同时通过对优秀教育工作者授予荣誉称号和奖章等方式提高教师社会地位。

那么什么是教师社会地位呢?教师社会地位是指教师在整个社会职业体系中所处的位置。它可以从四个方面体现出来,包括专业地位、经济地位、政治地位、职业声望。

(1) 专业地位。社会职业按照专业化的分类可以分为三种:专业性的职业,包括医生、律师和会计师等;半专业或准专业的职业,包括护士等;非专业性职业,包括售货员、操作机器的工人等。而教师职业正是属于专业性较强的一种职业。

(2) 经济地位。教师的经济地位体现在社会给予教师的报酬及其他物质生活条件。

(3) 政治地位。教师的政治地位是通过教师在政治上享有的各种权利、待遇和荣誉体现出来的。

(4) 职业声望。教师的职业声望主要是指人们对教师职业的社会评价。

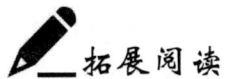

教师地位调查

韩国教师地位在包括经济合作与发展组织(OECD)会员国在内的21个主要国家中,排名较高,位居第4位。但经统计,在针对学生是否尊敬教师这一项进行调查的结果显示,在所有调查对象国中,韩国排名垫底。

2013年10月5日(当地时间),国际教育机构巴乐基GEMS财团发布了综合教师年薪、社会地位等调查项目在内的"教师地位指数"报告书。该报告书显示,韩国总分为62分,位居中国(100分)、希腊(73.7分)、土耳其(68分)之后,排名第4位。教师地位指数是为了了解学生们的学业完成能力与教师地位、年薪的相关关系,由GEMS财团和英国苏塞克斯大学彼得·道尔顿教授共同研究开发的指数,以美国、中国、英国等21个国家的不同职业、性别、年龄的1 000名对象为标本进行调查。

根据该指数,韩国教师的人均年薪(PPP基准)为43 874美元(约4 699万韩元),位列新加坡(45 755美元)、美国(44 917美元)之后,排名第三位。紧随其后的分别是日本(43 775美元)、德国(42 254美元)、瑞士(39 326美元)、荷兰(37 218美元)等国。在调查对象国中,教师年薪最低的国家是埃及(10 604美元)。大部分国家的教师都表示,自己的年薪处于适当水平。韩国、日本、新加坡、美国的教师们则认为,自己现在的报酬处于合理水准以上。

有48%的韩国人表示"会建议子女成为教师",位居中国(50%)之后,排名第2位。美国(33%)跃居上位圈,排名第7位。但日本(15%)却被挤到了第19位。类似的回答也反映了教师的社会地位。实际上,在中国,教师的地位与"医生"相近。美国的"图书馆管理员",日本的"地方政府管理职位"被分类为与教师拥有相似地位的职业群。但韩国却只有11%的人表示"学生尊敬教师",在这一调查项目中,排名垫底。与此相反,中国(75%)处于压倒性的第1位。紧随其后的依次为土耳其(52%)、新加坡(47%)。对于教育系统的信赖度,韩国得分仅为4.4分(满分10分),低于平均分数(5.5分),位列第19位。另外,对于"教师学业履行的信赖度",韩国得分也比平均分数(6.3分)低,仅有5.4分。排名甚至低于埃及、捷克等国。该项分数最高的国家为巴西(7.1分)。报告书指出,"就如同韩国的国际学生学业评价项目(PISA)排名较高一样,教师的地位也很高","但这种倾向并没有与各个领域都保持一致","虽然对于教育系统和教师的信赖度较低,但人们依旧建议子女成为教师"。

2. 教师在学校教育过程中的地位

(1) 历史渊源

对于教师在学校教育过程中的地位,历史上存在两个派别,这两个派别分别是传统教育派(教师、教材、学校)与现代教育派(学生、活动、社会)。传统教育派以赫尔巴特为主要代表,强调教师在学生中的权威作用,一切教育活动的基础都应以教师为中心,教师在教育过程中处于绝对的主宰地位,学生只是被动的、受支配的客体,在此基础上,进一步强调教材与学校的作用。现代教育派的代表人物是卢梭和杜威,他们认为在教育的过程中应该以学生为中心,学生的发展是一种自然形成的过程,教师无法主宰学生发展的过程,教师在教育过程中只起到辅助作用,因此,"学生中心论"强调了活动和社会对于学生发展的作用。

(2) 讨论现状

教育是一种有目的、有计划、有组织地培养人的社会实践活动,教师与学生是构成教育活动的基本要素。教师与学生在教育过程中的地位和关系问题,一直是教育学一个主要的理论和实践问题。如何处理师生在教育中的关系,教育史上存在多种不同的理论观点和实践模式,其中具有较大影响力的观点模式主要是以下三种:第一种是以教师为中心的传统教育模式。这种以赫尔巴特为代表的传统教育派所倡导的教育模式,片面强调教师的权威性,忽视学生的主动性,不利于培养学生的自主能力和创造精神,随着社会的发展而日益显现其落后性。第二种是以学生为中心的教育模式。这种以杜威为代表的现代教育派所倡导的教育模式,从一个极端走向另一个极端,片面强调学生的学习主动性,削弱教师的启发引导作用,忽视人类长期积累与总结的间接经验的学习,往往使学生的学习陷入一种自发性、盲目性的探索过程,同样落后于时代的发展。第三种是"以学生为主体,以教师为主导"的观点。这是我国现行许多教育学教科书的主流观点。这种观点既强调充分发挥学生的主观能动性,又注重充分发挥教师的启发引导作用。良好的愿望本无可厚非。然而,由于"主体"与"主导"概念内涵的重叠性,理论上的观点模式实施于教育过程时,往往会出现一种倾向掩盖另一种倾向,甚至会出现一种倾向抑制另一种倾向。最为常见的是,这种观点模式导致一种误解,使教师的"主导"作用凌驾于学生的"主体"地位之上,教师时时处处都成为主导。这必然使学生从属于甚至时时处处从属于教师,并非真正尊重学生的主体地位。

围绕学生在教育过程中的地位、作用和发展目标等问题,人们进行新的理性选择,经过许许多多教育工作者教育实践的检验,逐渐形成了主体教育思想。主体教育思想要求教育工作者确立一种现代的教育本质观,这就是:教育是学生在教师为其创设的学习生活环境中,经过自身知、情、意、行等身心活动,消化吸收内外各种因素的影响作用达到自我发展的过程,同时也是一种特殊的生活过程。基于这种新的教育本质观,主体教育思想认为,在教育活动中,教师是教育行为的主体,而学生则是自身生活、学习和发展的主体;现代教育过程是教师与学生双主体协同活动的过程,其核心目标是培养和发挥学生的主体性,而实现这一核心目标的关键是真正建立民主平等、相互尊重的新型师生关系。"双主体论"是主体教育思想的基本观点,"教师启发引导、学生实质参与、师生平等互动"的教育活动模式,则是主体教育思想的基本模式。

(五) 教师的权利与义务

教师作为一个特定的职业群体,在与国家、学校、学生的相互关系中,既享有一定的权利,也必须履行相应的义务。从法律的角度对教师权利和义务进行解读,是依法治教所要解决的重要问题之一。其意义在于,一方面可以使教师明确所享有的法定权利及界限,更好地行使权利,自觉抵制各种侵害教师合法权益的现象;另一方面又可以使教师更加清晰地认识到其必须履行的法定义务,增强教育教学的自觉性和责任感。

1. 教师所享有的法定权利

教师的法定权利,是指由教育法律所规定的教师可以做出或不做出一定行为,以及要求他人相应做出或不做出一定行为的许可与保障。相对于教师义务而言,教师权利是第一位的。这不仅是法理上的缘故,也是由教师职业的特殊性和重要性所决定的。教师是人类灵魂的工程师,担负着培养人才的使命和重任,与其他直接从事生产劳动的行业不同,其积极性、主动性、创造性的发挥尤为重要。我国《教育法》第三十三条规定:"国家保护教师的合法权益,改善教师的工作条件和生活条件,提高教师的社会地位",从法律的高度体现了国家对教师职业的重视。因此,要充分尊重和维护教师权利,使其心情舒畅,这样才能有利于国家人才战略的实施和教育事业的发展。那么,教师到底享有哪些权利呢?结合我国《教师法》的规定,教师应当享有的基本权利具体包括以下几种。

(1) 教育教学权

这是教师作为教育工作者应当享有的最基本的权利,即教师有权"进行教育教学活动,开展教育教学改革和实验"。教师的主要职责就是教育教学,要完成此职责就必须赋予教师相应的权利,即教育教学权。教师的教育教学权有以下两层含义:第一,学校有义务保证具有教师资格、符合任职条件的教师教育教学权的实现,即应安排其从事教育教学岗位。除非本人自愿,不得剥夺其依法享有的教育教学权利,安排其专职从事与教育教学无关的岗位。第二,教师在教育教学活动中享有一定的自主权。教育教学过程是一个复杂的教师与学生之间的互动过程,不能也无法像生产流程那样机械和固定,必须赋予教师相应的自主权,才能充分发挥教师的聪明才智,以提高教育教学质量。教师的自主权主要表现为:一方面,教师应当按照教学大纲、学校教学计划的要求自主确定教学的具体内容、进度及传授知识的具体方法途径,自主组织课堂教学;另一方面,可根据教育教学实际组织开展教育教学改革和实验,因材施教、因地制宜,不断提高教育教学质量。由此可见,教师在教育教学活动中的自主权比较充分,这是由教育教学活动的特殊性决定的。当然,教师的自主权也是有限度的,不能以此绝对拒绝学校对教育教学活动的监督和控制。

(2) 教学研究权

《教师法》规定,教师享有从事科学研究、学校交流,参加专业的学术团体,并在学术活动中充分发表意见的法律权利。教师是知识分子,从事科研学术活动既是其内心的需求,又是社会发展的需要。同时,教师从事科研学术活动可使教师从更高的高度把握教育教学规律,增强教师素质,丰富课堂教学内容,提高教和学的效率和质量。因此,赋予教师从事科研学术活动的权利,意义重大。实践中有些学校,特别是有些中小学认为教师从事科学研究会影响日常教学活动,对其进行打压和限制,这种观点是很狭隘的。教师从事科学研究是否必须要与本专业、本学科一致的问题,法律并没有明确规定。根据"法不禁止即自由"的法理,教师从事科研学术活动的范围并不一定非得与本专业、本学科一致。有些学校人为限制教师科研范围,教语文的必须研究语文,教数学的必须研究数学,这种做法有悖于法律规定。

(3) 学生管理权

教师有权"指导学生的学习和发展,评定学生的品行和学业成绩",即指导评定学生权。教师在教育教学活动中起主导作用,通过教师的指导和评定行为,使学生少走弯路,促进学生德智体全面发展。在教育教学过程中,教师的指导和评定行为是两个相互联系、相互促进的手段。教师的指导行为是评定行为的前提,评定行为不是为评定而评定,其本身也是指导行为的一种方式。通过教师的评定,使学生找出差距,激发上进心。二者的落脚点和最终归宿是促进学生的品行、学业成绩等方面的发展。教师的指导评定权与管理、管束权是既有联系,又有严格区分的概念。其联系在于教师的指导评定行为是管理一种方式,管理、管束也是指导行为的一种手段。然而二者的区别也是很明显的。指导评定权是教师的一种"权利",不具有强制性,更加强调学生在教育教学过程中的主体地位,更加强调学生在教师指导下主动性的发挥;而管理、管束权是一种"权力",是刚性的,其强调的是当事人双方的不平等地位,管理、管束权的相对方必须要服从。二者的区别实际上代表着两种不同的教育教学理念。实践中有些教师过分强调教师的管理、管束权,过分强调教师的"绝对权威",动辄要给予学生处分(实际上教师并没有处分学生的权力,具有处分学生权力的主体是学校),这是传统"师道尊严"观念的产物,不利于学生在学习过程中主体地位的实现。由此可见,《教师法》赋予教师指导评价学生的权利,而没有出现"管理、管束"字样是符合教育教学规律的,也是符合当今民主法治社会这一时代背景的。《教师法》指出,教师的主要职责是:"尊重儿童的个性,发现和发展儿童的才能,关心儿童的教育和训练,经常致力于培养作为未来成人及公民的道德意识,并以民主、和平与民族友谊的精神教育儿童"。在"符合学生和教师双方自尊心范围内实施仁慈的纪律,不得采用强制和暴力"。这就要求教师在教育教学过程中,合理利用其主导地位,充分调动学生学习的积极性、主动性,慎用强制性手段,实现师生关系的良性互动。

(4) 报酬待遇权

《教师法》规定,教师享有"按时获取工资报酬,享受国家规定的福利待遇以及寒暑假期的带薪休假"的权利。基于此,教师的报酬待遇权主要包括工资权、福利权、休息休假权。

① 工资权。教师从事教育教学活动,付出了劳动,就要得到报酬,这是市场经济的基本规律。教师工资包括基本工资、津贴、补贴和奖金,是教师个人和家庭生活的主要经济来源。任何机关不得以任何理由扣减或者拖欠教师工资。教师的工资水平应大体与国家公务员的工资水平相一致。

② 福利权。这是指教师享有国家规定的各种福利以及出现生老病死、灾祸等特殊情况下给予的帮助和补偿,包括福利、保险及退休金等方面的权利。教师保险制度包括医疗保险、养老保险、失业保险等,以保障教师在退休、患病、工伤、生育、失业等情况下获得帮助和补偿。退休金方面的权利是指教师退休后,享受国家规定的退休金和其他待遇,国家为其生活和健康提供必要的服务和帮助。

③ 休息休假权。教师实行国家规定的工时制度,法定工作日以外加班的,应当补休,至于加班是否享受如《劳动法》所规定的"双薪"或"三薪",《教师法》没有规定。

(5) 参与管理权

教师享有"对学校教育教学、管理工作和教育行政部门的工作提出意见和建议,通过教职工代表大会或者其他形式,参与学校的民主管理"的权利。依照我国有关教育法律的规定,学校实行的是校长负责制。校长是学校管理的最高负责人,对内全面领导学校教育、教学和行政工作,向全体教职工、学生负责,对外代表学校向创办者负责。校长在管理学校过程中,依照国家的有关规定行使行政决策权、行政指挥权、人事管理权和财务管理权。但是实行校长负责制不能忽视教师享有的"对学校教育教学、管理工作和教育行政部

门的工作提出意见和建议,通过教职工代表大会或者其他形式,参与学校的民主管理"的权利,实行校长负责制的目的是为了强化行政指挥功能,提高工作效率。

(6) 进修培训权

传授知识是教师的重要职责,而当今社会知识的更新步伐越来越快,终身学习理念已成为人们的共识。教师只有参与进修培训,不断更新自己的知识结构,才能适应这种挑战。各级教育行政部门及学校应当积极为教师进修培训提供机会,并在经费上给予大力支持,这既是教师成长的需要,也是学校及教育事业发展的需要。教师行使进修培训权可能会对学校的正常教学秩序产生冲击,二者是一对矛盾。如何协调,法律并没有明确规定。我们认为,教师进修培训权的实现应当以不对学校正常教育教学秩序产生不良影响为前提。当然,学校也应尽可能为教师进修培训提供方便,这毕竟是符合学校长远利益的。

(7) 其他权利

《教师法》第七条虽然仅赋予教师上述六项权利,但我们认为并不是全部。教师除了依法享有上述六项权利,还应当享有法律法规规定的其他权利。比如身份保障权,即非因法定事由、非经法定程序不得处分或辞退教师,其依据是《教师法》第三十七条的规定。该规定的具体内容为:"教师有下列情形之一,由所在学校、其他教育机构或者教育行政部门给予行政处分或者解聘。① 故意不完成教育教学任务给教育教学工作造成损失的;② 体罚学生,经教育不改的;③ 品行不良、侮辱学生,影响恶劣的。教师有前面第②项、第③项所列情形之一,情节严重,构成犯罪的,依法追究刑事责任。"由此可见,只有具备上述三种情形之一,才可以给予教师行政处分或者解聘教师。实践中有些学校在不具备法定事由的前提下,随意处分或解聘教师,这些行为显然是违法的。

2. 教师应当履行的法定义务

没有无权利的义务,也没有无义务的权利,权利与义务在法律上是一对伴生物。教师享有法定的权利,就必须履行相应义务。教师的法定义务是由《教师法》等教育法律规范所规定的教师必须履行的一定作为或不作为,目的是满足权利人的法律要求。从一般意义上讲,权利主体对于权利的行使具有选择权,可以行使也可以不行使,甚至可以放弃,而义务是无条件的,是必须履行的。如果教师不履行法定义务,就要承担相应的法律责任,如果教师不承担法律责任将会受到国家强制力的制裁。按照《教师法》的规定,教师应当履行的义务包括以下几点。

(1) 教师履行遵守宪法、法律和职业道德,为人师表的义务

遵守宪法和法律是每个公民的义务,教师是学生的表率,教师如果不能遵纪守法,对学生的影响是很坏的。教师素有"人类灵魂的工程师"的美誉,社会自然对教师的为人处世、道德修养有更高的期待。这就要求教师应当严格要求自己遵守职业道德,做道德的楷模,为人师表。所谓"学高为师,身正为范",教师职业的特殊性决定了教师言行的示范性,教师应当成为遵纪守法、践行道德的楷模。

(2) 教师履行贯彻国家的教育方针,遵守规章制度,执行学校的教学计划,遵守教师聘约,完成教育教学工作任务的义务

搞好教育教学工作是教师的本职工作和应尽的义务。如果教师不能完成职责范围内的教育教学任务而造成工作损失,应承担相应的法律责任。教师在教育教学过程中虽然具有一定的自主权,但并不是没有限制。教师的教育教学活动要始终贯彻国家的教育方针,执行学校的教学计划。如果不能完成教育教学工作任务,要承担相应的法律责任。

(3) 教师履行对学生进行宪法所确定的基本原则的教育。爱国主义、民族团结的教育,法制教育以及思想品德、文化、科学技术教育,组织、带领学生开展有益的社会活动的义务

笼统地说,该条所规定的是教师对学生进行思想品德教育的义务。教师的职责不仅是"教书",还要"育人"。教师应有意识地结合教育教学的业务特点,将思想政治、品德教育贯穿在教育教学工作全过程中。各科教师都应该结合各学科教学内容,在传授科学文化知识的同时,对学生进行思想品德教育,有意识地引导学生树立正确的人生观、世界观、价值观,努力把学生培养成为遵纪守法、道德高尚的公民。

(4) 教师履行关心、爱护全体学生,尊重学生人格,促进学生在品德、智力、体质等方面全面发展的义务

教师对学生的爱,是一种出自崇高目的、充满科学精神、持久而又深厚的无私的爱。它不是基于亲缘关系,不是出自个人的需求,而是源于教师对事业的深刻理解和高度责任感。关爱每位学生,还要求教师必须要尊重学生人格。人格尊严不受侵犯是公民享有的一项宪法权利。学生作为一名公民,享有宪法所规定的人格尊严,任何人不得侵犯。教师负有教书育人的重任,应采用合法的方式方法,对学生进行德、智、体等方面的教育。实践中,教师以爱学生的名义损害学生人格尊严的现象时有发生,这是法律所禁止的,也是对教师职业道德的违背。

(5) 教师履行制止有害于学生的行为或者其他侵犯学生合法权益的行为,批评和抵制有害于学生健康成长的现象的义务

保护学生的合法权益和身心健康,是全社会的共同责任。学校教育是对学生进行教育的主要力量,教师对学生的成长更负有义不容辞的责任,这种责任既源于法律的规定,也源于教师的职业良心。对于有害于学生健康成长的各种不良现象,教师应予以批评并自觉加以抵制,引导学生分清是非,努力创造一个相对纯洁的教育环境。同时,对于侵害学生合法权益的行为应当及时制止,比如校园内发生的第三者侵权案件,如果教师不及时制止或采取其他相应措施,是要负法律责任的。

(6) 教师履行不断提高思想政治觉悟和教育教学业务水平的义务

教育教学工作需要教师具有一定的思想政治觉悟和专业素养。热爱教育事业的同时要有扎实的教育和科学文化知识及多方面的能力。在高科技迅猛发展、人们的思想观念日新月异的今天,教师作为人类文明的传承者,更应当不断学习,参加进修和各种培训,努力提高自己的职业道德素养和业务水平,方能完成教书育人的重要使命。从这个意义上说,教师进修培训既是一项权利,也是一项义务。

教师的权利和义务首先作为社会事实关系而存在,然后上升为习惯和道德等关系,最

后进入《教师法》等法律从而成为一种法律关系。教师法律关系的内容是一种特定的职业权利和义务,与教师的职业性质、特点和任务密切相关。这种法律关系的存续时间从教师取得资格并正式任职开始,到教师工作终止结束。教师权利的享有和义务的履行都需要法律制度的支持。

二、小学教师的职业角色

(一)教师的职业角色定位

由于教师职业的专业性与独特性,社会上对于教师的角色有着较多的隐喻和形容。"蜡烛""园丁""工程师""水桶与水杯""警察"等隐喻不仅体现着教师的社会地位,同时也反映着教师的职业角色。简要概括,教师的职业角色包括以下几种。

1. 文化知识的传递者

教师的工作简而言之可以归纳为四个字"教书育人",所谓"教书"就是指文化知识的传递。

2. 人类灵魂的工程师

教师具有传递社会传统道德、价值观念的使命。虽然当前的道德观、价值观呈多元的特点,但教师总是代表着社会主导地位的道德观和价值观,并且用这种观点来引导学生。此外,教师对学生的"做人之道""为业之道""治学之道"等也有引导和示范的责任。

3. 学生集体的管理者

教师是学校教育教学活动的组织者和管理者,需要肩负起教育教学管理的职责,包括确定目标、建立班集体、制定和贯彻规章制度、维持班级纪律、组织班级活动、协调人际关系等,并对教育教学活动进行控制、检查与评价。

4. 心理健康的守护者

教师要时刻关注学生的心理波动与心理健康。青少年时期是人心理由幼稚走向成熟的时期,也是容易波动的时期,因此教师在"教书育人"的同时,也要注意青少年的心理问题,一方面预防学生心理问题的出现,做到事前教育与引导,另一方面要帮助有心理负担的学生解决问题。

5. 学生成长的指导者

教师往往被学生视为自己的父母或朋友。小学低年级的学生倾向于把教师看作父母的化身,对教师的态度类似于对父母的态度。高年级的学生则往往愿意把教师当作朋友,也期望教师能把他们当作朋友看待,希望得到教师在学习、生活、人生等多方面的指导,希望教师能与他们一起分担痛苦与忧伤,分享欢乐与幸福。教师的言行是学生学习和模仿的对象。学生具有向师性的特点,教师的言论行为、为人处世的态度会对学生产生耳濡目染、潜移默化的影响。

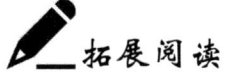拓展阅读

教师角色的隐喻分析

(一)"教师是蜡烛"

肯定:奉献与给予。

不足:忽视教师的持续学习与成长;淡漠教师的内在尊严与劳动的欢乐。

(二)"教师是园丁"

肯定:田园式的宽松环境;重视学生的成长过程;注意了学生的个性差异;强调了教师作用的发挥。

不足:存在着淘汰制(间苗);有人为的强制性(修剪)。

(三)"教师是人类灵魂的工程师"

肯定:工程师——重要的职业;灵魂——关注人类心灵的发展。

不足:暗示一种固定的统一的标准,忽视了学生的差异性;整齐划一,批量生产,易形成新的机械运动。

(四)"要给学生一杯水,教师自己要有一桶水"

肯定:强调教师要有足够的知识储备;学科知识的有效传递(讲究"倒"的过程和方式)。

不足:灌输式教学,学生被当成容器;传递内容单一(只有水),教学内容学科性强;教与学只是一个简单的"倒给",忽视教学的创造成分。

(五)"教师像警察"

肯定:维持必要的秩序,强调纪律性。

不足:对学生实施严格控制;师生关系过于紧张,缺乏亲和力;着眼于学生的问题与错误,挑剔多而鼓励少。

(二) 未来教师职业角色的变化

2001年发布的《基础教育课程改革纲要(试行)》明确提出:课程改革的具体目标是,要改变课程过于注重知识传授的倾向,强调形成积极主动的学习态度;改变课程结构过于强调学科本位,科目过多和缺乏整合的现状;加强课程内容与学生生活以及现代社会和科技发展的联系,精选终身学习必备的基础知识和技能;倡导学生主动参与、乐于探究、勤于动手,培养学生搜集和处理信息的能力、获取新知识的能力、分析和解决问题的能力以及交流与合作的能力。新课程改革对教师提出了新的要求,呼唤着教师从传统的教育角色中摆脱出来,进入新的角色。

1. 学习能力的培养者

美国教育家布鲁纳提出,教学生学习任何科目,绝不是对学生心灵灌输固定的知识,而是启发学生主动去求取知识。教师不能把学生教成一个活的书橱,而应教他如何去思维,教他学习如何像历史学家研究分析史料那样,从求知过程中去组织属于他自己的知

识。从中,我们应该知道,学习应该是一种主体性的活动。而传统教学是以教师为中心的,教师负责教,学生负责学,教学就是教师对学生单向的"培养"活动。教师是知识的占有者和传授者,是学生的控制者与管理者。新课程在强调学生学习主体地位的同时,也要求教师的角色从原有的传道授业者向学生学习能力的培养者转变。

2. 课堂教学的研究者

传统的教学活动和研究活动是彼此分离的。教师的任务只是教学,研究被认为是专家们的"专利"。教师鲜有从事教学研究的机会,即使有机会参与,也只能处在辅助的地位,配合专家、学者进行实验。这种做法存在着明显的弊端,一方面,专家、学者的研究成果并不一定为教学实际所需要;另一方面,教师的教学如果没有以研究为依托的提高和深化,就容易因循守旧,陷入僵化。教师自己就应该是一个研究者,教师即研究者意味着教师在教学过程中要以研究者的心态置身于教学情境之中,以研究者的眼光审视和分析教学理论与教学实践中的各种问题,对自身的行为进行探究,对积累的经验进行总结,使其形成规律性的认识。

3. 学校课程的开发者

在传统的教学中,教学与课程是彼此分离的。教师是按照教科书、教学参考资料、考试试卷和标准答案去教;而教学内容和教学进度是由国家的教学大纲和教学计划规定的,教学参考资料和考试试卷是由专家或教研部门编写和提供的,教师成为教育行政部门各项规定的机械执行者。有专家尖锐地指出,现在有不少教师离开教科书,就不知道教什么;离开参考书,就不知道怎么讲;离开练习册,就不知道考什么。新课程标准倡导民主、开放、科学的新理念,确立了国家课程、地方课程、校本课程三级课程管理政策。地方课程和校本课程的设置,弥补了单一国家课程模式的不足,发挥了地方和学校的资源优势与办学特色,满足了不同地区、学校和学生的需求与特点,既能促进国民基本素质的共同提高,又能促进学生个性的发展。在这种课程设置模式下,教师必须成为积极的课程开发者。

4. 综合知识的掌握者

新课程呼唤综合型教师,这是一个非常值得注意的变化。多年来,学校教学一直是分科进行的,教师的角色一旦确定,不少教师便画地为牢,把自己禁锢在学科堡垒中,不再涉猎其他学科的知识,这种单一的知识结构远远不能适应新课程的需要。此次课程改革,在改革现行分科课程的基础上,设置了分科为主、包含综合课程和综合实践活动的课程,由于课程内容和课题研究涉及多门学科和知识,这就要求教师完善自己的知识结构,成为综合型教师。

5. 信息技术的应用者

21世纪是信息化社会,信息化社会需要信息化人才,信息化人才有赖于信息化教育。《基础教育课程改革纲要(试行)》要求大力推进信息技术在教学过程中的应用,"逐步实现教学内容的呈现方式、学生的学习方式,以及教学过程中师生互动方式的变革。充分发挥信息技术的优势,为学生的学习和发展提供丰富多彩的教育环境和有力的学习工具。"新课程改革的目标之一就是教材立体化,从原有单一的纸质课本转向以文字教材为主体,音像教材和电子教材为两翼,向网络教材发展的教材媒介体系。文字材料没有必要、也不可能承担教材的所有功能。多媒体、立体化的教材更生动、更形象、更活泼,更便于教师进行课堂教学,更利于学生进行自主探索,更益于学生创新精神和实践能力的培养。

三、小学教师的劳动特点

教师职业不同于其他职业,教师职业的劳动具有区别于其他社会劳动的不同特点,基本特点有以下五个方面。

(一) 复杂性

教师的根本任务是教书育人。教师劳动绝不仅是上完课了事,而是要对学生的全面发展负责,应尽可能渗透到学生发展的方方面面。学生是具有能动性的主体,身处社会之中,接受着各方面的影响。复杂的社会环境和家庭生活都会对学生产生这样那样的影响,其中有正面的也有负面的。正因为影响学生发展的因素极为复杂,所以,教师必须善于观察和分析,有效地利用各种正面影响克服其负面影响,并立足学生现实,调动学生的积极主动性,教育才有可能获得成功。

(二) 创造性

教师的劳动具有高度的创造性,它表现在教师要针对不同的学生和不同的教育情况,机智灵活地运用教育规律,达到最优的教育效果。

教师劳动的创造性首先表现在因材施教上。教师的劳动对象是一个个活生生的人,各自具有其特殊性,有着不同的兴趣、爱好、气质、性格和受教育水平。他必须对每个学生的特点提出不同的要求,通过不尽相同的方法、途径,确保每位学生不断发展,使其成为具有丰满个性的社会人。教师劳动的创造性还表现在对教育内容、方法和手段等的不断创新上。随着社会的发展和学生的成长,教师要立足现实,不断选取最适合学生的教育内容,不断发现和创造性地运用有效的教育方法和手段。教师劳动的创造性突出表现在教育机智上。在教育中,会出现事先难以预料的事,要求教师必须随机应变,化不利为有利。

(三) 协作性

教师的劳动,首先是以个体劳动的形式进行的。无论是教师备课、上课、作业的布置与批改、课外辅导、成绩的检查与评定,还是做集体和个别学生的思想教育工作,都是教师单个进行的,每个教师都有自己独特的风格,别人不可能替代。但是,在现代教育中,任何一个学生的成长和发展都不可能是由某一个教师单独作用决定的,而是全体教师心血和汗水的结晶,甚至是学校、社会、家庭共同努力的结果。从这个意义上来说,教师的劳动是群体性与个体性的统一。

(四) 示范性

以身作则、为人师表是对教师的必然要求,教师的劳动具有高度的示范性。要通过示范的方式,以自己的才学、能力、品德去影响学生,通过自己的一言一行去教育学生,教师劳动的示范性贯穿于教育的全过程,他必须用内化了的知识、品德、智慧去教育学生,教师应时刻做到以身作则、为人师表,将自己作为一本活生生的教材,在课内、课外、学校和社会生活中保持一致。

(五) 长期性

培养人才是一项长期的事业,教师的劳动具有长期性。教师的教育影响伴随着学生的一生。个体的教师对学生的直接教育或许时间不长,但其对学生产生的影响则可能是终生的,而教师的劳动更是一个长期的过程。

第二节 小学教师的专业素养

一、小学教师的职业道德

教师的职业道德,简称"师德",是指教师在教育教学活动中应当遵守的道德规范和行为准则。

(一) 规范与道德规范

规范是指规定或约定俗成的标准。在社会生活中,有各种各样的规范,如政治规范、经济规范、法律规范、语言规范等。道德规范是社会规范的一种形式,是人们道德关系的普遍规律的反映,是一定社会或阶级对人们行为和关系的基本要求的概括。

(二) 不同时期的规范及修订原因

1. 1984年《中小学教师职业道德要求》

国家教育委员会和全国教育工会在1984年10月13日颁发的《中小学教师职业道德要求(试行)》(以下简称《要求》)一共提出六条要求:① 热爱祖国,热爱中国共产党,热爱社会主义,热爱人民教育事业。② 执行教育方针,遵循教育规律,面向全体学生,教书育人,培养学生德、智、体全面发展。③ 认真学习马列主义、毛泽东思想,学习科学文化知识和教育理论,精益求精,勇于创新。④ 热爱学生,了解学生,循循善诱,诲人不倦,不歧视、讽刺、体罚学生,建立民主、平等、亲密的师生关系。⑤ 奉公守法,遵守纪律;热爱学校,关心集体;谦虚谨慎,团结协作;与家长、社会紧密配合,共同教育学生。⑥ 衣着整洁,举止端庄,语言文明,礼貌待人,以身作则,为人师表。

2. 1991年《中小学教师职业道德规范》

实践证明,《要求》的颁发对中小学教师队伍建设起到了积极作用。数年来,广大中小学教师遵循职业道德要求,坚持社会主义方向,努力提高业务水平,在教学岗位上辛勤育人,为祖国的社会主义事业做出了新的贡献。但是,形势的发展和教育改革的深入对小学教师队伍建设提出了新的要求。为此,国家教委和全国教育工会在总结试行情况的基础上对《要求》进行了修订,作为《中小学教师职业道德规范》,并在1991年8月13日进行了颁布。其具体的内容包括:① 热爱社会主义祖国,拥护中国共产党的领导,学习和宣传马列主义、毛泽东思想,热爱教育事业,发扬奉献精神。② 执行教育方针,遵循教育规律,尽职尽责,教书育人。③ 不断提高科学文化和教育理论水平,钻研业务,精益求精,实事求是,勇于探索。④ 面向全体学生,热爱、尊重、了解和严格要求学生,循循善诱,诲人不倦,保护学生身心健康。⑤ 热爱学校,关心集体,谦虚谨慎,团结协作,遵纪守法,作风正派。⑥ 衣着整洁、大方,举止端庄,语言文明,礼貌待人,以身作则,为人师表。

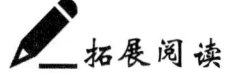

师德观的演变与发展

(一)古希腊、罗马时期的师德观

古希腊、罗马时期的师德观主要有两种:一种观点认为,教师对学生应该严格,使学生绝对服从,提倡对学生实施体罚。柏拉图提出必须使儿童服从教师,由教师对儿童进行经常监督,如果他们不服从,就使用"威胁和殴打"。甚至对于儿童的游戏,他也非常强调纪律,认为"如果游戏中缺乏纪律,儿童与之同化,要求他们长大后成为严肃而守法的人们是不可能了"。另一种观点认为,教师应对学生友善,应依靠自身的才德把学生教育成为品德高尚的人。希腊哲学家德谟克利特认为,教师应教育学生多动脑筋,勤于思考,"应该尽力想得更多,而不是知道得更多"。亚里士多德强调通过实践养成良好的习惯,他是西方最早提倡"习惯成自然"的人,他还要求教师必须在学习、品德、人格、习惯上为学生树立良好的榜样,为人师表。昆体良是西方第一个系统论述教师职业道德的人,他认为,要做好教育教学工作,要培养完美的雄辩家,教师是至关重要的。昆体良对教师提出了极高的要求,首先,教师必须在道德上是值得学习的榜样,他既不能允许学生失德,更不能允许自己失德。其次,教师要以父母般的感情对待自己的学生,既爱护备至,又严格要求。

(二)中世纪的师德观

托马斯·阿奎那提出:"在教学过程中,教师应当充分考虑到学生的心智活动状况和学生的个人经验以及接受知识的能力,努力调动学生的积极性,激发学生的思考,避免盲目地向学生灌输知识,与此同时,教师应当考虑到学生的个性差异。"经院哲学家安瑟伦在与一位修道院院长谈话时,阐发了关于教师职业道德的见解。他说:"一个著名的教育制度却正在把人变成牲口。告诉我,如果在你的庭院中种一棵树,你紧紧地把它绑起来,不给它生长枝叶的地方,结果会是什么呢?这些可怜的孩子交给你了,你就应该帮助他们成长,使他们思想成熟;但是如果不给他们自由,其身心发展必遭挫折。如果从你这里得不到温存,他们就将从错误的角度来看待一切。"

(三)文艺复兴时期的师德论述

文艺复兴时期的教育思想家反对教师的权威主义和对学生的体罚,崇尚自由精神。他们期望发展儿童的积极性和独立性,并激发儿童的创造性。意大利人文主义教育家维多里诺主张对学生实行自治,减少惩戒,禁止体罚。维夫斯要求教师尊重儿童,在他看来,"没有比教师用残酷和威胁、发怒和鞭打,要求幼小儿童做这做那,更为愚蠢的了。这样的教师,他们自己就应该鞭打"。伊拉斯谟认为,教师应关心儿童的身心发展,尊重儿童的个性,要鼓励与严厉并重,采取"中庸之道",在对学生有深入了解的基础上,去说服教育学生。文艺复兴时期关于师德问题还非常强调教师自身素质,强调教师要德才兼备。夸美纽斯在《组织完善的学校的要法》一文中宣称:"教师的职责伟大而光荣,是太阳底下最光辉的职业,教师要充分了解自己职业的社会意义,充满自尊心和自信心,加强品德修养,成为道德卓越的人;教师的职责在于用善良的范例,以诚恳、积极、顽强的态度去诱导学生,做学生的表率;教师应当无限热爱自己的工作,教师自己越是热忱,他的学生越会显得热心。"在乌克兰和白俄罗斯,有的学校规定了教师应具有的品质,"教师还必须教导并热爱所有儿童,不论是富家子弟和贫苦孤儿,或是那些街头行乞的儿童,都应一视同仁。教导儿童应该视其才力之所能及,不得对某些学生努力教导,而对另一些学生教导不力"。

(四)近代师德观

近代师德观强调两种观点。一种是教师要培养学生在德、智、体各方面的能力。英国教育家洛克认为,教师的责任是培养学生的绅士风度,使其形成良好习惯,怀抱德行和智慧,在学生需要的时候,给他力量、活力和勉励。瑞士著名教育家斐斯塔洛齐认为,教师要引导学生向善,激发他们纯洁的、高尚的道德情感,使学生认识到善,具有纯净的心灵。他明确指出:"我的初等教育思想,在于依照自然法则,发展儿童道德、智慧和身体各方面的能力,而这些能力的发展,又必须顾及它们的完全平衡。"另外一种观点是教师要顺应儿童成长的层次性、规律性组织教学,顺应儿童的身心发展进行教育。卢梭在《爱弥儿》中比喻道:自然自由地发展就意味着植物那样生长发育。这样教师也就像园丁一样精心护理,给儿童提供一个"自我开拓心灵"的空间。福禄培尔也认为,教育要遵循适应自然万物发展的正确道路,要遵循儿童的天性,他认为儿童的天性是善的。

(五)现代教师职业道德

苏联的教师职业道德侧重于教师自身的品质培养,强调教师的集体主义。克鲁普斯卡娅认为,教师应当善于把学生的工作变成集体的劳动。要求教师以尊重和人道的态度对待每个孩子,不管他们家长的社会出身如何,还认为教师的道德修养具有很大的意义,学校的教育质量取决于教师本身。马卡连柯特别强调教师集体,还认为教师的言谈举止、举手投足都要时刻注意为人师表,为学生做榜样。苏霍姆林斯基强调,教师要树立崇高的生活目的和高尚的道德情操,为人师表,还认为教师要有渊博的知识。杜威提出了著名的"儿童中心说",他强调为适应民主主义新教育的要求,教师必须有渊博的知识和教育专业方面的理论修养,要求教师尊重、爱护儿童,保护儿童的天性。美国现代教师职业道德的研究,大致是从20世纪20年代开始的,当时,一些学者用实证研究方法,比较系统地分析了教师的品质人格,概括了25项教师职业应有的品质,如诚实、热心、好学等。1948年,全美教育委员会所属的师范教育委员会,向全国教师发表了题为《我们时代的教师》的报告,对教师应当具备的职业道德品质提出了13项详细的要求和指导。1968年,美国国家教育协会正式制定了《教育职业伦理准则》,这个准则成为受到学校聘用与获得教师许可证的基本条件。20世纪70年代后,美国教育界继续对教师道德行为和品质进行研究,实现了由重视"专业地位"提升的教师专业化发展到20世纪80年代关注"专业素质"提高的教师专业化发展的转变。随着各国对教师素质的关注,一些国家在制定教师职业道德规范的同时,也开始了教师专业化的标准建设。例如,英国在20世纪70年代建立起现代教师培养制度,20世纪80年代末之后,构建了发展性教师评价制度、校本培训模式等。20

世纪 90 年代的英国教育改革以《1988 年教育改革法》的颁布为标志,建立了全国标准培训课程和统一的评审制度。

3. 1997 年《中小学教师职业道德规范》

随着我国改革开放和社会主义现代化建设事业进入一个新的历史阶段,新的形势对中小学教师队伍建设提出了更高的要求。为此,根据《中共中央关于加强社会主义精神文明建设若干重要问题的决议》《中共中央关于进一步加强和改进学校德育工作的若干意见》和《中华人民共和国教师法》,1997 年,国家教育委员会和全国教育工会再次对 1991 年《中小学教师职业道德规范》进行了必要的修订,目的在于进一步提高中小学教师的道德素质水平,帮助教师牢固树立科学的世界观和高尚的职业道德,自觉规范自己的思想行为,促使全体中小学教师真正成为人民满意的教育工作者。1997 年《中小学教师职业道德规范》体现了对中小学教师应具有的道德品质和职业行为的最基本要求,核心是爱岗敬业、教书育人和为人师表。1997 年《中小学教师职业道德规范》的八条内容,是通过对教师在学校生活中经常涉及的及防止出现的道德行为做出的规范,确定了每个教师在学校工作中必须遵守的道德基本原则和应该做到的道德行为。

1997 年《中小学教师职业道德规范》的八条内容

(1) 依法执教。学习和宣传马列主义、毛泽东思想和邓小平同志建设有中国特色社会主义理论,拥护党的基本路线,全面贯彻国家教育方针,自觉遵守《教师法》等法律法规,在教育教学中同党和国家的方针政策保持一致,不得有违背党和国家方针、政策的言行。

(2) 爱岗敬业。热爱教育、热爱学校,尽职尽责、教书育人,注意培养学生具有良好的思想品德。认真备课上课,认真批改作业,不敷衍塞责,不传播有害学生身心健康的思想。

(3) 热爱学生。关心爱护全体学生,尊重学生的人格,平等、公正对待学生。对学生严格要求。耐心教导,不讽刺、挖苦、歧视学生,不体罚或变相体罚学生,保护学生合法权益。促进学生全面、主动、健康发展。

(4) 严谨治学。树立优良学风,刻苦钻研业务,不断学习新知识,探索教育教学规律,改进教育教学方法,提高教育、教学和科研水平。

(5) 团结协作。谦虚谨慎、尊重同志,相互学习、相互帮助,维护其他教师在学生中的威信。关心集体。维护学校荣誉,共创文明校风。

(6) 尊重家长。主动与学生家长联系,认真听取意见和建议,取得支持与配合。积极宣传科学的教育思想和方法,不训斥、指责学生家长。

(7) 廉洁从教。坚守高尚情操,发扬奉献精神,自觉抵制社会不良风气影响。不利用职责之便谋取私利。

(8) 为人师表。模范遵守社会公德,衣着整洁得体。语言规范健康,举止文明礼貌,严于律己,作风正派,以身作则,注重身教。

4. 2008年《中小学教师职业道德规范》

在我国的转型时期,为贯彻落实党的十七大精神和胡锦涛"8.31"重要讲话精神,进一步加强教师队伍建设,全面提高中小学教师队伍的师德素质和专业水平,在广泛征求意见的基础上,教育部对1997年国家教育委员会和全国教育工会联合印发的《中小学教师职业道德规范》进行了修订和完善。2008年《中小学教师职业道德规范》的基本内容继承了我国的优秀师德传统,并充分反映了新形势下经济、社会和教育发展对中小学教师应有的道德品质和职业行为的基本要求。

相比于1997年的《规范》,2008年的《规范》缩减为六条,分别是爱国守法、爱岗敬业、关爱学生、教书育人、为人师表、终身学习。贯穿这六条规范的核心或灵魂是"爱"和"责任"。

(1) 爱国守法:教师职业的基本要求

爱国守法是有关教师与国家、社会关系的基本规范,它的基本内容是:"热爱祖国,热爱人民,拥护中国共产党领导,拥护社会主义。全面贯彻国家教育方针,自觉遵守教育法律法规,依法履行教师职责权利。不得有违背党和国家方针政策的言行"。

倡导"爱国守法"就是要求教师热爱祖国、遵纪守法。

第一,爱国是教师做好本职工作的支撑。爱国是中华民族的优良传统,是中国各族人民道德品质的重要特征,是一个国家生存和发展的精神支柱。热爱自己的祖国是每个公民的义务,也是每个教师的神圣职责和义务。

第二,守法要求教师依法执教。守法是《宪法》所规定的所有社会组织、国家机关和公民的基本义务,是指守法主体以法律为自己的行为准则,依照法律行使权利、履行义务的活动。教师职业的示范性,要求教师成为守法的楷模,对受教育者的行为产生潜移默化的影响。

因此,作为一名教师,要把热爱祖国作为自己的神圣职责,自觉遵守教育法律法规,依法履行教师权利职责,用法律来规范自己的行为,不做法律禁止的事情。

(2) 爱岗敬业:教师职业的本质要求

爱岗敬业是关于教师与教育事业关系的道德规范,它具体要求为"教师忠诚于人民教育事业,志存高远,勤恳敬业,甘为人梯,乐于奉献。对工作高度负责,认真备课上课,认真批改作业,认真辅导学生。不得敷衍塞责"。

没有责任就办不好教育,没有感情就做不好教育工作。倡导"爱岗敬业"就是要求教师对教育事业具有强烈的责任感和深厚的感情。教师要始终牢记自己的神圣职责,志存高远,并在深刻的社会变革和丰富的教育实践中履行自己的光荣职责。

因此,作为一名教师,应始终牢记自己的神圣职责,对工作高度负责,要热爱自己所在的岗位,具有高度的责任感,积极主动地完成自己的本职工作。

(3) 关爱学生:师德的灵魂

关爱学生,要求教师"关心爱护全体学生,尊重学生人格,平等公正对待学生。对学生严慈相济,做学生良师益友。保护学生安全,关心学生健康,维护学生权益。不讽刺、挖苦、歧视学生,不体罚或变相体罚学生"。

亲其师,信其道。没有爱,就没有教育。倡导"关爱学生"就是要求教师有热爱学生、诲人不倦的情感和爱心。这是调节教师与学生关系的基本行为准则。

(4) 教书育人:教师的天职

教书育人处理的是教师与职业劳动的关系,它要求教师"遵循教育规律,实施素质教育。循循善诱,诲人不倦,因材施教。培养学生良好品行,激发学生创新精神,促进学生全面发展。不以分数作为评价学生的唯一标准"。

教书育人是教师最核心的职责与任务。教书是育人的主要手段,育人是教书的根本宗旨,二者相辅相成,辩证统一。倡导"教书育人"就是要求教师以育人为根本任务。

(5) 为人师表:教师职业的内在要求

为人师表处理的是教师与自身言行之间的关系,其基本要求是"坚守高尚情操,知荣明耻,严于律己,以身作则。衣着得体,语言规范,举止文明。关心集体,团结协作,尊重同事,尊重家长。作风正派,廉洁奉公。自觉抵制有偿家教,不利用职务之便谋取私利"。

倡导"为人师表"就是要求教师言传身教,以身立教。"为人师表"对教师工作具有特别重要的意义。作为一名教师,教师要坚守高尚情操,知荣明耻,严于律己,以身作则,在各个方面率先垂范,做学生的榜样,以自己的人格魅力和学识魅力教育影响学生。

(6) 终身学习:教师专业发展的动力

终身学习的职业道德规范,教师应该"崇尚科学精神,树立终身学习理念,拓宽知识视野,更新知识结构。潜心钻研业务,勇于探索创新,不断提高专业素养和教育教学水平"。

倡导"终身学习"就是要求教师做终身学习的表率。终身学习是时代发展的要求,也是教师职业特点所决定的。教师必须树立终身学习理念,不断提高自身的专业素养和教育教学水平。

新修订的《中小学教师职业道德规范》虽然在条目数量上由原来的八条减少到六条,但在具体内容上得到了充实,并且新规范有了自身更鲜明的特点,其特点体现在:① 符合时代的要求,与时俱进。② 对教师的精神境界提出了更高的要求。③ 体现以人为本,以生为本的理念。④ 高举素质教育的大旗,促进学生全面发展。⑤ 注重教师的个人修养,提高教师整体素质。⑥ 树立终身学习理念,拓宽知识视野。

中小学教师违反职业道德行为处理办法(2018 年修订)

第一条 为规范教师职业行为,保障教师、学生的合法权益,根据《中华人民共和国教育法》《中华人民共和国未成年人保护法》《中华人民共和国教师法》《教师资格条例》和《新时代中小学教师职业行为十项准则》等法律法规和制度规范,制定本办法。

第二条 本办法所称中小学教师是指普通中小学、中等职业学校(含技工学校)、特殊教育机构、少年宫以及地方教研室、电化教育等机构的教师。前款所称中小学教师包括民办学校教师。

第三条 本办法所称处理包括处分和其他处理。处分包括警告、记过、降低岗位等级或撤职、开除。警告期限为6个月,记过期限为12个月,降低岗位等级或撤职期限为24个月。是中共党员的,同时给予党纪处分。

其他处理包括给予批评教育、诫勉谈话、责令检查、通报批评,以及取消在评奖评优、职务晋升、职称评定、岗位聘用、工资晋级、申报人才计划等方面的资格。取消相关资格的处理执行期限不得少于24个月。

教师涉嫌违法犯罪的,及时移送司法机关依法处理。

第四条 应予处理的教师违反职业道德行为如下:

(一)在教育教学活动中及其他场合有损害党中央权威、违背党的路线方针政策的言行。

(二)损害国家利益、社会公共利益,或违背社会公序良俗。

(三)通过课堂、论坛、讲座、信息网络及其他渠道发表、转发错误观点,或编造散布虚假信息、不良信息。

(四)违反教学纪律,敷衍教学,或擅自从事影响教育教学本职工作的兼职兼薪行为。

(五)歧视、侮辱学生,虐待、伤害学生。

(六)在教育教学活动中遇突发事件、面临危险时,不顾学生安危,擅离职守,自行逃离。

(七)与学生发生不正当关系,有任何形式的猥亵、性骚扰行为。

(八)在招生、考试、推优、保送及绩效考核、岗位聘用、职称评聘、评优评奖等工作中徇私舞弊、弄虚作假。

(九)索要、收受学生及家长财物或参加由学生及家长付费的宴请、旅游、娱乐休闲等活动,向学生推销图书报刊、教辅材料、社会保险或利用家长资源谋取私利。

(十)组织、参与有偿补课,或为校外培训机构和他人介绍生源、提供相关信息。

(十一)其他违反职业道德的行为。

第五条 学校及学校主管教育部门发现教师存在违反第四条列举行为的,应当及时组织调查核实,视情节轻重给予相应处理。作出处理决定前,应当听取教师的陈述和申辩,听取学生、其他教师、家长委员会或者家长代表意见,并告知教师有要求举行听证的权利。对于拟给予降低岗位等级以上的处分,教师要求听证的,拟作出处理决定的部门应当组织听证。

第六条 给予教师处理,应当坚持公平公正、教育与惩处相结合的原则;应当与其违反职业道德行为的性质、情节、危害程度相适应;应当事实清楚、证据确凿、定性准确、处理恰当、程序合法、手续完备。

第七条 给予教师处理按照以下权限决定:

(一)警告和记过处分,公办学校教师由所在学校提出建议,学校主管教育部门决定。民办学校教师由所在学校决定,报主管教育部门备案。

(二)降低岗位等级或撤职处分,由教师所在学校提出建议,学校主管教育部门决定并报同级人事部门备案。

（三）开除处分，公办学校教师由所在学校提出建议，学校主管教育部门决定并报同级人事部门备案。民办学校教师或者未纳入人事编制管理的教师由所在学校决定并解除其聘任合同，报主管教育部门备案。

（四）给予批评教育、诫勉谈话、责令检查、通报批评，以及取消在评奖评优、职务晋升、职称评定、岗位聘用、工资晋级、申报人才计划等方面资格的其他处理，按照管理权限，由教师所在学校或主管部门视其情节轻重做出决定。

第八条　处理决定应当书面通知教师本人并载明认定的事实、理由、依据、期限及申诉途径等内容。

第九条　教师不服处理决定的，可以向学校主管教育部门申请复核。对复核结果不服的，可以向学校主管教育部门的上一级行政部门提出申诉。

对教师的处理，在期满后根据悔改表现予以延期或解除，处理决定和处理解除决定都应完整存入人事档案及教师管理信息系统。

第十条　教师受到处分的，符合《教师资格条例》第十九条规定的，由县级以上教育行政部门依法撤销其教师资格。

教师受处分期间暂缓教师资格定期注册。依据《中华人民共和国教师法》第十四条规定丧失教师资格的，不能重新取得教师资格。

教师受记过以上处分期间不能参加专业技术职务任职资格评审。

第十一条　教师被依法判处刑罚的，依据《事业单位工作人员处分暂行规定》给予降低岗位等级或者撤职以上处分。其中，被依法判处有期徒刑以上刑罚的，给予开除处分。教师受到剥夺政治权利或者故意犯罪受到有期徒刑以上刑事处罚的，丧失教师资格。

第十二条　学校及主管教育部门不履行或不正确履行师德师风建设管理职责，有下列情形的，上一级行政部门应当视情节轻重采取约谈、诫勉谈话、通报批评、纪律处分和组织处理等方式严肃追究主要负责人，分管负责人和直接责任人的责任：

（一）师德师风长效机制建设、日常教育督导不到位；

（二）师德失范问题排查发现不及时；

（三）对已发现的师德失范行为处置不力、方式不当或拒不处分、拖延处分、推诿隐瞒的；

（四）已做出的师德失范行为处理决定落实不到位，师德失范行为整改不彻底；

（五）多次出现师德失范问题或因师德失范行为引起不良社会影响；

（六）其他应当问责的失职失责情形。

第十三条　省级教育行政部门应当结合当地实际情况制定实施细则，并报国务院教育行政部门备案。

第十四条　本办法自发布之日起施行。

二、小学教师的专业知识

专业知识是小学教师开展专业工作的重要条件，形成合理的专业知识结构有助于小学教师的专业发展。为促进小学教师专业发展，建设高素质的小学教师队伍，按照《小学

教师专业标准(试行)》要求,小学教师要形成合理的专业知识结构,应该具备以下四个方面的专业知识:

(一)学生发展知识

按照《专业标准》要求,小学教师首先应该了解并掌握小学生发展知识;了解关于小学生生存、发展和保护的有关法律法规及政策规定;了解不同年龄及有特殊需要的小学生身心发展特点和规律,掌握保护和促进小学生身心健康发展的策略与方法;了解不同年龄小学生学习的特点,掌握小学生良好行为习惯养成的知识;了解幼小和小初衔接阶段小学生的心理特点,掌握帮助小学生顺利过渡的方法;了解对小学生进行青春期和性健康教育的知识和方法;了解小学生安全防护的知识,掌握针对小学生可能出现的各种侵犯与伤害行为的预防与应对方法。小学教师所需的这一类知识可以归结为:相关法律法规及政策规定知识;小学生认知发展知识,即小学教师要掌握不同年龄小学生的身心发展特点和规律知识等;安全防护知识,即小学教师要掌握各种侵犯与伤害小学生行为的知识等。

(二)学科专业知识

在学科知识方面,小学教师应该具备三方面知识:学科知识体系知识,即理解所教学科的知识体系、基本思想与方法;学科基本内容知识,即掌握所教学科内容的基本知识、基本原理与技能;学科联系知识,即了解所教学科与其他学科的联系,了解所教学科与社会实践及少先队活动的联系等。

(三)教育教学知识

小学教师学习这一类知识要达到的目标是:掌握小学教育教学基本理论;掌握小学生品行养成的特点和规律;掌握不同年龄小学生的认知规律;掌握所教学科的课程标准和教学知识。小学教师所需的这一类知识可以归结为:教育理论知识,即小学教师要掌握小学教育教学基本理论;德育理论知识,即小学教师应掌握小学生品行养成的特点和规律;认知发展知识,即小学教师要掌握不同年龄小学生的认知规律;课程教学知识,即小学教师要掌握所教学科的课程标准和教学知识等。

(四)通识文化知识

对小学教师而言,这一知识类型主要包括四类:人文科技常识,即具有相应的自然科学和人文社会科学知识;国情知识,即了解中国教育基本情况;艺术知识,即具有相应的艺术欣赏与表现知识;教育技术知识,即具有适应教育内容、教学手段和方法现代化的信息技术知识等。

这些知识也可以分为以下四类:

第一类是本体性知识。它是指教师任教学科的知识,是"教什么的知识"。本体性知识对师范生的重要性就在于它是教师从业的资本和基础,是小学教师作为专业人员应该具备的起码条件、基本知识。

第二类是条件性知识。它是小学教师在顺利从事教育教学工作时所必需的专门知识,是区别于其他行业人员的教师所特有的知识类型,是"如何教的知识",是直接服务于教师的教学活动设计和展开的知识,其主体构成是学科教学论知识、一般教学法知识、教育心理学知识等。拥有本体性知识是师范生能够胜任教师职业的基础,而拥有条件性知识是师范生能够胜任教师职业的直接条件,教师职业的特殊性不在于从业人员具有一定的学科专业知识,而在于他具有将这些知识传递给他人的知识。

第三类是工具性知识。对小学教师来说,学习本体性知识解决的是教师要向学生教授什么的问题,学习条件性知识解决的是他怎样向学生教授这些知识的问题,而学习工具性知识解决的则是他用什么工具和媒介来实现知识教授的问题。教师在知识教授中至少需要四大工具:语言、教育技术、课程开发和教育研究,这些知识的共同特点是:它们都不直接参与教师的教学活动,它们只是教师开展教学活动、提高教学活动效能的工具而已,故称之为工具性知识。

第四类是实践性知识。它是指教师利用一般性的教育知识来解决特殊性的教育问题时产生的一种知识类型,是教育知识的具体化、实践化。实践知识的根本特征是情景性、经验性,它随着教育实践主体、教育情景、教育活动的不同而不同。在教育实践中,实践性知识主要体现为教师的教育智慧、策略性知识和案例知识。

三、小学教师的专业能力

教师的专业能力是教师组织教育活动,对学生施加有目的的影响的主体"行动"能力,这些能力通过教育活动来体现并保证教育活动有效进行。

(一) 教育教学能力

1. 教育教学设计能力

小学教师开展教育教学工作的第一步是教学设计,这是把教育教学工作做好的前期准备,与教育教学效能的提高直接相关。小学教师必须掌握三方面的教学设计能力,即合理制定小学生个体与集体的教育教学计划的能力;合理利用教学资源,科学编写教学方案的能力;合理设计丰富多彩的班队活动的能力。

2. 教育教学实施能力

在教育教学活动设计完成后面临的核心任务就是实施这些教育教学设计,它是小学教师的一项关键能力,是小学教师专业素养的主体构成。与之相关,小学教师应该具备以下一些能力:师生关系经营能力,即具备建立良好的师生关系,帮助小学生建立良好的同伴关系的相应能力;教学情境创设能力,即小学教师应该具备创设适宜的教学情境,根据小学生的反应及时调整教学活动的能力;学习指导能力,即调动小学生学习积极性,结合小学生已有的知识和经验激发学习兴趣并发挥小学生主体性,灵活运用启发式、探究式、讨论式、参与式等教学方式,促使小学生的学习活动快乐、高效进行的相关能力;信息化教学能力,即将多种现代教育技术手段渗透运用到教学中的能力;教学组织能力,即妥善应对突发事件,科学安排课堂教学的能力;教学基本能力,如较好使用口头语言、肢体语言与书面语言的能力,使用普通话教学,规范书写钢笔字、粉笔字、毛笔字的能力等;开展思想教育的能力,即善于鉴别小学生行为和思想动向,用科学的方法防止和有效矫正不良行为的能力等。

3. 教育教学评价能力

这是小学教师顺利推进教育教学活动时必需的一项重要能力，主要包括：学生观察能力，对小学生日常表现进行观察与判断，发现和赏识每一个小学生的点滴进步；评价能力，即灵活使用多元评价方式，给予小学生恰当的评价和指导的能力，以及引导小学生进行积极自我评价的能力；教学改进能力，即小学教师利用评价结果不断改进教育教学工作的能力等。

（二）沟通合作能力

教育教学工作实质上是一项沟通实践，它需要教师具备相应的沟通、交往与对话能力。这一专业能力主要包括：学生沟通能力，主要包括使用符合小学生特点的语言进行教育教学工作的能力，以及善于倾听，和蔼可亲，与小学生进行有效沟通的能力；同行沟通能力，即善于与同事合作交流，分享经验和资源，共同发展的能力；社会沟通能力，即与家长进行有效沟通合作，共同促进小学生发展的能力，以及协助学校与社区建立合作互助的良好关系的能力等。

（三）语言表达能力

教师的语言表达能力指教师借助语言阐述教学内容、表达自身思想感情的能力。语言表达能力是教师的基本功。具体来说，教师的语言表达应达到以下标准：描述简洁规范，重点明确突出；语言流畅，逻辑清晰，条理清楚；适应学生的年龄特点和知识水平，与教学内容所负载的情感协调；语音语调抑扬顿挫；幽默诙谐，恰当运用比喻或隐喻；利用副语言，辅以动作表情。

（四）组织管理能力

课堂教学是组织活动的形式之一，课堂教学的秩序直接影响课堂教学的效率，教师只有拥有高超的组织管理能力，才能保证教学高效地进行。新课程改革倡导教师赋予学生学习的自主权，学生自主进行学习必然带来许多组织和管理上的问题，这势必对教师的组织管理能力提出了更高的要求。

（五）教学反思能力

该能力是小学教师借助工作实践来改良教育教学水平的能力，大致包括以下能力：其一，教学信息反馈能力，即主动收集分析相关信息，不断进行反思，改进教育教学工作的能力；其二，研究能力，即针对教育教学工作中的现实需要与问题，进行探索和研究的能力；其三，自我发展规划能力，即制定专业发展规划，不断提高自身专业素质的能力等。

（六）科学研究能力

教师的科研主要是工作研究，即结合自己的实践工作与对象开展的应用性研究。教师在教育教学中遭遇的各种困境不可能借助于预设的规则或程序一劳永逸地得到解决，这就需要教师以研究的心态置身于教学情境中，以研究者的眼光审视和分析教学理论与教学实践中的各种问题，从而进一步明确教育规律，进一步校正自己头脑中一些陈旧的教育观念，并由此形成对自己教学活动的自觉意识。

第三节 小学教师的专业化

一、小学教师专业化的内容

1966年,国际劳工组织和联合国教科文组织《关于教师地位的建议》明确指出,"应把教育工作视为专门的职业,这种职业要求教师经过严格的、持续的学习,获得并保持专门的知识和特别的技术"。1993年,我国政府颁布的《中华人民共和国教师法》也明确提出,"教师职业是一个专业",并于1995年开始实行教师资格证制度。随着教师专业化的确立,教师专业发展问题也日益受到人们的关注。

(一)教师专业发展的基本内涵

自20世纪80年代以来,教师专业发展问题已成为国外教师教育研究的热点课题。其研究的焦点主要集中在两个方面:一是教师实际经历的专业发展的变化过程,侧重研究教师专业发展体现在哪些方面、发展要经历哪些阶段、发展是否有关键期等;二是教师专业发展的促进方式,研究在教师专业发展有关观念的指导下,给教师提供哪些外在环境和条件,才能更好地帮助教师顺利地走过专业发展所必须经历的阶段。

教师专业发展的过程,实质上就是教师专业素质的提高过程。教师的专业发展,就其途径和方式而言,包括两个大的方面:一是外在的因素,即根据社会进步和教育发展对教师角色与形象的要求和期望,由政府或有关机构对教师进行有计划有组织的培训;二是内在的因素,指教师的自我完善,它源于教师自我角色的愿望、个人需要以及教育教学实践和个人的精神追求。教师专业发展更多的是从个人发展的角度强调对自己职业发展目标做出设想,通过学习、进修和对实践的反思、改进等来提高教育教学能力,最大限度地实现自己的人生价值。综上所述,我们可以把教师专业发展定义为:教师个体的专业知识、专业技能、专业自主、专业价值观、专业发展意识等方面由低到高、逐渐符合教师专业人员标准的过程。

(二)教师专业发展的阶段

教师专业发展经历的阶段不同,所要完成的知识转型任务也不相同,从而表现出仅属于自己发展阶段的本质特征。

1. **新手阶段**

新手阶段,是指新任教师刚入职的前三年的工作适应阶段。新手阶段的教师在教育教学工作中存在着诸多问题,他们在把握教学进度、突破重点难点、教学方法、导入新课、师生关系等方面存在着明显的知识缺陷。因此,从教师专业发展的角度来看,新手阶段的教师必须把理论知识的获得放在重要的位置。这里所说的理论知识专指从事教育教学工作所必备的知识(属于操作层面的知识)。在内容选择上,包括教育改革与师德修养、班主任工作、课程标准与教材分析、教学常规、评课和说课技术、教学研究的途径与方法等。另外，新手阶段的教师应了解新课程改革的有关知识，熟悉国家的教育法规和政策，从而使自己具有依法治教的意识和能力；也应了解教育科学新知识，掌握素质教育的基本理论和教育科研的基本知识，掌握备课、上课、说课、听课、评课等基本教学常规，不断增强终身学习和自我可持续发展的能力。

2. 胜任阶段

从事教学工作三到五年的教师，基本可以胜任自己的工作，能够达到胜任教师的岗位要求。这个阶段的教师所获知识还是以理论知识（观念层面的知识）为主，知识内容包括师生沟通艺术、新课程背景下发展性教师评价体系的构建和教学方法的改革、小学学生自主学习（合作学习、研究性学习等）的方法指导、教育科学研究方法、小学学生心理健康问题、信息技术等。教师获得这类知识是为了能够了解我国教育改革与发展的动态，开阔视野，学习教育科学新知识，研究和掌握教育规律；增强学习意识、角色意识、竞争意识和创新意识；改善心智模式，更新教育观念，提高再学习能力、教育教学能力和教研能力。

3. 熟练阶段

熟练阶段的教师多数是各个学校的中青年骨干教师，他们在理论知识上的追求主要是延展性的知识，体现出前沿性、创造性、研修性和高素质、高水平、高起点等特点。学习内容包括现代教育理论和教改研究（特别是特级教师的教学风格研究）、素质教育研究、中外教育教学的比较研究、人文与自然科学发展的新知识等；在教育科研方面，要掌握教育科研的一般方法，特别要强调课题研究的选题、研究过程和结题报告等方面的指导；在教学技能方面强调教学评价和教学测评技术、现代信息技术与学科教学的整合；在学科延展方面开展艺术理论的学习和学习心理的学习等。通过学习，使自己能够树立科学的教育观和教育发展观，具备一定的创新精神和改革意识；确立素质教育的观念，掌握现代教育理论，具有坚实的科学基本理论、基础知识和基本技能，能不断更新自己的知识结构，及时了解教育发展的最新动态；拓宽自己的人文、社会和科学知识，提高自己的科学素养，具有从事教学研究和教育科学研究的能力，以及主动吸纳、处理信息和促进自我发展、自我完善的能力，具备将现代信息技术应用于学科教学的能力，增强教育教学实践的能力，初步形成具有个性特色的教学风格。作为学校的业务骨干，熟练阶段的教师拥有更多接触名师的机会和外出学习观摩的机会，加之他们无论是理论，还是实践经验都比较丰富，为他们生成实践性知识提供了许多便利的条件。

4. 专家阶段

由于每位专家型教师都有长时间的教学实践和十分丰富的教学经验，加之他们在教育生涯的整个过程中，经历了各种类型的培训和学习，因此，无论是理论知识还是实践性知识都非常丰富，特别是有着鲜活的教育教学经验。一般说来，这类教师在学科教学、教研、教改方面都有非常丰富的成功经验，并在地方享有广泛的声誉。他们应该而且完全有能力成为研究者和积极反思者，并把自己研究和反思的成果拿出来与人分享，从而实现由知识的消费者向知识的生产者和创造者转变。诚然，从教师专业发展的角度来看，教师个体拥有了大量的实践性知识，就已经达到了目的。但作为专家型教师，还需要进一步扩大他们的实践性知识的影响力，发挥他们所拥有的知识的价值。

拓展阅读

国内外教师专业发展阶段理论

（一）教师教学关注阶段论（福勒，1969）

（1）任教前关注阶段：无教学经验，只关注自己，对上课教师持批评态度。

（2）早期生存关注阶段：初次接触教学工作，关注自己作为教师的生存问题。

（3）教学情景关注阶段：关注教学情景限制和挫折，较重视自己的教学表现，而非学生的学习。

（4）关注学生阶段：职前教育阶段表达了对学生学习、社会和情绪需求的关注，却没有实际行动，直到亲身体验之后，才能关注学生。

（二）教师发展阶段论（凯兹，1972）

（1）生存阶段：关心自己在陌生环境中能否生存，持续时间为1—2年。

（2）巩固阶段：统整第一阶段的经验、技巧，开始注意个别学生的问题。

（3）更新阶段：对平凡、复杂且规律、刻板的教学工作开始有倦怠感，需参与学术研究、教学活动，加入专业组织，更新知识和教学方法等。

（4）成熟阶段：有足够能力探寻较深入、抽象的问题。

（三）教师生涯发展论（伯顿，20世纪70年代到80年代）

（1）生存阶段：无教学经验，关心班级管理经验、学科教学、改进教学技巧、做好教学工作等。

（2）适应阶段：第2—4年，知识逐渐丰富，开始了解到儿童的复杂性，寻找新的技能迎合教学的各种需求。

（3）成熟阶段：第5年，对教学活动驾轻就熟，对教学环境了如指掌，从容教学，不断尝试新的教学方法。

（四）教师生涯循环论（费斯勒，1984）

（1）职前教育阶段：特定角色储备期。

（2）入门阶段：初任教师，寻求学生、同事、学校与教育行政人员的认同。

（3）能力建立阶段：努力增进教学技巧和能力，设法求得新教学材料、方法和策略。

（4）热心和成长阶段：具有高水准能力，继续追求专业成长。

（5）生涯挫折阶段：对教学产生挫折、倦怠和幻灭感，工作满足感逐渐下降。

（6）稳定和停滞阶段：缺乏进取心，教学能力无进展，创新少，处事不和谐。

（7）更新生涯阶段：开始出现厌烦征兆，处事应付减少，追求专业成长。

（8）退出生涯阶段：离开教学岗位。

（五）教师职业生命周期论（休伯曼，1993）

（1）入职期：第1—3年，也称"求生和发现期"，无所适从，但积极、热情。

（2）稳定期：第4—6年，逐渐适应课堂教学，情绪稳定。

(3) 实验和重估期:第7—25年,不满足现状,进行自我挑战。

(4) 平静和保守期:第26—33年,开始平静,资深教师资格,充满自信,但失去专业发展热情和精力。

(5) 退出教职期:第34—40年,教师职业生涯逐步终结。

(六) 五阶梯式发展阶段(叶澜,2001):

(1) 非关注阶段:处在预备教师接受师范教育之前,是教师专业定向尚未形成的阶段。

(2) 虚拟关注阶段:预备教师的师范学习阶段,因为在虚拟的专业学习环境中,师范生缺乏特殊的专业发展支持环境。

(3) 生存关注阶段:初任教师阶段,这是教师专业发展的关键期,它需要新教师实现由师范生到正式教师的角色的巨大转变,需要克服对教育教学实践的不适应。

(4) 任务关注阶段:教师专业结构诸方面稳定持续发展的阶段,由关注自我生存转向追求更好地完成教学任务。

(5) 自我更新关注阶段:教师的专业发展动力转到了专业发展自身上,而不再受外部评价或职业升迁等因素的牵制,直接以专业发展为指向。

(七) 新手型—熟手型—专家型三阶段论(连榕,2002)

(1) 新手型教师阶段:教龄在入职到工作五年之间。本阶段中,教师在教学策略上以课前准备为中心,尚未真正地进行课后反思,处于关注自我生存的动机阶段,他们的职业承诺水平低,一旦遭遇挫折,往往容易出现精神疲惫的状态。

(2) 熟手型教师:介于新手与专家之间、教龄在6—14年间、参加过骨干教师培训班的教师所处的专业发展阶段。在该阶段中,熟手型教师专业发展的主要特征是教学策略水平较高,能够根据课堂实际情况,对教学计划和行为适当地做出调节和控制,成就目标以任务目标为主。熟手处于职业的高原期,容易产生烦闷、抑郁、无助、疲倦、焦虑等消极情绪。

(3) 专家型教师:该阶段是指教龄在十五年以上且具有特级教师资格或高级职称的教师所处的专业发展阶段。专家型教师的教学策略主要体现为课前的精心计划、课中的灵活应变和课后的认真反思,具有强烈且稳定的内在工作动机。处于职业的升华阶段,具有良好的职业承诺。专家型教师的职业倦怠感较低,对教师职业的情感投入程度高,职业的义务感和责任感比较强。

二、小学教师专业化的途径与方法

我国著名教育专家叶澜讲过:"没有教师生命质量的提升,很难有高的教育质量;没有教师精神的解放,很难有学生的主动发展;没有教师的教育创新,很难有学生的创新精神。"但教师的持续、有效的发展不是完全在自发状态下进行的,而是通过积极有效的发展途径得以实施的。在实践中,教师专业发展具有多样化的途径与方法可供选择。教师只有科学地利用这些途径、方法,坚持互补、综合的选配原则,其专业素养与专业品质才会得到持续提升。根据国内的研究,小学教师专业发展主要有以下途径与方法:

（一）教师专业发展的途径

1. 专业学习

教师专业发展的一般路径是进行专业学习，专业学习是教师完善其专业素养的常见渠道。任何人要提高，就必须参与到学习活动、学习过程中去。在专业发展中，教师学习的方法、对象、内容、方式是多样化的，他们可以向教师学习，向本专业同学学习，向教育对象——学生学习，可以学习书本知识，学习实践经验，学习教学基本功——三笔字（粉笔字、毛笔字和钢笔字）简笔画、普通话、课件制作，学习专业知识（包括学科专业知识与教育专业知识），学习广博的文化知识——人文史地知识、科普知识、安全知识等，可以在课堂中学，在实践中学，在生活中、在反思中学习，可以自学，向他人学习等。教师开展专业学习的样式是丰富多彩的，教师学习的空间是无限的，专业学习的道路是无止境的。它是教师走向职业成熟、事业成功的阶梯。

2. 同行交流

教师完善其知识结构的另一重要途径是，开展专业共同体内的经验交流。交流是实现教师专业知识增长、专业素养结构合理化的有效方式。从某种意义上说，同行交流就是一种无意识的学习，一种随意学习。同行专业交流，是两个或几个人在一起相互倾诉、交换观点、探讨问题、商讨对策、分享经验的一种对话活动。同行交流是教育观点、经验、智慧的碰撞，可以促成教育创见的诞生，是新教育思想的摇篮。在专业社群中，教师应该举行各种形式的讲坛、论坛、沙龙，并邀请相关教育人士、学者参加，以此来创造一个良好的交流平台。同时，学校还可以利用优越的网络资源，在校园网上或专业学习平台开展专业交流。通过网上学习平台、QQ 群、微信群等，已经成为现代教师专业交流的重要形式。

3. 教育实践

教育工作是一项具有很强实践性的工作。将专业知识灵活地应用于实践，形成丰富的实践性知识与专业实践能力，是成就教学名师的必经环节。对教师来说，参与教育实践，获得相关实践性知识，是其专业持续快速发展的重要路径。在专业发展中，教师仅仅习得了大量教育教学理论知识，是难以适应教育工作要求的，因为这些理论知识只有在被灵活运用之后，才能转化成为一种"活"知识，成为一种能够对提高教学质量产生直接效能的知识。否则，教师所拥有的教育理论，很难走进鲜活的教育实践领域，转化成为教师的专业实力。

4. 工作研究

教师所需的一切知识并非都来自其专业教师的传授，这些知识中的相当一部分实际上来自教师自己的创造和发现，这就是研究与反思。其中，研究是教师借助于既有的研究资料、信息情报来发现新知识，获得新认识，积累专业经验，是教师在探索教育问题的过程中获得教育知识的一种方式。所谓研究，就是在搜集有关教育问题的资料的基础上通过细心揣摩、探索思考、实验分析、数据处理等方式，来获得对教育问题的新见解的过程。在实践中，教师常用的工作研究方式是课堂观察、课例研究、行动研究与叙事研究等。在教育实践中，教师经常进行的工作研究形式是课堂观察、行动研究与课例研究，他们是教师专业发展的加速器。与学习不同，研究活动中获得的知识常常是没有定论的知识，是有待于实践者继续去验证的知识,而课堂学习活动中获得的知识,一般是人们已经对之达成共识、形成定论的知识,是他人发现、探究得来的知识,这些知识与教育工作者自身经历之间常常有一段距离。因此,要想获得对教育活动的鲜活知识,教师还必须自己参与研究活动,学会利用科学的方式来探索、研究教育现象,以获得大量生动、鲜活的知识。

5. **教学反思**

在教师专业发展中,反思是一种"元认知",是教师审视自己的学习活动,回顾自己的教学实习、实践,建构实践性知识的重要途径;是他们体察自我、对照自我、审视自我,发现自己知识结构缺陷的有力武器。

在专业实践中,教师进行反思的方式主要有三种:其一,是对自己学习方向及过程的反思,即反思自己的学习内容、方式是否有效、合适、科学,是否需要调整和改进;其二,是对自己知识结构的反思,即及时对照教师职业需要,来审查自己的知识结构是否与之相适应,从而发现自己知识结构的误区和偏差,及时补充欠缺的知识,使自己的知识结构逐渐符合教育工作的需要;其三,是对自己教学实践的反思,其目的是为了形成实践性知识。与书本知识不同,实践性知识具有个体性、经验性、情境性,用语言难以对之进行准确的表达、言明,是一种心领神会却不可言传的知识。这部分知识的获得,主要是通过教师对教学经历、实践的反省和对自己教育教学经验的总结。

(二)教师专业发展的方法

教师专业发展是教师人生价值实现的过程,是教师在充分认识教育意义的基础上,不断提升精神追求,增强职业道德,掌握教育规律,拓展学科知识,强化专业技能和提高教育教学水平的过程。新的课程理念、新的教材、新的课程评价观,强烈冲击着现有的教师教育体系,对教育工作者提出了新的更高的要求。因此,教师应积极应对挑战,不断发展自己,提升专业水平在教育实践中。教师常用的专业发展方法主要是以下六种,值得广大小学教师去运用。

1. **专业培训**

所有新教师都必须在参加学校组织的一系列业务培训后,才能进入学校正式开展工作;每遇到一次全国性的教育教学改革时,教师一般都要通过参加业务培训,来获得最新的教育教学改革要求与改革理念;在入职后,教师也必须参加形形色色的教师业务培训,如"国培""省培"等,来持续提高自己的专业水平。因此,参加业务培训是学校经常会采用的一种教师专业发展方法。教师业务培训的内容几乎无所不包,从专业知识到专业技能,从专业理念到专业信念等,教师在教育教学实践中急需的几乎所有专业知识、技能、信念等,都可以经由这一途径来获取。

2. **导师制**

导师制,即新教师向学校中的优秀教师学习,以接受优秀教师"身教"的形式展开的一种教师专业发展方式。对业务上尚不精通、不成熟的新手教师而言,直接学习优秀同行的先进经验,无疑是一种颇为有效的教师专业发展方法。该方法的最大优点是,教师能够从优秀教师那里习得一些专业的诀窍与隐性的知识经验,尤其是那些连优秀教师自身也难以言明的专业实践智慧。言传不如身教,导师制正成为初任教师专业发展的一种重要途径。

3. 课堂观摩

在学校中开展课堂观摩活动,进行课例研究活动,是教师专业发展的最常见形式之一。在小学中,教师开展每周教研活动的常见形式就是课堂观摩,它是促使教师迅速成长成熟的好方式。在课堂观摩中,所有教师围绕一位教师的全程授课活动开展听课、评课、研课、磨课活动,教师能够从中习得大量有用的实践知识与工作经验,能够及时从中凝练教育认识、升华教育信念。

4. 课例研讨

课例研讨是小学中较为常见、简单易行的一种教师专业发展方式。所谓课例,就是教师授课中的一个相对完整的单元或片段。它是教师课堂教学现状全面、直观、生动的反映,是一线教师喜闻乐见的研究素材,是教师开展课例研讨的物质依托。一个完整的课例是对教师授课全程的记载与再现,是优秀教师成功教育教学经验的集成,是普通教师自我反思、相互交流的物质依托。课例研讨是教师共同体在一定理念的指导下,针对教师课例的实录、视频、录音等进行全面分析,从中发现教育教学问题,探究课堂教学改革的方向与思路的研究活动。显然,作为一种工作研究形式,课例研讨具有以下优点:教师对此方式非常熟悉,便于开展专业对话,研究的理论性层次较低,教师参与度高,易于从中直接汲取专业发展所需的实践性知识经验。教师开展课例研讨时,要遵循一定的程序,即"授课教师说课——教师群体研课——课堂教学改进建议与经验形成",顺着这一程序开展课例研讨,是教师专业发展的一条快速通道。

5. 校本教研

校本教研是最为常见的一种教师专业发展方法,也是学校开展日常教研活动的常见形式。校本教研,即学校根据自身教育教学改革的需要及存在的现实教育问题,借助教研组全体教师的力量开展合作研究,以此推进学校教育教学工作改进、质量提升。

所谓校本,其基本含义是以校为本,即"基于学校、在学校中、为了学校",一切研究课题的选择都是学校教育教学中面临的真问题,所有研究力量都来自学校每一位教师,这些问题解决的直接受益者是学校自身。校本教研的优势主要体现在"三个便于"上,即便于开展小学教育教学中面临的共同教育教学实践问题的联合攻关,便于提升学校整体的教育教学改革实力,便于开展学校层面的专业研究协作。

6. 行动研究

行动研究是指教师针对自己在课堂上遇到的问题来展开研究的一种工作研究方法,是一种将课堂改革行动与课堂问题研究合二为一的好研究方法。这是在小学教师专业发展领域中最为基本、最为重要的一种专业发展方式。教师行动研究的基本做法是教师边工作,边实践,边研究,研究的出发点是课堂教学中的现实问题,研究的途径是在教学过程中对研究对象进行干预,研究目的是为了改善自身教学行为。

教师开展行动研究的基本思路如下:

其一,教师成为研究者。其意即教师发展的目标是成为研究型教师。此处的"研究"主要是指行动研究。教师既是教学活动的行动者与实施者,又是教学活动的研究者与亲历者。这种研究方法持续使用的结果就是教师也成了成熟的教学实践研究者,教学活动与研究活动实现了双赢式发展。

其二,尊重实践成师的规律。优秀教师是在实践摸索、实践改进中成长起来的,在实践中获得的经验、体验、教训、智慧是教师走向成功的逐步积累。行动研究本身就是一种教育实践。教育实践是教师专业研修的大学校,在实践反思、实践揣摩中积累实践经验,发展实践专长,是教师专业成长的日常渠道。

其三,追求教育实践的合理性。行动研究追求的是教师教育实践活动的合理性,而非教育理论体系的合理性。合理性是理论合理性与实践合理性的统一,是合规律性、合目的性、合现实性的统一,行动研究中,教师追求的是现实合理性。进而言之,教师的教育行动是在一定教育情境、教育情势、教育时机中发生的,与这些情境、情势、时机相契合,是判断这种教育行动合理的标准之一,这就是实践合理性。行动研究能够促使教师的教育行动获得这种合理性品质,据此提高教师的专业发展水平。

《新时代中小学教师职业行为十项准则》

教师是人类灵魂的工程师,是人类文明的传承者。长期以来,广大教师贯彻党的教育方针,教书育人,呕心沥血,默默奉献,为国家发展和民族振兴做出了重大贡献。新时代对广大教师落实立德树人根本任务提出新的更高要求,为进一步增强教师的责任感、使命感、荣誉感,规范职业行为,明确师德底线,引导广大教师努力成为有理想信念、有道德情操、有扎实学识、有仁爱之心的好老师,着力培养德智体美劳全面发展的社会主义建设者和接班人,特制定以下准则。

一、坚定政治方向。坚持以习近平新时代中国特色社会主义思想为指导,拥护中国共产党的领导,贯彻党的教育方针;不得在教育教学活动中及其他场合有损害党中央权威、违背党的路线方针政策的言行。

二、自觉爱国守法。忠于祖国,忠于人民,恪守宪法原则,遵守法律法规,依法履行教师职责;不得损害国家利益、社会公共利益,或违背社会公序良俗。

三、传播优秀文化。带头践行社会主义核心价值观,弘扬真善美,传递正能量;不得通过课堂、论坛、讲座、信息网络及其他渠道发表、转发错误观点,或编造散布虚假信息、不良信息。

四、潜心教书育人。落实立德树人根本任务,遵循教育规律和学生成长规律,因材施教,教学相长;不得违反教学纪律,敷衍教学,或擅自从事影响教育教学本职工作的兼职兼薪行为。

五、关心爱护学生。严慈相济,诲人不倦,真心关爱学生,严格要求学生,做学生良师益友;不得歧视、侮辱学生,严禁虐待、伤害学生。

六、加强安全防范。增强安全意识,加强安全教育,保护学生安全,防范事故风险;不得在教育教学活动中遇突发事件、面临危险时,不顾学生安危,擅离职守,自行逃离。

七、坚持言行雅正。为人师表，以身作则，举止文明，作风正派，自重自爱；不得与学生发生任何不正当关系，严禁任何形式的猥亵、性骚扰行为。

八、秉持公平诚信。坚持原则，处事公道，光明磊落，为人正直；不得在招生、考试、推优、保送及绩效考核、岗位聘用、职称评聘、评优评奖等工作中徇私舞弊、弄虚作假。

九、坚守廉洁自律。严于律己，清廉从教；不得索要、收受学生及家长财物或参加由学生及家长付费的宴请、旅游、娱乐休闲等活动，不得向学生推销图书报刊、教辅材料、社会保险或利用家长资源谋取私利。

十、规范从教行为。勤勉敬业，乐于奉献，自觉抵制不良风气；不得组织、参与有偿补课，或为校外培训机构和他人介绍生源、提供相关信息。

思考与讨论

1. 如何理解教师的职业性质与角色定位？
2. 教师的劳动特点有哪些？这些特点对教师的教育工作有什么启示？
3. 试论合格小学教师的专业素养。
4. 简述小学教师专业发展的内涵、途径与方法。

参考文献

1. 教育部中国教科文卫体工会全国委员会.关于重新修订和印发《中小学教师职业道德规范》的通知[EB/OL].(2008－09－01)[2020－11－15].http://www.moe.gov.cn/s78/A10/s7058/201410/t20141021_178929.html.
2. 教育部.关于印发《中小学教师违反职业道德行为处理办法(2018年修订)》的通知[EB/OL].(2018－11－8)[2020－11－18].http://www.gov.cn/gongbao/content/2019/content_5368623.htm.
3. 吴岳军.论主体间性视角下的师生关系及其教师角色[J].教师教育研究,2010(2).
4. 钱焕琦.教师职业道德[M].上海：华东师范大学出版社,2008.
5. 李春秋,王引兰.中小学教师职业道德修养[M].北京：北京师范大学出版社,2012.
6. 虞伟庚.教育学基础(小学)[M].北京：北京大学出版社,2018.
7. 柳海民.教育学原理(第2版)[M].北京：高等教育出版社,2019.
8. 项贤明.教育学原理(第2版)[M].北京：高等教育出版社,2019.

第六章
小学生的特点与教育

　　小学生是小学教育活动中最基本、最活跃的因素。小学阶段是小学生身体生长、心理发展、知识积累和能力提升最旺盛的时期。要正确认识小学生,科学教育小学生就必须全面把握小学生的身心发展特点和规律。本章主要介绍小学生发展的身心特点和时代特点,并对低、中、高不同学段的小学生的共性特征进行深入剖析,在此基础之上提出小学生教育与管理的价值取向与策略。

1. 了解小学生身心发展特点和时代特点。
2. 把握不同学段小学生的特征。
3. 在教育实践中,能够坚持正确的价值取向对小学生进行科学的教育与管理。

普洛克路斯忒斯之床①

　　现代学校制度积弊甚深,自 20 世纪 60 年代"去学校化运动"以来,不断涌现各种批评与反思之声。最根本的问题是:它强调效率优先,用工厂化的生产方式生产人才,用整齐划一的教育模式安排教育生活,统一的入学时间,统一的上课时间,统一的教学大纲,统一的教材,统一的教学进度,统一的考试评价体系,以此来培养年龄相同但个性迥异、能力水平不一的人。

　　这就像古希腊神话中的"普洛克路斯忒斯之床"。据说恶魔普洛克路斯忒斯有一张铁床,他热情邀请人们到家中过夜,但只有身体高度和床一样长的人才被允许睡觉,比床长的人要被砍掉腿脚,比床短的人则要被强行拉到和床一样长。这张床,就类似于现代学校

---

① 杨司奇. 未来,我们将不再需要学校文凭?[EB/OL]. (2019 - 9 - 9)[2020 - 10 - 12] http://dy.163.com/v2/article/detail/EOKKLLH90514R9KM.html.

制度的标准。用这个标准要求学生,学生学得很累、很苦,每个人的个性得不到张扬,潜能得不到发挥。这正是现代学校制度的内在缺陷。积弊如此之深,该如何改变?我们应该如何教育和管理学生?这是值得每一个教育工作者思索的问题。

小学生是指在小学里从事专门学习活动的人,小学生的主要任务是学习。① 小学生是小学教育活动中最基本的要素,既是教育活动的对象,又是学习和发展的主体。了解和研究小学生是小学教育工作的出发点和归宿。如何认识小学生、怎样对待小学生,是小学教育理论和实践中极其关键的问题。小学教育肩负着为学生一生发展奠基的重任,教师需要树立正确的学生观,遵循小学生的身心发展特点和规律,通过有效的教育方法和途径,致力于学生道德品质的提升,知识的扩展,兴趣的培养,良好习惯的养成,创造力的开发等。

第一节 小学生发展的一般特点

《中华人民共和国义务教育法》明确规定年满六周岁的儿童,应当入学接受义务教育,一些条件不具备的地区,可以推迟到七周岁入学。所以,从整体上看,我国小学生的年龄区间一般在六七岁到十二三岁之间。小学阶段是儿童身心发展的黄金时期,把握好小学生身心发展的特点和规律,是进行教育教学工作的前提。另外,当前的小学生多为 10 后,他们成长的时代环境更加开放、复杂、多元,所以,当代小学生身上也体现出一些与以往小学生明显不同的特点。我们有必要对当前小学生发展的时代特点进行简要分析,以便更深入全面地了解小学生,从而更科学地教育和管理小学生。

一、小学生的身心发展特点

小学阶段是人生发展的奠基时期,同时也是一个充满生机和活力的时期。在此阶段,小学生在身体和心理发展上表现出一些区别于其他年龄段的特点和倾向。从人的一生发展来看,小学阶段是身体生长、知识积累和能力提升最旺盛的时期,在此期间的教育和影响对学生的终身发展起着重要的启蒙作用。要正确认识小学生,科学教育小学生就必须全面把握小学生的身心发展特点和规律。

(一) 小学生身体发展的基本特点

1. 小学生体型发展特点

小学生的身体发育处于两个生长高峰期之间的相对平稳的阶段,身高平均每年增长4—5 厘米,体重平均每年增加 2—3 千克,胸围平均每年增加 2—3 厘米。女孩的生长高峰在 11 岁左右,男孩的生长高峰比女孩稍晚,大概在 12 岁。② 目前,随着人们物质生活条件的提升,小学生的生长发育出现提前的趋势。在日常教育活动中,要注意加强小学生

---

① 曾文婕,皇甫全.小学教育学[M].北京:高等教育出版社,2017:74.
② 张永明,曾碧.小学教育学基础[M].北京:北京大学出版社,2013:78.

的体育锻炼,促进小学生身体健康发展,提升学生身体素质。反之,如果缺乏有效的体育锻炼,则会导致小学生体质的下降,比较容易出现超重及肥胖现象,影响学生的身体健康和心理健康。

2. 小学生的骨骼发展状况

小学生的骨骼骨化尚未形成,骨骼中水分和有机物含量较高,钙、磷等无机物成分相对较少。所以,小学生的骨骼硬度小、韧性大、弹性好,不容易发生骨折,但很容易弯曲变形。因此,小学教师要注意指导小学生良好的站姿、走姿、坐姿等,以免出现弯腰驼背等身体变形的现象,影响学生的体态美和自信心。

3. 小学生神经系统的发展

小学生神经系统逐步发展,大脑结构日趋完善。一般情况下,儿童到六、七岁后,脑重量基本上达到成人的90%,约1 280克,到小学六年级,约重1 400克,基本上达到成人水平。① 随着大脑皮层的逐步发育,小学生的条件反射更容易形成,且时间更短,更容易巩固。这对于学生接受外界教育刺激并做出合理反应,控制自己的行为和学习活动意义重大。

4. 小学生心肺功能的发展

伴随小学生心脏、肺、胸廓等体态发展,小学生的心肺功能不断增强,血液循环量增加,新陈代谢加快。小学生呼吸频率随年龄增加逐步减少,肺活量大小随着年龄增长不断增加。小学生心脏搏动频率较高,大概每分钟80—90次,超过成人的心跳频率。

从整体上看,小学生的身体发展速度较快,免疫力逐步增强,体质总体水平不断提升,但同时也存在着一些问题,需要引起我们重视。比如,小学生近视率、视力不良检出率仍旧居高不下,同时呈现低龄化倾向。有关研究显示:近年来,我国小学生视力不良检出率为45.71%,将近一半的学生存在着视力方面的问题,这已经成为困扰国人的一个较为严重的问题。② 同时,由于当前小学生的营养条件不断提升,一方面小学生的体形发育更快,各项体态指标对比以往有提升,另一方面,小学生的肥胖检出率也在持续攀升,需要引起我们重视。

9岁女孩用眼过度双眼暴盲③

9岁的萌萌在寄宿学校上学,平时学校学习抓得挺紧,回家后的双休日妈妈抓得更紧:英语、奥数、画画、钢琴、跳舞,一口气给她报了5个培优班。周五下午放学一回家,她就开始马不停蹄地四处"奔命"。

---

① 张永明,曾碧.小学教育学基础[M].北京:北京大学出版社,2013:79.
② 于娟.三部门发文加强儿童和青少年近视防控[N].中国医药报,2016-11-04(1).
③ 刘璇.9岁女孩用眼过度双眼暴盲[EB/OL].(2014-11-16)[2020-10-15]http://news.sohu.com/20141116/n406077871.shtml.

两个月前,班主任给李女士打电话说,萌萌的视力下降得很厉害,坐在第一排都看不清楚黑板上的字。经检查发现,孩子的视力只剩下 0.1 了,矫正视力仅为 0.2。详细检查后,找到了"偷走"视力的祸首:球后视神经炎,直接跟用眼过度有关。遗憾的是,由于拖的时间太长,已经"丢失的"视力不可逆转,医生也无力回天。萌萌的全部生活都被学习占满,一周几乎没有休息时间,长期处于透支状态,身体抵抗力也较弱。眼睛相对比较敏感,在抵抗力低下的状态下,很多人的眼睛首当其冲会受影响出问题。医生提醒小学 4 年级以前,正是眼睛发育的关键阶段,这个时候家长千万不要用繁重的学习来"透支"孩子的视力。

(二)小学生心理发展的一般特点

从整体上看,小学生心理发展速度较快,可塑性较强,同时其发展更具开放性和包容性,这有利于小学生良好心理品质和习惯的养成。需要注意的是,小学生心理特点在具有普遍共性的同时也具有个别差异性,一方面,我们要把握小学生心理发展的普遍特点,以便更有效地教育和管理小学生,另一方面,我们要认识到小学生心理发展的特殊性,具体情况,具体分析,有针对性地对学生进行教育和指导。

1. 小学生认知发展特点

(1)小学生观察力的发展

观察能力是人智力结构的一个重要组成部分,它影响着小学生的感知水平和智力发展。小学生的观察力随年龄的增长不断发展,观察的目的性、精确性、顺序性、系统性等方面都有长足进步,但与成人相比还有很大差距。首先,小学生观察的目的性不太明确。尤其是小学低年级学生这种特点更为突出,在观察活动中思绪信马由缰,容易受外来刺激和干扰,不能把精力长时间集中在观察对象上。其次,观察不够精确。小学生观察时容易囫囵吞枣,只关注事物的概貌,而缺少对细节的把握。比如,有的小学生在做算术题时会把小数点的位置看错,或者出现不同数位上的数字写反的现象。再次,观察的顺序性不强。小学生观察往往只关注事物的主要特征,如动态的、对比明显的部分,不太关注观察的顺序性,因此也会导致捕捉到的信息多是比较零散的点,而不能整体把握事物。很多小学生在写说明文的时候,会表现出思路不清甚至凌乱的情况,归根结底就是由于观察的顺序性不强导致的。最后,小学生观察的系统性有待提高。小学生观察容易出现只抓局部,不看整体,重视表象,忽略本质的现象。

(2)小学生注意力的发展

整个小学阶段,小学生的注意力不断发展,总体上呈现出从无意注意为主导逐渐发展到有意注意占优势的趋势,注意的各种品质,如广度、稳定性、分配、转移能力都得到较大发展。一般情况下,小学低年级的注意保持时间大概为 20 分钟左右,到小学高年级基本上可以维持 30—40 分钟。小学生的注意范围相对于成人来说还比较小,有研究表明小学生可以同时注意两三个事物,而成人能同时注意四到六个客体。[①] 因此,小学生容易在注

---

① 汪明,董文.小学生心理发展与教育教程[M].合肥:安徽师范大学出版社,2016:19.

意过程中出现顾此失彼的现象,比如,当聚精会神做作业时有可能会忘了正确的握笔姿势、坐立姿势等。

小学生的注意不太稳定和持久,容易受新奇刺激和自身情绪的影响,教师要针对这一特点,充分利用多种直观教学手段,引起学生无意注意,避免分散学生注意的因素。同时,在教学过程中教师要有意识地培养学生的有意注意能力,并对其进行科学的训练,进而转化为自动化的有意后注意。

(3) 小学生思维能力的发展

小学生思维发展的基本特点是从以具体形象思维为主逐步过渡到以抽象逻辑思维为主,但抽象思维在很大程度上依赖直接感性的经验,仍具有较强的具体形象性。[①] 整个小学阶段,小学生抽象逻辑思维得到较大发展,但发展不平衡,表现出学科上的差异性,对于熟悉的、难度小的学科,抽象思维的水平较高,但对于较难的学科则倾向于依赖形象思维。小学生可以进行简单的判断、推理等,但尚且不具备调控自己思维的能力。

小学教师要有意识地培养学生的抽象思维能力,可以从具体、感性的经验出发引导学生抽象概括,并教给学生具体的操作方法。另外,教师可以将教学内容与思维策略训练相结合,在学生学习新的知识和技能,掌握概念,进行判断推理的过程中发展其思维能力。

(4) 小学生记忆力的发展

相对于学前儿童来说,小学生的记忆无论是数量还是质量都有较大发展。小学生记忆力的发展主要是在学习的过程中,通过背诵、识字、作业等活动发展起来的。它表现出两个突出的特点:第一,从无意识记忆向有意识记忆发展。学前儿童的记忆主要是在生活和游戏中无意识进行的,而小学生的记忆则表现出更多的有意性。小学生的记忆多伴随着明确的学习任务而进行,他们往往会通过自我努力去识记一些学习内容,并能自觉检查记忆的效果。第二,小学生记忆逐步由机械记忆向有意义的识记发展。一般情况下,小学低年级的学生以机械记忆为主,到了中高年级以后,随着学生理解力的增强和知识的积累,有意义识记开始逐步占据主导地位。发展小学生记忆力,需要教师根据小学生的特点和学习内容的要求,有意识地对学生进行记忆的训练,如明确记忆目的性,正确运用练习和复习,对学习材料进行深度加工等。

(5) 小学生想象力的发展

小学阶段,小学生想象的意识性、目的性和创造性得到显著发展,想象的内容更加丰富、想象更趋于现实。[②] 小学低年级学生的想象以无意想象为主,小学中高年级学生想象的有意识性明显增加。低年级小学生的想象比较具体、直观,具有片段、模仿的特点,高年级小学生想象逐步丰富、完整,具有更强的创造性。小学生想象力丰富,但逻辑性和系统性不强,需要教师有意识地引导和训练。比如,教师可以通过展示图片、阅读作品、写故事后续等方式引导学生展开有意识的想象。

---

① 朱智贤.儿童心理学[M].北京:人民教育出版社,1980:323.
② 汪明,董文.小学生心理发展与教育教程[M].合肥:安徽师范大学出版社,2016:21.

2. 小学生情感发展特点

从整体上看,小学生的情感内容不断丰富,情感的稳定性和深刻性不断增强,情感控制能力逐步提升,能够比较准确地理解和辨认不同的情感,但同时也有比较外露,容易激动甚至冲动的特点。具体可以从以下几个方面来谈:第一,小学生情感内容逐步丰富。学前儿童情感内容相对来说比较单纯,大致包括一些比较明显和突出的情感,比如喜、怒、悲伤等。随着生活阅历的不断丰富,小学生的情感内容则更加多样,比如小学生会逐步有羞愧、忧愁、自豪等一些相对深刻的情感体验。第二,小学生情感体验稳定性增加。人们常说"六月的天,娃娃的脸,说变就变",这句话比较形象地表明了学前儿童情感的多变性,小学生相对来说情感体验更加稳定,同时自我控制情绪情感的能力在不断增强。第三,小学生情感辨认能力不断提升。小学生可以更好地通过他人的表情、语气、动作等辨认对方的各种情感体验。第四,小学生高级情感逐步发展。随着年级的增长,小学生的高级情感如道德感、理智感、美感等逐步发展。

小学教师应该有意识地对小学生的情感进行引导,逐步丰富学生的情感体验,提升情感的品质。教师可以充分利用各种途径和措施对学生进行情绪情感的引导,比如可以启发学生通过阅读课文,分析不同的人物角色在不同场景中的情感,也可以利用教育活动和生活中一些真实的经历对学生进行适时的情感教育。

3. 小学生意志发展特点

意志是个体支配调节自我行动,克服困难达到预期目标的一种心理状态。小学低年级学生意志力相对比较薄弱,容易盲目冲动、模仿他人,遇到困难缺乏迎难而上的勇气和毅力,容易出现半途而废的现象。到了高年级阶段,小学生的意志力有较大发展,独立性和自主性逐步增强,但与成人相比,小学生的意志力整体还是比较薄弱的,需要采取合适的教育方法和手段加以培养。

小学生意志力发展特点如下:第一,整个小学时期,小学生的自觉性都不够强,但是高年级会比低年级有所发展。比如,放学后,有相当一部分小学生回到家要先进行娱乐活动,需要在家长的催促下才能去写作业。第二,小学生果断性不稳定,有的小学生面临选择会出现优柔寡断或者草率决定的现象。第三,小学生的自制力随年级升高不断增强,但整体水平不强。有时候小学生想要下决心做一件事情,但往往由于外界的种种干扰或自身意志力不够坚定而打退堂鼓。比如,有些小学生明知道吃糖多了对牙齿健康有害,但看见糖果还是忍不住要多吃。第四,小学生的坚持性随年级的升高而逐步发展。小学低年级的学生缺乏坚持性,对很多事情会存在一时兴起的现象,但往往一段时期之后热情骤然下降,最后不了了之。但高年级同学会有更好的坚持性,对于自己自愿选择的学习任务和活动会有想方设法完成的勇气和坚持力,即使碰到困难也不会轻言放弃。

教师要善于利用教学活动或生活中的不同场景,抓住时机对学生进行意志力的培养,还可以通过榜样比较等方式鼓励学生有意识锻炼自己的意志力。

4. 小学生自我意识发展特点

自我意识是主体对自身的意识,是人对自我的生理、心理及社会关系诸方面的认识、体验和调节。自我意识的发展对个体活动及其与周围环境互动影响重大。从内容上看,自我意识主要包括生理自我、社会自我和心理自我三个部分。生理自我是自我意识最原始的形态,是个体对自己躯体的认识,如自己的外貌、形体、健康状况等。社会自我主要是个体对自身在群体中的状况的认识,如被接纳程度、地位等。心理自我指个体对自己智能、兴趣、爱好、气质、性格等诸方面心理特点的认识。

小学生的自我意识是不断发展的,但发展不是直线匀速的。① 一般情况下,小学一、二年级处于发展比较迅速的时期,三、四年级自我意识的发展相对平稳,五、六年级处于第二个上升时期。至此,小学生自我意识更加深刻,对自我行为的支配开始逐步建立起自我内在的调控标准,而非主要依赖外部条件加以约束。人们常发现,相对小学低年级的学生而言,小学高年级的学生比较难以管教,其实这与小学生自我意识的发展有密切联系。

随着小学生自我意识的发展,其自我评价和自我调控能力不断增强。总体上看,随着年龄增加小学生自我评价更加独立、全面、客观,自我调控能力逐步增强,能"管得住,放得开",可以根据不同环境的特点适度调控自己的言行举止。

5. 小学生性格发展特点

性格是指一个人对现实的稳定的态度和习惯化了的行为方式。性格影响着人的生活方式和处事风格。西方一位学者曾说:播下一种思想收获一种行为,播下一种行为收获一种习惯,播下一种习惯收获一种性格,播下一种性格收获一种命运。可见良好的性格对一个人一生发展的重要性。

在生活中我们会发现有的小学生对待学习比较认真,而有的则比较马虎;有的小学生比较活泼开朗,有的比较沉默内敛;有的比较谦虚谨慎,有的比较骄傲自满;有的热情,有的冷淡……种种不同的心理特点和行为正是小学生性格的差异。性格是比较稳定的心理倾向,它表现出经常性和一贯性,不易因场景不同而改变。

心理学研究表明,人的性格形成期大概是 5—11 岁,12—17 岁是性格的定型期。一般来说,小学低、中年级学生的性格处于缓慢的发展阶段,呈逐步积累的状态,其态度和行为方式容易受外界暗示,并表现出较强的模仿性。而小学高年级学生性格发展加快,其态度和行为方式表现出较强的独立性和自主性。② 尤其是小学六年级学生,逐步进入青春期,身心发展的巨大变化对其性格发展产生深远影响,因此,这个时期是性格发展的关键期。从整体上看,小学生的性格基本上处于形成期,尚未完全固定,具有较大的可塑性,因此,教师在教育教学活动中,应该关注学生的言行举止,并适时对学生进行行为、态度和价值观方面的指导,帮助学生巩固已经表现出的比较良好的性格倾向,克服其不良的态度和行为方式,引导学生形成良好的性格。

---

① 朱智贤.中国青少年心理发展与教育[M].北京:中国卓越出版公司,1990:448.
② 汪明,董文.小学生心理发展与教育教程[M].合肥:安徽师范大学出版社,2016:126.

二、小学生发展的时代特点

(一)生理特征变化大,部分健康问题突出

由于物质生活条件的改善,当代小学生的生理特征变化较大。小学生的平均身高、体重、胸围等身体形态指标呈增长趋势,男生和女生步入青春期的时间皆有提前的倾向。就生理发展这一维度来看,小学生的各项身体指标的发育有整体增长和整体提前的趋势。虽然小学生的整体健康水平和体质有所提升,但是也存在一些突出问题,如肥胖和近视率的提升。相当一部分小学生由于营养过剩、缺乏运动等原因,变成了"小胖墩"。在信息化时代,手机、电脑等各种电子产品充斥着小学生的生活,同时由于当前小学生的学业负担越来越重,书面作业时间过长,长期用眼过度,导致小学生近视率居高不下,弱视、散光等问题相当普遍。此外,性早熟问题也是当前小学生中存在的一个令人担忧的问题,由于不当的饮食或者媒体网络等不良信息的影响,会导致儿童性发育的提前,甚至产生性早熟现象。据有关统计显示,性早熟在儿童中发病率已经高达1‰。① 性早熟对小学生的身心发展危害较大,比如会造成小学生身高比同龄人矮,会使小学生因为自己身体某些特征与其他同学不同而产生不安、自卑等情绪,影响学习和生活,严重的可能会产生心理障碍,需要高度重视。

(二)信息接收途径多,受网络影响比较大

当前,人类社会步入信息化时代,网络成为人们生活必不可少的一部分,小学生也成为网民大军中的重要组成部分。数字化生活环境下,小学生接收信息的途径广泛多样,他们可以通过传统的师授生承模式获得知识,也可以通过各种现代化媒介如电视、手机、电脑等获取信息。学习途径的多样化和灵活化使学生接收到的信息更加丰富、全面,开拓了学生的视野和思维,愉悦了学生身心。当前流行的很多优秀的学习软件确实在小学生的学习中起到了比较好的效果,比如一起作业、同步课堂等。所以,我们可以有效利用优质的网络资源,服务于小学生的学习。

网络带给小学生的好处有很多,但同时网络对于小学生来说也是一把"双刃剑"。当身心尚未成熟,判断力较弱的小学生置身于色彩斑斓的网络空间中,如果稍不留神,就可能迷失自我,沉浸其中不能自拔。网络固然可以丰富学生信息,但如果监管不力,许多小学生上网的主要目的很可能是打游戏、看动画片、听音乐或者聊天,甚至有些小学生会涉足一些不良网站,这些对小学生发展必然会带来负面影响,需要我们加强监管和引导。比如,当前小学生中盛行着一些网络游戏,他们也经常在课间交流游戏经验和技能,如果有的学生没玩过可能会觉得自己比较孤独,没有办法融入周围同学的话题之中,所以也会跟风开始玩,其实这些游戏对小学生来说并不会带来多少好处,反而弊端诸多。可以说,当前小学生是网络下成长的一代,为了避免网络的负面影响,完全把小学生与网络隔绝不是上策,这就需要老师和家长对小学生的网络生活进行指导和监管,尽可能发挥其对小学生发展的好处,避免其弊端。

---

① 田友谊.小学教育学[M].北京:北京大学出版社,2016:68.

(三)价值观趋向多元化、务实化

当前社会是一个多元化的社会,传统文化和现代文化交相辉映,中华文明和西方文明交流碰撞。在教育领域,人们也逐步认识到很多问题并不是只有一个标准答案,或者只有对错之分,应该引导学生用开放的观点去思考问题。在开放、多元的大环境下,当代小学生对多种价值观呈兼容的态度,这是当前市场经济下价值观多元化在学生思想上的深刻反映。小学生价值观的多元化意味着小学生思想的不稳定性和可塑性会比较强,需要有意识地加以引导,使小学生早日树立起主流的社会主义核心价值观。

当前市场经济的法则已经潜移默化地渗透到小学生的日常生活中,使小学生的价值观念呈现务实化的倾向。这种务实的思想观念具体表现在小学生的金钱观念、职业理想和学习目的等方面。比如,有调查显示,将近一半的小学生认为"有钱就能办到一切"这句话"有一定道理";在职业理想的选择上,收入高的脑力劳动是多数小学生选择的对象;在学习目的上有42.16%的中小学生选择了现在的学习是为了"将来为祖国多做贡献",而高达32.5%的中小学生把"未来有个好职业、收入高、过舒适生活"作为自己的学习目的。① 这些都充分说明了当前小学生的价值观念呈务实倾向。小学教师要在小学生的思想观念的教育上多下功夫,引导其在务实的基础之上树立远大的理想和奋斗目标。

(四)崇尚自我,个性张扬

现代化、多元化环境下成长的小学生具有突出的自我意识,追求个性的张扬和自我的释放。新时期小学生自尊心和自我要求都比较高,同时比较注重自己的外部形象,愿意展示自己的才华,这些都是小学生自我意识不断增强的具体表现。自我意识的觉醒和增强是小学生成长的一个重要标志,也是小学生作为一个社会人与周围环境互动时所必要的条件。在社会竞争日趋激烈的情况下,较强的自我意识是小学生积极参与社会竞争并能取得比较良好结果的前提。在开放、竞争的社会条件下,人需要有自我追求和奋斗的勇气。但同时,我们也要教育学生,在正确认识自我、接纳自我的情况下避免盲目自大的现象,既要有客观清醒的自我意识,也要有自我与他人的相互关系的恰当认识,不卑不亢、尊重他人、追求自我、实现自我。

当代小学生的思想比较开放,有自己的想法和行动的勇气,不墨守成规,言行比较大胆。敢说、敢想、敢干是小学生个性张扬、思想解放的重要标志。② 从积极的一面讲,开放、创新的社会,需要未来的参与者有自己的思想和个性,所以我们应当鼓励小学生解放思想、张扬个性、展现自我,这些都是创新意识和能力形成的基础。另一方面,避免对个性张扬肤浅化、片面化的理解和行为。因为有些小学生可能会追求外表的时尚和与众不同,不注重内在的素质修养和能力提升,简单地把个性理解为"另类",热衷于非主流的服饰和行为,并且以挑战规章制度为荣。上述种种对个性不当的理解,必将把小学生引入歧途,需要及时加以引导和约束。

---

① 潘海燕.小学教育概论[M].北京:北京师范大学出版社,2013:194.
② 潘海燕.小学教育概论[M].北京:北京师范大学出版社,2013:195.

（五）敢于挑战创新，适应能力强

习近平总书记指出：创新是一个民族进步的灵魂，是一个国家兴旺发达的不竭动力，也是中华民族最深沉的民族禀赋，在激烈的国际竞争中，唯创新者进，唯创新者强，唯创新者胜。在当前的教育实践中，我们要重视对学生创新精神和创新能力的培养。小学生成长在社会变化日新月异的大环境下，亲身经历着创新给生活带来的巨大好处，对于创新持更加开放接纳的态度。小学生年龄小，思想比较灵活，行为举止并没有受到太多社会约定俗成的条条框框的束缚，希望通过自己的想法和方式去解决问题，不太愿意受老师、家长等权威人物约束，具有比较强的创新精神和挑战的勇气。传统的呆读死记、机械训练、标准化考试等，不仅不利于学生创新，反而会压制学生创新精神和创新能力。在教育活动中，小学教师要改变传统的教育理念和操作方式，有意识地维护学生的创新意识，培养学生的创新能力，鼓励学生挑战自我、挑战权威。

社会适应能力指人对复杂多变的社会环境作出适合生存的反应能力。一个人如果没有良好的社会适应能力，就会对其心理健康带来很大的危害，进而影响到个人的长远发展。从整体上看，当代小学生思想开放，敢于创新，同时适应能力也比较强。相对于传统社会变化缓慢的节奏来说，当前多变的社会节奏更能锻炼小学生的适应能力。当代小学生成长环境本身变化较快，其成长的过程也就是一个适应能力提升的过程。未来的社会竞争会更加激烈，让小学生在校园里适应时代的节奏，从而走向社会、适应社会应该成为小学教育工作者努力追求的目标。

（六）抗挫折能力不强，心理问题突出

智商和情商对个体发展的重要性不言而喻，逆商在人的发展中的重要性也应该被我们关注。逆商（Adversity Quotient，简称 AQ）全称逆境商数，又称挫折商或逆境商。它是指人们面对逆境时的反应方式，即面对挫折、摆脱困境和超越困难的能力。逆商的高低不仅决定人的抗挫折能力和耐压能力，还可以决定个体的人生高度。当前小学生成长在和平时代，社会大环境比较和谐，物质生活极大丰富，家长对孩子的重视程度日益提升，许多小学生在家里处于绝对的核心地位。这种情况是目前中国家庭最普遍、最真实的写照。从积极的一面讲，小学生得到的关照和爱很多，教育资源充足，小学生的身心发展都会得到最有力的保障。从消极的方面看，家长对孩子过于关注，一切以孩子为中心，会导致孩子个性骄纵，抗挫折能力不高等问题。再加上当前小学生学习负担较重，承载着来自社会、学校、家庭等各方面所给予的压力，在生活中可能出现这样那样的心理问题。逆商低的孩子遇到挫折会不堪一击，面对失败很可能一蹶不振，甚至产生严重的心理问题。

所以，教育实践中要培养小学生的抗压能力，提高小学生的逆商，逆商高的孩子更自信，抗压性和韧性会更好，遇到困难能积极面对，也就不容易产生心理问题，长大后更能拥有精彩的人生。将小学生适时置于"逆境"之中，鼓励小学生主动承担压力、挑战自我，正确认识失败对于人成长的意义等方式对于小学生逆商的提升都是比较有效的。当然，这一切的前提就是小学生的归属感和安全感要比较高，父母和老师应该是他的坚强后盾，孩

子能够大胆放手一搏,即使失败,依然可以重整旗鼓。较高的归属感和安全感可以帮助孩子更快地从失败的阴影中走出来,完成自我修复。

第二节 小学生发展的学段特点

根据我国当前义务教育阶段的学制安排,小学生正常情况下 6—7 岁入学,12—13 岁完成小学阶段的学习任务进入初中,这其中的时间跨度有六年之久,这六年正是小学生身心变化比较大的时期,儿童在不同的年龄段会有比较明显的差异,小学低年级(1—2 年级)、中年级(3—4 年级)、高年级(5—6 年级)学生具有一些相对独立的特征。为了更好地认识小学生、教育小学生、管理小学生,我们需要对小学不同阶段学生的特点进行深入分析。

一、小学低年级学生的特点

(一)好奇心强,学习兴趣高

小学低年级学生年龄较小,生活和学习经验比较缺乏,对未知的世界充满着好奇,求知欲比较旺盛,凡事都想问个"为什么"。这样的心理和行为特征有利于小学生对新知识保持较高的热情和兴趣。在学习兴趣的推动下,小学生会自觉克服困难,朝着学习目标努力。人们常说,兴趣是最好的老师,教师要有意识地维护小学低年级学生的学习兴趣,具体要做到以下几点:首先,要耐心细致地解答学生的问题。小学低年级学生喜欢对不懂的问题发出疑问,有的问题也许从成人的眼光来看显得比较幼稚,但无论怎样,只要学生提出问题,老师就应该耐心地解答,态度要认真诚恳,不能敷衍了事,更不能嘲笑学生的问题没水平。其次,鼓励学生积极参与课堂活动。在教学过程中,教师可以根据教学内容,设计形式灵活的课堂活动,并动员学生积极参与,在参与的过程中小学生引导对教学内容保持浓厚的兴趣。最后,引导学生尝试对不懂的知识进行自我探索。教师可以教给小学生一些查阅资料的方法,针对学生的问题推荐一些相关书籍等,鼓励学生对自己不懂的问题进行探索。当然,由于小学生学习能力有限,在让学生自我探索这一点上要把握好度,不要给学生太难的任务,如果任务太难,他们体验不到成功的喜悦可能会适得其反,削弱小学生的学习兴趣。

(二)活泼好动,纪律性不强

低年级小学生尚且处于小学生活的适应阶段,从某种程度上来说,他们身上还带有很强的学龄前儿童的特征,比较活泼好动,倾向于按照自己的想法和意志去行动,容易违反学校纪律。这种状况在课内课外皆有明显的体现。比如,小学低年级学生在课堂上比较活泼,会争先恐后地回答教师的问题,对于具体的教学情境会有比较明显的情绪反应,因此,小学低年级的课堂看起来会相对"热闹"一些。由于低年小学生活泼好动,也容易出现在课堂上不集中注意听讲、做小动作的情况,他们很可能会因为某个文具造型奇特而在上课时对其爱不释手,也可能在老师讲课时交头接耳,甚至离开自己的座位。所以,从整体上看,小学低年级学生的纪律性不强。这一方面是因为低年级小学生年龄小,有意注意能力有限;另一方面是因为他们入学时间短,没有经过太多规范的纪律训练。而且小学低年级学生违反纪律与高年级学生的情况有差异,对于许多低年级小学生来说,他们很可能根本没有意识到自己正在做违反纪律的事。也就是说,小学低年级学生的"无心之失"会更多一些。针对这一特点,小学教师要注意以下两点,第一,明确纪律的重要性,加强纪律训练,逐步规范学生行为。第二,对学生有包容之心。对于违反纪律的学生既要严加管教,又要有信心、耐心、有宽容之心,积极帮助其改正错误。

(三) 习惯尚未形成,可塑性较大

习惯是人在社会生活过程中逐步形成的一贯的、稳定的行为方式。习惯具有反复性、固定化、自动化、情感依赖性等特点。习惯一旦形成就会自然而然地体现在人的行动之中,很难改变,如果不能按照习惯办事人就会觉得不安,即人们常说的"习惯成自然"。小学低年级学生年龄较小,正处于各种习惯的训练和养成时期,行为中具有很大的不确定性。学习习惯尤是如此,因为幼儿园阶段主要以游戏为主,并不强求孩子在学习上一定要达到某种目标。所以,小学低年级阶段是小学生学习习惯形成的关键时期。

低年级小学生入学时间较短,行为规范方面不如高年级学生,但是在习惯养成上的可塑空间很大,通过有效引导和训练可以养成良好的习惯。在培养低年级小学生习惯的过程中,要提出合理的行为要求,进行科学的学习训练,最终帮助小学生形成良好的生活习惯、行为习惯、学习习惯等。

(四) 亲师性较强,师生关系融洽

小学低年级学生对老师有着特殊的依恋和崇拜之情,在许多孩子心目中老师是最神圣的,是他们的偶像,教师的权威性甚至超越了父母。有很多孩子上学后,经常出现的口头禅是"我们老师说了"。小学生对教师的崇拜心理最主要的原因是教师作为知识方面的先知者,能解决几乎所有小学生不会的难题。另外一个原因是教师对低年级小学生无微不至的关照,让孩子体验到妈妈一样的安全感和温暖。所以,对于小学低年级学生来说,教师的形象非常光辉高大,他们愿意听教师的话。小学低年级学生对教师的这种绝对服从的心理有助于小学生更快地适应小学生活,完成社会角色的转变。一般来说,小学低年级学生和老师的关系比较亲密融洽,有问题会想到找老师帮助,有秘密愿意跟老师倾诉,有喜悦乐意跟老师分享。小学教师有时会收到来自小学生的形形色色的礼物,也许是一块自己舍不得吃的糖果,也许是一个小小的贴画……这些在成人眼里"不起眼"的东西,代表的是小学生对老师的赤诚之心:把自己认为最好的东西送给最喜欢的人。小学教师应该善于利用低年级小学生的这种亲师心理,适时向学生提出期望和要求,为学生树立良好的榜样,引导小学生热爱小学生活,认真努力学习,积极乐观成长。

(五) 安全意识薄弱,自我管理能力不足

低年级小学生活经验比较缺乏,对危险的预知能力有限,有时常常会无意识地将自己置于危险的境地,安全意识相对比较薄弱。这主要体现在以下几点:首先,防拐骗意识不

强。尽管每一个孩子都被家长教育不跟陌生人说话、不随意透露个人信息、不跟陌生人走等,但这些意识可能更多地停留在认知的层面。遇到具体场景,很多低年级小学生可能就把这些叮嘱抛在了脑后。其次,道路安全意识不强。走路不走人行道,闯红灯,横穿马路等现象在低年级小学生身上也时常发生。值得注意的是,低年级小学生此类交通危险行为,在很大程度上是由于监护人的错误引导造成的。[①] 比如,有的人带着孩子过十字路口,只要看见没有车辆往来就强行通过,不管红灯还是绿灯,孩子耳濡目染也学会了这种错误的通行方式。最后,行为安全意识不强。低年级小学生活泼好动,比较热衷于运动,但由于对自我能力和外界风险认识不足,可能会产生某些安全问题。比如,有的小学生喜欢从高处往下跳,他们呼朋引伴相约一起玩耍,有的跳下来安然无恙,有的可能会把自己摔伤。还有的下课嬉笑打闹,结果由于力度没有控制好,导致同伴受伤。这种现象在低年级小学生中屡见不鲜。这充分说明了低年级小学生的安全意识不强,他们倾向于按自己喜欢的方式去行动,但是对行动本身潜在的风险可能一无所知。老师应该有针对性地对低年级小学生展开安全教育,提高其安全意识和危险防范能力。

由于年龄小,很多家长会将孩子的各方面照顾的无微不至,所以低年级小学生的自我管理能力不足。具体包括以下几个方面:第一,生活自理能力差。许多低年级小学生不善于自己整理自己的房间、生活物品等,学习用品丢三落四的现象比较普遍。第二,时间管理能力差。小学低年级学生时间观念不太强,有的课间休息忘了上课、有的上学路上碰到新奇事物而驻足最后导致迟到等等。第三,学习自理能力差。很多低年级小学生不会自己独立完成作业,他们需要家长的陪伴。有的可能是因为学习上的畏难情绪,有的纯属寻求心理上的安慰,其实并不是不会做作业。所以,通过有效的方式提升低年级小学生的自我管理能力是小学教师和家长应该关注的问题。

(六)积极大胆,勇于表现自我

低年级小学生学习热情高,自我表现欲望较强,颇有"初生牛犊不怕虎"的勇气和魄力。这一点不管是在生活中还是在学习上都有明显的体现。比如,如果希望低年级小学生当众表演节目,他们往往会非常兴奋,毫不怯场,不管节目本身的质量如何,小学生的自我感觉都会比较良好。从整体上看,小学低年级学生的害羞情绪还没有明显发展,所以他们不会因自己表演不好或者成为大家瞩目的对象而感到不安和羞怯。在学习上,低年级小学生也有勇气大声说出自己的答案,不会因为害怕自己答错而不回答。所以,低年级小学生回答问题的积极性非常高,他们常常会因为老师在课堂上提问了自己而感到骄傲和自豪,也会因为课堂上频繁举手而没能被老师选中而沮丧。低年级小学生身上这种积极大胆、勇于表现的精神非常可贵,老师和家长应该想方设法维护孩子这种阳光乐观的心态。

---

① 陈瑶,陈文涛等.低年级小学生交通安全态度及对交通危险行为劝阻情况调查[J].伤害医学,2018(3):21.

二、小学中年级学生的特点

(一) 成绩差异明显,学科兴趣分化

低年级阶段,小学生对于不同的学科没有明显的好恶之分,学生之间的成绩差异也不太明显。中年级阶段,小学生的学习任务与活动范围无论是广度还是深度都比低年级有显著的变化,学习活动的游戏性特征减少,学习过程的组织性、认知过程的规范性、严谨性更强。所以,很多学生会明显感觉到三、四年级课程变难了,考试成绩也没有一二年级理想。低年级阶段,有的学生比较聪明,不太认真学习也能考满分,然而到了三年级如果还是以比较随意的态度对待学习,结果可能导致学习成绩下滑。所以,中年级是小学生学习成绩的分水岭,由于学习内容增多和学习难度的加大,要保持高分,需要付出更多的努力,否则成绩很容易大幅下滑。

在这一时期,小学生的学习兴趣也开始分化,他们对于不同学科的学习态度出现了差别,学科偏爱开始出现。有的可能偏向语文,有的可能更喜欢数学。当然,在学科分化的起步阶段,单纯从考试成绩上看可能不太明显,但是这种主观上的喜好倾向确实在悄然发生,需要引起重视。小学中年级阶段是小学生发展的重要转折期,老师和家长应该密切配合,抓住这一关键时期,培养孩子养成踏实、勤奋的学习态度,引导孩子拓宽学习兴趣,一般成绩不会下滑,也不会出现严重的偏科现象,而且如果在这一阶段能保持良好的势头,小学高年级阶段的学习会变得更加顺利。

(二) 人际交往深入,小群体开始形成

中年级小学生与同伴的交往频率大大增加,交往内容更加丰富,同时学生的社会认知能力不断提升,能更快、更准确地理解他人的动机和目的,同伴交流效率更高。同时,中年级小学生的友谊进入了一个双向帮助阶段,同学之中开始出现关系较好的、比较稳定的好朋友。他们的择友标准也在发生着变化,往往把学习的好坏当作衡量人的能力的标志,更愿意与学习好的人成为朋友。同时,随着小学生交往的不断深入,小学生的同伴关系日趋稳定,最后会形成三五成群的"小群体"现象。这些小群体在小学生的社会生活中占据重要地位,小学生非常在乎群体成员对自己的看法,并愿意以群体的评判标准作为自己的评判标准,群体成员向心力比较强,行动比较一致。小学教师要正确认识"小群体"现象,善于引导小群体的发展,使其与班级主体舆论方向和班级行动保持一致,发挥"小群体"在小学生成长中的积极影响作用,克服其消极影响。

与此同时,随着小学生入学时间的不断增长,其集体意识也在不断提高。小学低年级学生虽然也参与班集体的活动,但是没有清晰的集体意识和集体荣誉感。中年级小学生在教师的指导下,通过承担班级值日、参加班级比赛、卫生评比等集体活动,开始逐步意识到自己与集体的关系,对自己作为集体一员的权利和义务更加清楚,集体归属感和荣誉感也更强烈。

(三) 兴趣逐步稳定,特长更加突出

当前,人们对于小学生全面发展更加关注,一方面希望学生在道德品质、学习成绩上

有较好的表现,另一方面,希望小学生有自己的特长和爱好,为将来升学、就业竞争力的提高,为未来生活层次的提升创造条件。这一点,从各级各类课外辅导机构欣欣向荣的景象可见一斑。一个人需要有自己的兴趣爱好和特长,但是这些兴趣爱好和特长并不是很早就会形成。一般情况下,幼儿园阶段和小学低年级阶段,小学的兴趣爱好比较广泛,同时也容易受身边其他同学的影响,出现跟风学习现象。具体来说就是对很多特长才艺训练都感兴趣,常常游走于多个辅导班之间,并且兴趣往往不太固定,有时候心血来潮就去学,学习一段时间新奇感过去了或者难度增加了则又半途而废。所以,低年级阶段,小学生的兴趣爱好不太固定,特长发展方向也不太突出。

到小学中年级阶段,小学生的兴趣逐步稳定,他们对于自己的各方面能力有了更加清晰地认识和自我评价,知道自己在学习哪些东西时更有优势、更得心应手,也对自己的兴趣有了更全面的认识,明白哪些项目是自己真正喜欢的。所以,中年级小学生的兴趣日趋稳定,逐步形成自己的特长发展方向。一般情况下,小学生如果到中年级还坚持某种兴趣爱好的培养和学习,这很可能成为他终身的兴趣所在,不会轻言放弃。所以,相对于小学低年级学生的兴趣广泛、不稳定的状况而言,中年级小学生的兴趣表现出稳定性和坚持性,这有助于其兴趣特长的长远发展。

(四)习惯初步养成,纪律意识增强

在习惯养成方面,小学中年级学生无论在学习习惯还是生活习惯上都有明显进步,并且这些习惯一经形成,就会伴随小学生的一生。以学习习惯为例,小学生到中年级阶段已经形成了自己稳定的作业方式、预习习惯、书写习惯、解决问题习惯等。如果这时候老师和家长才后知后觉地认为某个习惯不好,需要改正,则必须付出加倍的努力,而且效果往往不如人意。比如,如果小学生刚入学时认为放学了就要痛快地玩,作业等玩够了再说,并且家长也同意他先玩很长时间再写作业,那么这个习惯到了中年级就很难改变。小学中年级作业量和作业时间都会增加,如果不能有效安排,很可能影响晚上的正常休息。这时候如果想改变小学生先玩再写作业的习惯则需要狠下一番功夫。如果在刚入学时,就引导孩子先完成任务再放松娱乐,到了中年级一般不用家长再催促,孩子就能在放学后首先完成作业任务。所以,习惯的养成要趁早,当然这并不是说中年级学生的习惯完全不会改变,而是相对低年级小学生来说,养成难度会比较大。

中年级小学生经过两年的小学生活以后,对于校园生活的规章制度已经有了深入了解,并且随着年龄的增长,小学生的行为自控能力也逐步增加,所以中年级小学生的纪律意识增强,违反纪律的行为明显减少。中年级小学生在课堂注意力不集中和发呆的现象也会极大改善。很多教师发现,中年级课堂上用于课堂纪律维护的时间大大减少,可以把更多的时间用在知识教学和其他课堂活动上。总而言之,纪律意识增强是中年级小学生的一个比较明显的特征。

(五)阅读能力增强,阅读兴趣广泛

高尔基先生说过:"书籍是人类进步的阶梯。"英国著名哲学家培根认为:"知识就是力量。"书籍,记载着历史,反映着当下,思考着未来。读书能陶冶人的情操,给人知识、智慧

和力量,让人终身受益。所以,当前的教育实践中特别重视学生阅读能力的培养。小学阶段是培养阅读习惯的关键期,如果在此期间能养成良好的阅读习惯,小学生将受益终生。小学低年级阶段,由于学生的识字量有限,所以孩子阅读的大部分是注音类和绘本类的文学作品,自然历史类的书目接触的不太多,小学生的阅读能力较弱,阅读量也比较少。到了中年级阶段,小学生的识字量剧增,词汇更加丰富,语言理解能力增强,相应的阅读能力也得到了极大提升。这时候,小学生的阅读兴趣逐步广泛,对以前没有涉猎过的书籍也开始尝试,阅读范围不断扩大。同时,小学生阅读理解能力增强,可以从字里行间感受到深层次的信息。所以,从整体上看,中年级小学生的阅读量、阅读面、阅读速度、阅读能力等各方面都有了明显的提升。

三、小学高年级学生的特点

(一) 独立意识增强,自主学习能力提升

随着知识和经验的不断积累,小学高年级学生的独立意识逐步增强,这种独立性既表现在生活上、行为上,也表现在学习上。从生活上来说,高年级小学生可以较好地安排自己的生活起居,整理自己的房间和物品,不再过分依赖家长。在行为上,高年级小学生不再事事向老师或家长请示汇报,他们会觉得自己已经长大,可以为自己的行为负责。从学习上来说,高年级小学生的学习独立性增强,能够自觉承担学习任务,独立完成作业,逐步形成自己的学习和思维方法。

终身学习时代,自主学习能力是决定个体生活和发展的关键要素之一。自主学习能力是学生自主确立学习目标、自主筛选学习内容、自主选用学习方法,自我调控学习过程的综合能力。[1] 整体上看,高年级小学生自主学习能力有比较大的提升。无论是老师还是家长都会发现,这一时期的小学生学习主动性增加,对自己的学习任务有更清晰地认识,可以提出比较合理的学习方案和计划,并且将其付诸实践。所以,老师和家长会感觉对小学高年级学生的学习管理比较"省心"。当然,这并不意味着老师和家长可以完全放手,必要的时候依然需要对小学生的学习进行点拨指导,帮助其解决学习上的问题,进一步提高其自主学习能力。

(二) 步入青春初期,性意识萌芽

小学高年级阶段,部分男生、大部分女生开始进入青春发育期,已经出现第二性征。进入青春期的小学生会因为身体上的变化而产生特殊微妙的内心体验和性意识的萌芽,渴望了解性知识,探索生命的奥秘,开始悄悄关注异性并且也希望自己能够得到异性的关注和好评。青春期孩子常常挣扎在矛盾的心理之中,总是憧憬成熟又留恋童年,追求完美又总有缺憾,抵制灌输又渴望帮助,期待亲情又拒绝父母……小学生自我调控的能力比成人弱,又长期交织在矛盾纠结的心理下,很可能产生一些大人看来比较荒唐的行为。初入青春期的孩子,思想比较敏感,行为上有时不太理智,需要教师和家长进行耐心地引导和

---

[1] 张媛.学校管理对中高年级小学生自主学习能力的影响[D].华中师范大学,2018:10.

关爱。第一,高年级小学生身体上的变化使他们更渴望了解自己的身体,家长和教师应该教给孩子正确的青春期知识。尤其是女生,青春期发育比较早,老师可以及时开设女生课堂,让学生正确了解自身变化,合理对待这些变化。第二,正确看待异性交往。如果教师或家长一发现两个异性学生之间交往比较密切就捕风捉影,断定孩子早恋,就有可能将原本纯洁的同学友谊推波助澜变成早恋,因为青春期孩子都有逆反心理,他们会认为"如果明明没有早恋你偏说我早恋,那我就早恋给你看"。第三,尊重孩子的隐私。孩子进入青春期,对于一些不想和别人说的事情就会写在日记里,父母不能随便翻看。在学校,学生的一些敏感信息,教师也不能轻易向其他同学透露。第四,教育小学生远离诱惑。青春期孩子会接触到更多的不良诱惑,如上网打游戏,吸烟喝酒,网络不良视频等。教师要和家长配合,引导孩子远离诱惑,养成良好的生活和学习习惯。

总之,步入青春期是高年级小学生的一个明显特征,这时候他们对自己的认识比较模糊,而且不稳定,总是徘徊在自我肯定和自我否定之间,他们需要通过各种体验加以验证,才能更有自信。教师和家长如果能够在这一特殊关键的时期给他们帮助和鼓励,对其行为进行恰当点拨,将会使他们受益无穷。

(三)心理世界丰富,逐步自我封闭

小学高年级学生初步进入青春期,心理世界更加丰富,情感和社会需求增加,同时他们的性格不如小时候开朗活泼,开始逐步封闭,沉浸在自我的心理世界中。高年级以前,小学生回家喜欢兴致勃勃地和大人分享自己一天的学校见闻,大人如果心不在焉他们还会不满意,要求大人必须专心倾听。但是这种情况到了四五年级就开始发生转变,一部分学生不愿意把在外面发生的事讲述给家长,有时自己经历的事也不告诉家长,认为大人不懂自己的心情,显示出独立的个性。此时父母对孩子的要求也从小时候的"听话、懂事"变成了"有能力,学习好"等,由于孩子自理能力的提升,他们可以比较妥善地安排自己的生活起居,父母对他们的照料和关注则比以前要减少,亲子之间沟通和交流逐步减弱,两代人之间的冲突矛盾增多,代沟开始出现。有些小学生青春叛逆的现象开始显露,亲子关系空前紧张。

针对高年级小学生的上述心理变化,教师和家长需要正确认识,同时多和学生交流沟通。刚刚步入青春期的孩子会因为身体的变化产生不安和迷茫的情绪,他们非常需要老师和家长的帮助,为其解惑,帮助其树立正确的价值观,以便顺利地度过这一人生的特殊时期。在交流和沟通中,教师和家长要把握以下几点:第一,平等交往。这一时期的小学生,有自己的独立意识,自尊心较强,不能再像低年级时那样,用简单强制的方法,让小学生按照成人的想法办事。第二,沟通时注意说话技巧。青春期的孩子通常都会嫌老师和家长啰唆,尤其是对家长,这种情绪更强。所以沟通和建议要适可而止,不要一直重复,引发小学生的厌烦和抵触情绪。

(四)学业压力增加,竞争意识较强

小学高年级学生即将升入初中,学习任务不断加重,学业压力也相应增加,学业竞争意识逐步变强。在低年级时,小学生对分数的认识可能更多地停留在考高分比较光荣,可

以得到老师、家长和其他同学的认可和称赞。但到了高年级以后，小学生逐步意识到分数的高低不只是关乎面子的问题，它还和自己的未来紧密联系。比如，最迫在眉睫的问题是，分数很有可能决定自己能不能上好的初中、高中甚至考上好的大学等。对未来的更清晰和深刻的思考使得小学高年级学生的竞争意识更加强烈，学习压力也会更重。

一般来说小学高年级学生的学业压力主要源于以下几个方面①：首先，课业压力。小学高年级学生的课业内容更深、更难，作业量也比以前有所增加，同时考试频率也不断增加，这些因素都会使小学生明显感觉到进入高年级后压力在增加。其次，老师和家长的期望。老师和家长会在小学生步入高年级后，有意无意地提醒孩子要好好学习，要上好的初中、高中等。老师和家长的殷切期望一方面会激励小学生努力学习，另一方面也会使学生的紧迫感增加。再次，同伴的压力。小学高年级学生的竞争意识较强，相互之间会暗暗较劲，担心自己会落后，有时候家长和老师也会以一些优秀的同学为榜样激励其他同学，所以来自同伴的压力也是高年级小学生学业压力的一个重要来源。老师和家长要加强对小学高年级学生的学业指导和压力疏导，一方面要正视压力，有压力才有动力，适当的压力可以激励人进步。另一方面，不能给学生太大的压力，帮助其疏导焦虑情绪，指导学生树立正确的成绩观和竞争意识，让学业压力成为前进的动力而非思想的困扰。

（五）自尊心较强，重视外界评价

小学高年级学生心理世界比较丰富，思想更加深刻、细腻和敏感，自尊心变强。行为上他们不再像低年级时那样大大咧咧，心理上他们对问题的考虑更加全面，情感需要更加丰富。这个阶段如果老师和家长不注意沟通艺术，试图以比较严格的管控对待学生的话，可能会引起他们的逆反情绪，而朋友式的交流和建议则更容易被学生接纳。小学生较强的自尊心使得他们希望老师和家长把自己当作一个正常的"人"而不是"孩子"来看待。这时候的小学生会更加顾及自己的面子，不会再对老师和家长的批评抱无所谓的态度，所以如果教育方式简单粗暴的话可能会适得其反，甚至导致学生采取极端行为。

高年级小学生自我评价更加客观全面，做事也不再以自我为中心，他们对自己的整体认知也逐步清晰、全面和理性。高年级阶段，小学生开始逐步重视外界对自己的评价，并以此作为自我评价的一个重要依据。他们非常在乎别人对自己的看法，尤其是身边的重要的互动性人物，比如老师、家长、同学等，并且能够根据外界的评价来调整自己的行为。所以，这时候教师和家长的一项重要任务就是通过合理方式充分肯定学生身上的长处，指出学生需要改进的方面，引导学生形成客观的自我评价。

---

① 曾岑莉. 小学高年级学生学业压力调查及对策研究[D]. 华中师范大学, 2016: 16-17.

第三节　小学生的教育与管理

对于小学生来说,小学是其接受教育的起点,这一时间段的教育管理对其一生发展意义重大。如果在小学阶段,学生能够得到来自学校、教师、家长等方面及时、科学的教育和指导,则可以为以后的发展奠定良好的基础。反之,如果在这一阶段小学生偏离了正确的教育和发展轨迹,则会对个人成长带来负面影响,甚至造成终生遗憾。小学生的教育与管理问题是小学教育管理领域的一个核心问题,小学生的发展是小学生教育与管理的根本出发点和最终归宿。小学生的管理不同于其他领域的管理,它的对象是一群天真烂漫、朝气蓬勃、思想单纯的儿童,因此小学生管理的任务更艰巨。

一、小学生教育与管理的价值取向

在一切管理活动中,关于人的管理是最复杂的、最具艺术性和挑战性的,对于心智尚未成熟的小学生来说更是如此。只有坚持科学合理的价值取向,才能保证小学生教育管理工作的正确方向,才能使教育者所施加的教育影响在小学生身上产生正能量,从而促进小学生身心发展。

(一) 以人为本

以人为本的思想古已有之,中国古代就有"民为邦本"的思想,西方智者普罗泰格拉提出"人是万物的尺度",文艺复兴运动把人们对神的崇拜转向了对人自身的崇尚。马克思主义继承以往思想家的成果,强调人对历史发展和社会进步的价值,提出人的全面发展理论。[①] 在传统的学生管理实践中,我们强调科学管理,重视管理效率,把主要精力放在管理方案的设计,规章制度的出台等方面,认为这是学生管理的不二法宝。这种管理思路看似科学合理,但是其致命的缺点是过分注重管理中的科学和理性因素,而恰恰忘掉了最应该关注的"人",最终必然使学生管理的效果大打折扣。现在的小学生,思想活跃,越来越追求"自我"、越来越有"个性"。管理对象的时代变化要求我们转变管理价值取向,把"人"作为管理的核心。具体来说,在当前小学生教育管理实践中,我们要充分认识以人为本的真谛,把小学生的需求和发展作为管理的根本依据,真正把"一切为了学生、为了学生的一切"这一口号落到实处。只有不再把学生管理简单地看作用制度规范、限制学生,而是把它看作生命与生命的交往与沟通的过程,才能真正实现对学生生命发展的影响。[②]

(二) 民主平等

小学生管理过程中要实现管理者与被管理者之间的民主平等,即把教师和学生看作

---

① 刘慧.小学德育实践[M].北京:高等教育出版社,2012:222.
② 陈岚.1978 年以来我国中小学生管理政策的价值分析[D].山东师范大学,2002:24.

平等意义上的"人",是价值平等的主体。① 教师要心中有"人",目中有"人",真正把学生当作与自己平等交往的对象,尊重学生作为一个独立的个体所拥有的权利,而不是简单地把学生当成知识的"容器",或者自己管理改造的客体。"闻道有先后,术业有专攻",由于教师在知识掌握和社会生活经验上比小学生有明显的优势,所以教师在教育和管理小学生时常带有一种优越感,而社会身份和地位的不同则又会使教师的优越感更加强烈。因此,在教育和管理学生的过程中,教师常常不会把学生置于和自己平等的地位,而倾向于认为自己是权威,小学生应该无条件服从老师,这种不平等的管理观念在很多人的心中根深蒂固。

现代教育管理理念认为,管理者也是服务者,小学生作为教育管理对象,拥有和教师一样独立的、平等的人格,两者的社会权益和法律地位平等。教师在教育与管理学生的过程中需要转变角色,由"监控者"转变为"麦田的守望者",对学生抱有仁爱之心,树立服务学生的意识,平等友好地和学生交流沟通。同时,教师还要善于换位思考,从学生的视角出发去审视自己的管理方法和言行举止,常反思自己,对学生抱有"敬畏"之心。总之,在民主平等的价值取向指导下进行小学生教育与管理,符合现代教育管理发展趋势,符合小学生发展的需求,也必然能取得令人满意的效果。

(三)体现差异

人的发展具有个别差异性,虽然小学生作为同一年龄发展阶段的主体,其发展具有普遍的规律和模式,经历着一些共同的发展阶段,但是由于遗传、环境、主观能动性等方面的不同,同一年龄段的学生具有明显的差异。人的发展的个别差异性要求我们在教育管理实践中,要从小学生的实际情况出发,有的放矢地进行教育。

长期以来,我国的小学生管理实践忽略了小学生发展的个别性和多样性,倾向于采取统一的方式对不同的学生进行管理,重视学生之间的横向比较,重视学生对统一的教育标准的达成。然而,对人的管理不同于对物的管理,我们永远不可能把一个个鲜活的生命打码编号,采取步调整齐划一的管理,即便有人这样做,最后的结果也总是不够理想的。因为,小学生永远是不同的、变化的,他们的发展具有无限的可能性和开放性。所以,在小学生教育和管理中,我们应该坚持差异性原则,体现因材施教的价值取向。教师作为学校的代言人,要承认差异的客观存在,重视学生的个性化学习,接纳并尊重学生的自主学习能力差异。教师要根据学生的身心发展规律和特点采取相应的解决措施,因材施教,分层教学,从而实现小学生在自身基础之上的最大发展。

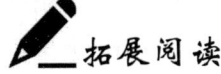 拓展阅读

子路问:"闻斯行诸?"

子曰:"有父兄在,如之何其闻斯行之?"

---

① 王彦才,郭翠菊.教育学[M].北京:北京师范大学出版社,2010:196.

冉有问:"闻斯行诸?"

子曰:"闻斯行之。"

公西华曰:"由也问,闻斯行诸?子曰,'有父兄在';求也问闻斯行诸,子曰'闻斯行之'。赤也惑,敢问。"

子曰:"求也退,故进之;由也兼人,故退之。"

——《论语·先进》

[译文]子路问孔子:"听到什么就行动起来吗?"

孔子说:"你有父亲兄长在,怎么能听到这些道理就去实行呢!"

冉有也来问:"听到什么就行动起来吗?"

孔子说:"应该听到后就去实行。"

公西华问道:"子路问是否闻而后行,先生说有父兄在。冉有问是否闻而后行,先生说应该闻而即行。我弄不明白,请教先生一下。"

孔子说:"冉有为人懦弱,所以要激励他的勇气。子路武勇过人,所以我让他谦退。"

(四) 尊重信任

马斯洛的需要层次理论认为,人的需要由低级到高级分别为生理需要、安全需要、社会需要、尊重需要、自我实现需要。尊重的需要作为一种人的高级需要,在人的发展中有着不可估量的影响。一个被爱和被尊重的孩子,他的发展之路必然是阳光的。苏霍姆林斯基说:"教育的核心,就其本质来说,就在于让儿童始终体验到自己的尊严感。"尊重学生意味着在教育过程中要把学生当作一个独立的个体,尊重学生的人格,尊重学生的合法权益等。具体来说包括以下几点:第一,尊重学生的感受。虽然学生是学习的主体,但是在教育活动中,很多教育者倾向于把主要精力放在教育内容上,更多关注的是如何组织、传递教育内容,而往往忽略学生的感受,并不关心学生在学习过程中的体验和心情,导致很多学生在"苦学"。第二,尊重学生的人格。要求教师真正把学生当"人",而非自己的"改造对象"来看待,不讽刺、不挖苦、不歧视、不体罚或者变相体罚学生。第三,尊重学生的合法权益。教师要尊重小学生作为一个社会公民的权益,以及作为一个特殊的社会个体——学生所拥有的特殊的权利,比如学生的隐私权、受教育权、参与班级管理权等。第四,尊重学生的选择。从某种意义上说,人的发展过程其实就是一个个选择的过程,我们的教育应该在各个方面都给孩子留出选择的空间和余地,让学生能根据自己的特点进行合理的选择。在不违背教育目标和原则的情况下,教师应该尊重学生在教学活动中的选择,支持学生按照自己的特点去发展。

尊重学生和信任学生是紧密联系的。信任学生是指教师相信学生发展的潜力,相信学生的自我管理和约束能力,相信学生都是积极向上、追求进步的。每个小学生都渴望来自教师和家长的信任。如果教师和家长能够信任学生,他们往往会更加努力、更加严格要求自己,使自己做得更好以不辜负老师和家长的信任和期望。但在学生的管理实践中总是会出现不信任学生、担心学生做不好而不敢放手的现象,最后可能导致学生不敢尝试、不敢表达、不敢创新等结果。所以我们必须要扭转教育理念,充分尊重学生,相信学生。如果学生在与教师交往的过程中能充分感受到教师对自己的尊重和信任,那么他们会主动向教师靠拢,乐于接受教师的指导,最后也会还给教师一个惊喜。

(五)彰显公平

教育公平的思想古已有之,它也是人们一直以来的理想和追求。两千多年以前我国的教育家孔子就曾提出过"有教无类"的朴素的教育公平思想。马克思也指出:教育是人类发展的正常条件和每一个公民的真正利益。① 在当前普遍确保学生受教育权的条件下,人们对教育公平的追求由原来的单纯追求权利平等转变为对优质教育资源的追求,对受教育过程中获得平等教育关照的追求等。教师在教育管理学生的过程中要体现公平的价值取向,一视同仁、不偏不倚地对待每一个学生。公平对待每一个学生是教师的责任和义务。受应试教育的影响,学校考评教师的业绩往往与学生的成绩挂钩,所以在有些教师的心里就自然把学生分成两类,成绩好的学生和成绩差的学生。由于学生的学习成绩会直接关系到教师的切身利益,教师对他们的情感和态度也会有所不同,并把这种情感与态度扩展到学习以外的领域。所以,学习成绩好的学生可能会得到老师更多地表扬和关注,而学习成绩差的孩子却往往得不到老师的肯定和鼓励,他们常常会带着挫折感、失落感和被忽视感游走在班级的边缘。教师如果不能公平公正地对待学生不仅会影响教师在学生心目中的形象,影响教师的权威性,还会影响学生的一生发展。因此,教师必须认识到自己的责任,在教育过程中要公平公正地对待每一位学生,让每个儿童都能沐浴在师爱的阳光下。

二、小学生教育与管理的策略与方法

小学阶段为人一生的发展奠定基础,作为教育者必须重视对小学生的教育与管理工作并将其落实于行动之中。小学生身心发展的特殊性,决定了对小学生的管理是一项复杂而任务艰巨的工作。若想取得比较理想的管理效果,实现小学生身心的全面、充分发展,需要我们在坚持正确的管理价值取向的前提下,采取科学的策略与方法。

(一)树立科学的学生观

学生观是教师对学生的基本态度和认识,它对教师教育和管理学生的行为有着重要的影响。人的行动都是在一定的思想观念和认识下进行的,观念决定着行动,观念上的错误必然会导致实践的盲目。所以要对小学生进行有效的教育和管理,必须树立科学的学生观。

1. 学生是独特的人

每个人的生命都有自己独特的轨迹,每个人都是与众不同的个体,他们不是父辈的简单复制和延伸。苏霍姆林斯基说过:"每个孩子都是一个世界……完全特殊的独一无二的世界"。世界上没有完全相同的两片树叶,也没有完全相同的两个人。教师在师生交往中要尊重学生的独特性,善待每一个学生。

2. 学生是发展的人

小学生不是成人的缩影,他们是正在发展的人,具有自身的身心发展特点。卢梭说:

---

① 马克思,恩格斯.马克思恩格斯论教育[M].北京:人民教育出版社,1997:127.

"大自然希望儿童在成人之前就要像儿童的样子。如果我们打乱了这个次序,我们就会造成一些早熟的果实,它们长得既不丰满也不甜美,而且很快就会腐烂;我们将造成一些年纪轻轻的博士和老态龙钟的儿童。"①小学生是未成年人、是正在发展的人,他们具有很大的潜力和可塑性,当然也可能会体现出一些不足之处,需要教师以发展的眼光看待、以宽容之心相待。

3. 学生是学习活动的主体

在教育活动中我们往往会强调教师的主导作用,而忽视学生的主体性。学生是学习的主体,学生的学习过程和发展过程不是对教学信息的简单复制,而是将其与自己原有的信息不断整合,实现知识的再创造,从而转化为自己的学习成果。因此,教师在指导学生时不能一味灌输、说教,而要以一个引导者的角色帮助学生自主学习、调动学生学习的积极性,尊重学生主体地位,帮助学生提高主体意识,并为学生主体性活动的进行创造条件。②

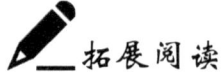

皮格马利翁效应③

皮格马利翁是希腊神话中塞浦路斯国王,同时还是一位出色的雕塑家。他精心雕塑了一座少女像,栩栩如生、美丽动人,皮格马利翁无可救药地爱上了她。结果,奇迹发生了,爱神维纳斯被皮格马利翁的痴心感动,赋予雕像生命,少女活了。这个神话故事被后人称为"皮格马利翁效应",在心理学上称为期望效应。对这一效应作出充分解释,并使它广泛应用于管理、教育等各个领域的是美国心理学家罗森塔尔和他的助手,因此"皮格马利翁效应"又称"罗森塔尔效应"。

1968年,罗森塔尔及其助手做了一个试验:他们对一所小学6个班的学生成绩发展进行预测,通过一系列量表测量后,把他们认为最有发展潜力的学生名单提供给教师,并再三叮嘱一定要对名单保密。实际上,这些名单上的学生是随便选的,并没有经过什么权威的测试。然而,让人惊讶的是,8个月后名单上的学生个个学习进步、性格活泼,与教师关系很好。为什么会有这样的奇迹出现?这就是期望效应。原来,教师们得到专家的权威预测后,对这些学生投以赞美和信任的目光,态度温和亲切,即使他们犯了错误也不严厉批评,而是通过赞美他们的优点来表示相信他们能改正。正是这种暗含的期待和赞美使学生增强了进取心,出现了奇迹。

(二)帮助学生养成良好的学习习惯

我国伟大的思想家孔子认为:少成若天性,习惯如自然。良好的学习习惯能够帮助学

---

① 卢梭.爱弥儿[M].李平沤,译.北京:商务印书馆,1978:28.
② 项贤明.教育学原理[M].北京:高等教育出版社,2019:313.
③ 陈敏.皮格马利翁效应[M].北京:北京工业大学出版社,2005:3-7.

生掌握学习策略,提升学习效率,发展自主学习能力,保持对学习的热情和兴趣等。小学生良好的学习习惯内容广泛,比如预习的习惯、倾听的习惯、自觉独立完成作业的习惯、善于思考质疑的习惯、从错误中学习的习惯、阅读的习惯、复习的习惯等。小学生可塑性大,向师性强,容易形成各种良好的习惯,也容易沾染各种不良习惯。小学教师应该把对小学生学习习惯的训练和养成作为工作的一个重要部分,帮助小学生尽早形成良好的学习习惯。具体策略如下:

1. **让学生明确良好学习习惯的重要性**

一种外在的目标只有当它被学生意识到,并且愿意转化为自己的内在需求和发展目标时才能发挥作用。所以,要想训练学生养成良好的学习习惯,首先要让学生明确良好学习习惯的益处和重要性,期待自己也能养成良好的学习习惯。只有这样,学生才会在学习活动中将习惯的养成落到实处。

2. **指导学生具体的学习方法和策略**

为了使学生养成良好的学习习惯,教师需要交给学生具体的学习方法和策略。比如怎样的握笔姿势才是正确的、如何进行阅读、面对学习任务和难题时可以采取哪些办法去克服。只有学生知道了正确的学习方法和策略,并尝试着在学习活动中去使用,我们才可以对其进行有效的学习习惯的养成训练。

3. **加强课堂教学中学习习惯的训练**

习惯的养成不能停留在理论和口头上,它需要在学生的学习中不断训练和强化。课堂是一个非常重要的训练学生学习习惯的场所。在课堂中教师一方面要重视新知识的传递,另一方面要注意学生学习习惯的训练,对学生在课堂学习中的各项行为,提出明确的要求和标准,长此以往他们能够养成认真听讲、敢于发言、勤于思考、书写认真等良好的学习习惯。

4. **加强监督和管理**

在习惯养成的过程中,小学生会在不经意间表现出不良的行为和习惯,这时如果能及时地予以纠正,会防止他们的行为进一步偏移,所以加强制度规范,对学生进行制约很有必要。学生之所以能在学校逐步养成良好的学习习惯,原因就在于学校有较完善的监督和激励机制,这是家庭教育所无法比拟的。人们常发现很多学生在学校的学习习惯尚可,但一回到家就表现出一些不太良好的行为倾向。所以,在学生学习习惯的养成过程中教师不能孤军奋战,家长需要配合教师对学生提出一致的要求,这可以促使学生更快地养成好习惯。

5. **习惯训练要持之以恒**

美国科学家的研究表明,一个习惯的养成需要21天。关键在前三天,决定在一个月。在训练的过程中,教师要反复抓、抓反复,对不断出现的坏习惯,不要气馁,而要耐心训导,直至彻底改掉坏习惯,养成好习惯。

(三)针对不同学段和不同个体进行教育

小学阶段时间跨度大,不同学段的学生在身心发展上表现出普遍的差异性,即使是同一学段的学生也会表现出个体的发展独特性。在对小学生的教育和管理过程中,教师要

有因材施教的意识,从学生的实际情况、个别差异出发,进行有针对性的教育。

1. 把握小学生的学段特点

教师要对低年级、中年级、高年级不同学段学生的特点进行深入的研究,能够根据不同学段学生的特征和需求进行有针对性的教育。比如在小学低年级阶段要加强对孩子的安全意识、规则意识的教育,着力进行学习习惯的培养。教师要注意引导中年级小学生树立正确的集体意识,面对课业难度的逐步增加,要鼓励中年级小学生善于思考、敢于质疑、敢于挑战,在学习成绩上不要掉队。对高年级小学生来说,青春期性教育和心理疏导则是一个重要的问题。教师要善于把握不同年级学生的特点,确保自己的教育和管理适合学生,能在学生身上产生良好的效果。

2. 正确对待学生的个别差异

了解学生差异是因材施教的基础。教师要深入了解每一位学生的个性特点、各科学习情况、兴趣爱好、家庭状况等,在此基础上对学生进行教育。比如,对于胆小的孩子要创造条件鼓励他们大胆表达自己的观点;对于能力强但比较马虎的同学要给他们一些有难度的任务,并要求他们注意细节;对注意力不集中的孩子,要多暗示、多提问,培养他们的自我约束能力;对容易骄傲的孩子要时刻提醒他们"天外有天,人外有人",要戒骄戒躁……有针对性、有差别的教育更适合每一个孩子的发展需求,更能促进小学生充分、自由的发展。

(四) 充分发挥榜样的示范作用

小学生年龄小,行为不太稳定,喜欢模仿,教师要为小学生树立良好的榜样,激励学生见贤思齐,向榜样学习。教师可以鼓励学生向自己喜欢的社会楷模、知名人物学习,以他们的奋斗经历激励自己前进,同时也要注意发挥学生身边人的榜样作用。

1. 教师要以身作则

"师者,人之模范也。"小学生向师性强,他们把教师看作知识的化身、高尚的人格代表,教师的一言一行都可能被学生模仿。加里宁曾经说过:教师的一举一动都处在最严格的监督之下……天地间再没有什么东西比孩子的眼睛更精细、更敏捷……所以教师要在学习、做人等方面为学生做出表率。在学生的成长历程中,教师应该扛着旗帜走在前边,而非握着鞭子走在后边。

2. 父母为孩子树立榜样

父母是孩子的第一任老师。小学生人生态度和行为习惯的养成和家庭密切相关,父母的生活态度会影响孩子的一生。生活中父母会直接教给孩子知识和做人的道理,同时父母的言行举止也会对孩子产生润物无声的影响。父母如果遇事急躁,经常吵架,孩子也多半可能性格暴躁;父母喜欢读书看报,孩子也会自然而然爱上阅读;父母举止优雅,孩子也会彬彬有礼……因此,孩子绝不是家长用言语、规划、甚至是棍棒所能够教育出来的,而是父母通过自身的示范教育出来的。此处无声胜有声,父母的行为潜移默化地影响着孩子的成长和发展,所以,也要重视父母的榜样示范作用。

3. 重视同伴的榜样作用

进入小学后,同辈群体对小学的行为起到重要的影响,有时甚至超越教师和父母。因为社会地位相同和生活经历相似的同龄人的行动更有号召力和感染力。教师要善于把班级中的优秀分子树立为榜样,这种榜样最容易被小学生理解和接受,更能激励小学生。小学生有不服输的精神,班级中的榜样能激发起他们的竞争意识,他们会觉得别人能做到的,自己也能做到。

(五)指导小学生养成健康的兴趣爱好

小学阶段是一个人兴趣发展的关键时期,如果在此时能够养成健康的兴趣爱好,对人一生的发展都有积极的作用。每个学生都应该有喜欢的科目、喜欢的书籍、有课余时间的兴趣爱好,这样的生活才是充实的、有情趣的。教师不能一味要求小学生把所有的时间都花在学习上,培养学生良好的兴趣爱好,帮助学生成为有个人爱好和生活情趣的人,也应该是我们关注的问题。

1. 激发学生的学习兴趣

对于小学生来说,学习是其主要任务,但是学生不是学习的机器,大脑不是知识的容器,若要学生学得好、学得开心,学习兴趣的培养是非常重要的。孔子认为:知之者不如好知者,好知者不如乐知者。兴趣是最好的老师,教师要善于激发和保护学生的学习兴趣。比如可以通过灵活多样的教学形式,丰富多彩的教学活动,鼓励学生大胆质疑,为学生设置挑战和障碍等方式来激发学生学习兴趣,使学生保持对学习的积极态度。

2. 培养学生广泛的兴趣爱好

兴趣是指一个人力求认识某种事物或从事某种活动的心理倾向。在实践活动中,兴趣能使人们积极主动,自觉克服各种艰难困苦,获取学习、工作或生活的最大成就,并能在活动过程中不断体验成功的愉悦。广泛的兴趣爱好既能丰富小学生的业余生活,又能放松身心,提高综合素质,还能使学习的效率提高,同时也有利于小学生的人际交往能力、社会适应能力的提升。所以,教师应帮助学生形成健康的兴趣爱好。比如教师可以创设一些平台、设计一些活动帮助学生发现自己的兴趣点、展示兴趣爱好,为学生提供发展兴趣爱好和交流兴趣爱好的机会。同时教师要注意引导小学生发展健康的兴趣爱好,改掉不良的嗜好。比如有些小学生迷恋上网,甚至有网瘾倾向,教师要及时给予指导和纠正。

(六)外部管理和内部管理相结合

对小学生的教育管理要多管齐下、多种力量共同配合,达成教育的合力。这就需要教师、家长协调配合,同时注重发挥学生自主管理的积极性。真正的教育应该是促进自主学习、自我管理的教育。教育应该追求一种境界:教是为了不教、管是为了不管。

1. 外部管理方向一致

外部管理方向一致,可以形成对学生教育管理的合力,避免因各种教育力量相互冲突造成学生思想矛盾、左右为难的现象。从学校的角度来看,要保证所有的教师对学生提出的要求一致。从家庭的角度讲,家庭成员要就学生的成长问题达成一致的意见和看法。同时,学校要发挥在学生教育中的主导作用,协调来自学校、家庭和社会各方面的教育影响,确保教育影响方向一致,前后连贯。

2. 调动学生自我管理的积极性

在学生成长的过程中,来自外部的管理和力量约束固然重要,但同时也不能忽视内在力量的重要性。小学生总有一天要脱离成人的保护,独立学习、独自承担起社会责任,所以要重视小学生自我管理能力的培养。小学生要从"保姆式"的传统教育中解脱出来,学会自我教育、自我管理、自我学习,将学校和社会的要求主动内化成为自身的需要,最终学会生活、学会学习,进而为将来走进社会奠定可持续发展的基础。①

思考与讨论

1. 结合实际,谈谈当前小学生的时代特点。
2. 小学低年级学生有哪些特点?
3. 教师应如何根据高年级小学生的特点展开教育?
4. 简述小学生教育与管理的价值取向。
5. 教育与管理小学生的策略与方法有哪些?

参考文献

1. 项贤明.教育学原理[M].北京:高等教育出版社,2019.
2. 刘慧.小学德育实践[M].北京:高等教育出版社,2012.
3. 汪明,董文.小学生心理发展与教育教程[M].合肥:安徽师范大学出版社,2016.
4. 田友谊.小学教育学[M].北京:北京大学出版社,2016.
5. 张永明,曾碧.小学教育学基础[M].北京:北京大学出版社,2013.
6. 曾文婕,皇甫全.小学教育学[M].北京:高等教育出版社,2017.
7. 徐丽华.小学课堂观察[M].北京:高等教育出版社,2013.

---

① 王梅.中小学生自主管理模式探究[J].科教文汇,2012(6):195-196.

第七章
小学教育活动

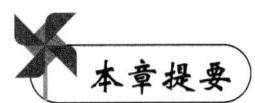

小学教育活动是小学教育工作的重要组成部分,是实现小学教育目标的基本途径和重要载体。本章主要介绍了小学教育活动的内涵和主要功能,对当前小学教育活动的主要类型,如教学活动、德育活动、课外活动、心理咨询与辅导等进行了详细地分析,同时对如何组织小学教育活动提出了相应的策略。在教育活动的组织过程中要体现人本性、时代性等基本原则,遵循小学生身心发展基本规律,把教育活动建立在学生生活的基础之上,坚持趣味性和知识性融合,兼顾全面性和特殊性,同时充分发挥学生的积极性。

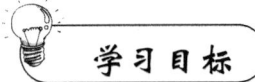

1. 把握小学教育活动的内涵和主要功能。
2. 了解小学教育活动的主要类型。
3. 在教育实践中,能够遵循教育活动的组织原则,科学地组织小学教育活动。

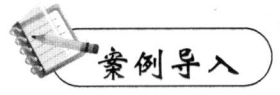

《土壤》教学设计①

在教学《土壤》一课时,教师带着学生去野外考察土壤。学生以学习小组为单位,带上学生自备的用于翻土、取土的工具(如:小锄头,铁铲子、削好的竹木棍等)和老师提供的塑料袋、放大镜以及准备记录用的本子,来到学校附近一块暂时闲置的耕地上。这次课主要是要求学生用感官直接感知农田土壤的颜色、气味、手感,初步认识土壤之中会有哪些东西,所以在真正的田地里取材,进行现场观察非常合适。老师指导每一小组自己选择一块两张试卷大小的地面,先清除上面的杂草,然后自上向下逐层观察。对现象和问题要认真记录。记录内容为:(1)比较干土与湿土在颜色、手感、气味上有哪些不同?(2)土壤中可以发现些什么?(3)观察活动中产生了哪些问题?明确了活动目的后请各小组自由行

---

① 周建平.小学课堂教学设计[M].北京:高等教育出版社,2012:64.

动。随后的活动对于学生来说无异于一次"考古发掘",不时传来惊异的叫声,"蚯蚓!蚯蚓!""怎么会有瓶子呀?""牛奶包装袋!"。各小组相继发现了土壤之中还有小石头、瓦片、碎树叶、草根、小虫、棉线等;学生还发现,虽然上面的土是干的,但是下面依然潮湿;有的小组挖得深,发现黑土下面是黄土,黄土很纯。他们都认真地把小组的发现和心中的疑问一一记录下来。

从案例可以看出,这样的教学活动让学生获得了一种与在教室里学习完全不同的心理感受,既兴奋又充实;学生身临其境,真正享受探索与发现的快乐。案例中的教育活动设计无论是在知识的学习上还是在学生的体验上都是比较成功的,值得我们借鉴。在教育实践工作中我们要全面把握教育活动的内涵和意义,了解不同类型的教育活动的特点和功能,能够根据学生需要和教学实际选择不同的教育活动方式,以实现教育效果的优化。

人的发展总是在改造社会的实践过程中实现的,学生的发展也需要在丰富多彩的教育活动中来完成。在讨论小学教育功能、小学教育目标、小学教育主体的基础之上,我们需要对小学教育活动进行深入地探讨。小学教育活动是将小学教育领域中各种要素进行衔接的关键,没有小学教育活动,一切关于教育的构思和设想都将停留在理想和理论的层面。所以,我们需要将静态的教育理论和要素转化为动态的教育活动。小学教育目标的达成,小学生的身心发展、小学教师的专业成长等都将伴随着教育活动的开展得以实现。在教育发展的历史长河中,人们创造出了各种各样的小学教育活动类型,丰富了小学教育的内涵和小学师生的学校生活。①

第一节 小学教育活动概述

小学教育活动是小学教育的重要组成部分,是实现小学教育目标的基本途径和重要载体。小学教育内容转化为小学生的学习结果,需要通过多种形式的小学教育活动来实现。从根本上说,小学教育活动是人们关于小学教育的一切理论设计得以实现的关键环节。

一、小学教育活动的内涵

小学教育活动是旨在促进小学生身心发展和学习所组织的专门活动。② 小学教育活动需要小学教师和小学生共同参与。一方面,小学教育活动是小学教师向小学生施加教育影响的载体;另一方面,小学教育活动是小学生身心发展的载体。小学师生借助教育活动的开展,向人们展示出生动的小学教育场景。

随着教育的发展,小学教育活动的形式和类型逐步多样化,当前基本上形成了以教学

---

① 曾文婕,皇甫全.小学教育学[M].北京:高等教育出版社,2017:220.
② 曾文婕,皇甫全.小学教育学[M].北京:高等教育出版社,2017:222.

活动为主,以课外活动、少先队活动、咨询与辅导、网络学习等多途径并存的时代格局。[1]在小学教育活动类型日益丰富的今天,我们要明确教学活动的中心地位,同时要认识到其他类型的小学教育活动的特征和意义,了解每种类型的小学教育活动的优势与局限,注意处理好不同教育活动间的关系,使之协调配合、扬长避短,形成强大的教育合力,共同作用于小学生的发展。

作为小学教育活动的最主要形式,教学活动是学校教育的主阵地,即使是网络教育日益发达的今天,教学活动依然是学校教育工作的中心环节。通过有计划、有组织的系统教学活动,小学教育的各项任务才得以完成。教师在教学活动中的精心设计和积极参与保证了课堂教学的效果,树立了其无可替代的地位和作用。目前为止,教学活动依然是大部分小学生获得知识和发展的最重要途径。但与此同时,人们也在积极进行教学改革,提出自主学习、合作学习、探究学习等多种新的教学和学习方式,以克服传统课堂教学活动的弊端,彰显学生在教育活动中的主体地位。当前,课外活动逐步引起人们的关注,小学生知识的掌握、技能的发展、素质的提升等都离不开灵活多样的课外活动,课外活动已经成为实现学生素质全面发展的重要途径。小学咨询与辅导活动可以根据小学生的不同特点和问题,进行有针对性、个性化的指导,具有其他教育活动不可比拟的优势,它是教学活动和课外活动的有益补充。同时,在信息化时代,学生所依赖的发展方式越来越多样化,在线学习、网络虚拟教室也成为崭新的教育活动方式在小学生的学习生活中扮演着重要角色。总之,当前小学教育活动的方式和类型呈现出以教学活动为主,多种方式并存,互相补充、共同发展的格局。

目前,各种教育活动之间的界限已经变得越来越模糊,不同的教育活动再也不是泾渭分明的存在,取而代之的是不同的教育活动之间的相互整合。[2] 例如,开放教学、翻转课堂、团体辅导等都是整合了不同教育活动的特点而出现的新的教育活动方式。我们应该善于把握不同教育活动的特点,根据特定的教学要求选择恰当的教育活动,以实现小学教育效果的最优化。

二、小学教育活动的功能

(一) 小学教育活动的开展有助于小学培养目标的实现

人类的活动都是具有目的性的,人类区别与动物的一个最本质的特征就是行为的目的性。在行动之前,人们总是会预先设计活动目的,然后以此为指引在实践活动中进行倾向性的选择和创造,从而使行动的结果符合自己的期待。小学教育是整个国民教育的基础阶段,我们希望通过小学教育的普及,为所有小学生的全面发展奠定基础、为国民素质的提升奠定基础,为国家、社会的和谐发展奠定基础。可以说,国家的兴衰与小学教育的发展有非常密切的关系。这也是我国在"文革"结束后不久,国家财力和人力状况十分紧张的情况下,毅然实施九年义务教育这一浩大的教育工程的根本原因。因为我们深深地

---

[1] 田友谊.小学教育学[M].北京:北京大学出版社,2016:173.
[2] 田友谊.小学教育学[M].北京:北京大学出版社,2016:174.

认识到:国将兴,必尊师且重教。

然而,我们只是心怀对教育的理想和目标是远远不够的,我们需要将对教育的美好期望转化为实际的教育活动,在具体的活动中去实现教育目标。所以,小学教育功能的发挥,小学培养目标的实现,依赖于有计划、有组织的教育活动去实现。当然,我们要意识到不同维度、不同层次的目标,需要借助不同的教育活动载体来实现。小学教师要善于根据不同的教学目标,恰当选择不同的教育活动方式。比如,若要小学生学习系统知识可以选择课堂教学,如果想让学生能力得到更好的锻炼,可以选择课外活动、社会实践活动等。在教育活动持续不断地开展过程中,小学生的能力和素质得到提升,小学教育的培养目标得以实现,小学教育的功能得到发挥。

(二)小学教育活动是连接"教"和"学"的纽带

教和学的关系是教育领域中最重要的一对关系,教与学需要通过特定的方式和途径才能真正联系起来。教师和学生作为小学教育活动中最关键的参与者,分别主导着教的行为和学的行为。从根本上说,教师作为教的主体,其行为是外在的;学生作为学的主体,其行为是内化的。教和学的过程不是完全分开的,两者是一种共生行为,教和学要实现统一。但在教育实践过程中,人们往往懊恼地发现,看似理想的"教",并不能达成有效地"学"。这不禁令人思索:究竟怎样才能实现教和学的有效结合? 教学活动就是实现教与学结合的桥梁和纽带。师生之间通过共同的教育活动,以知识学习、技能习得、学生发展为载体,向人们展示出生动的教育场景,教师的教和学生的学得以完美融合。

教育活动过程中要充分发挥教师的主导作用和学生的积极性,在教和学两者的积极作用下,实现完整的教学过程。同时也要认识到:教育活动方式不同,教师和学生的参与程度不同。比如,课堂教学活动作为一种强有力的教与学联系的方式,师生需要共同积极参与其中,实现以知识为载体的活动。课外活动相对来说更强调学生的自主性和自我教育能力,所以教师的参与度相对课堂教学来说就要弱一些。当然这并非否定教师的教在课外活动中的作用,学生进行课外活动依然需要教师的指导和帮助。总之,我们需要根据不同的小学教育活动方式,决定教与学所发挥的不同作用,妥善实现教与学之间的关系平衡。

(三)小学教育活动是小学生身心发展的必要条件

实践活动是马克思主义理论体系中一个非常重要的概念,实践对于人类认识世界、改造世界具有极其重要的作用。从本质上来说,人类的认识过程就是实践、认识、再实践、再认识,不断反复、无限循环的过程。具体到小学教育领域,小学生的身心发展需要通过持续的教育活动来实现。

从身体发展的角度来看,小学年龄段的儿童处于生长发展的重要时期,重视小学生身体的健康成长,应该是小学教育的重要任务。而身体的健康发展不可能在静止、孤立的状态下进行。在参与各种教育活动的过程中,小学生会自发地运用各种肢体动作,调动各类感官积极运行,这都促进了小学生身体的健康成长。① 从心理发展的角度来讲,教育活动是小学生心理赖以发展的基础。从整体上看,小学生的认知、情感、意志、社会化程度等都处于比较低的层次。如何通过学校教育活动促进小学生心理发展就成了广大小学教育工作者所必须面临的问题。教育活动是联系小学生心理和现实世界的中介和载体,通过积极参与教育活动,小学生的感知觉能力、思维能力、想象力、意志力等都会得到锻炼和提升。在持续不断地参与教育活动的过程中,小学生可以经历成功的喜悦、失败的挫折等丰富的情感体验,情绪逐渐丰富,自我意识更加清晰,集体责任感也会更强。总而言之,教育活动在促进小学生心理健康发展中的地位和作用是不可替代的。

(四) 小学教育活动是小学教师专业发展的重要载体

小学教师专业素质和水平直接决定着小学教育的质量。目前,小学教师专业发展问题日益引起人们的重视,而行动研究就是教师专业发展的一个重要途径。教师行动研究是一种具体的"教学研究方式",是对教师自身的教学行为进行思考和探究,即"在教学中研究,在研究中教学"。② 具体来说,小学教师要将自己组织开展的实际教育教学活动作为研究对象,采取有效途径加以观察、反思和改进,以进一步提升教育教学质量。在不断的行动、反思和改进中,小学教师自身的专业能力也将获得长足发展。由此可见,作为小学教师专业发展的一种重要途径,行动研究的开展离不开具体的教育活动。在一次次教育活动的组织过程中,教师的专业素质得以提升,教师的专业发展得以实现。离开小学教育活动,教师的专业发展将失去存在的土壤,难以实现。

(五) 小学教育活动的水平决定着小学教育质量

无论是从整个国家和社会发展的角度,还是从小学生个体发展的角度来看,小学教育都起着重要的奠基作用。近代以来,世界各国综合国力的提升、政治的进步、经济的腾飞无不与初等教育的普及紧密相连。小学教育要充分发挥自己的功能和作用,就必须要保障质量,质量是教育的生命线,也是教育研究的永恒主题。当前在我国实现普及九年义务教育目标的前提下,人们对教育数量和规模的关注已经转化为对教育的质量和效果的关注。③ 小学教育活动的组织对于小学教育质量的提升具有重要意义。同样的教育内容,如果采用不同的教育活动方式,学生的经历和体验可能相去甚远,最终的效果也可能有显著差别。我们要善于针对不同的教育内容,选择不同的教育活动方式,使教育过程中的各种要素相互配合,以实现小学教育质量的提升和教育效果的最优化。即使是同一种教育活动方式,如果具体的组织理念和过程设计不同,其效果也会有所差别。所以,我们应当以科学的教育理念为指导,不断优化组合不同类型的教育活动,提升小学教育活动的效果,确保小学教育的质量。

---

① 张永明,曾碧. 小学教育学基础[M]. 北京:北京大学出版社,2013:203.
② 王彦才,郭翠菊. 教育学[M]. 北京:北京师范大学出版社,2010:189.
③ 田友谊. 小学教育学[M]. 北京:北京大学出版社,2016:175.

第二节 小学教育活动的组成

当前,随着经济的发展和社会的进步,教育对社会发展的功能日益凸显。为了更好地适应社会发展需求,教育改革也在如火如荼地进行。经过漫长的发展和变革,教育理念更加科学,教育内容日益丰富,教育方法更加多样,教育活动的类型也越来越丰富。具体到小学教育活动这一范畴,传统的课堂教学活动一手遮天的局面已经不复存在,逐步形成了以教学活动为主,课外活动、少先队活动、咨询与辅导并存的多元化格局。不同的教育活动类型有其独特的优势,可以相互取长补短,对于学生系统掌握知识,提高能力和素质,实现全面发展具有重要意义。

一、小学教学活动

小学教学活动是小学教师与小学生以课堂为主渠道的交往活动,是教师的"教"和小学生的"学"的统一活动。① 教学活动是促进学生身心发展的基本途径。通过各科教学活动,小学生能够提升个人思想道德素养,系统掌握文化基础知识,形成读、写、算等基本技能,培养良好的行为习惯等。总之,通过教学活动,能够有效地实现小学生德、智、体、美、劳全面发展。教学工作是学校教育工作的中心,教学活动也是教师常规工作的重心所在。深入了解教学活动的概念,明确教学活动的任务,把握当前小学教学活动的发展趋势,对于我们更加科学地开展教学活动,提升教学的有效性至关重要。

(一)小学教学活动的意义

1. 小学教学是系统传授知识,促进学生身心发展的有效途径

在人类文明的漫长演进过程中,科学知识的总量日益增加,学校教育在知识的传递过程中起着不可替代的作用。如何使处于人生早期阶段的小学生在有限的时间内掌握更多的知识,是值得深入思考的问题。教学活动能够打破小学生认知过程中时间和空间的限制,突破小学生直接经验的限制,使学生在较短的时间内,掌握较多的科学知识,积累更多的精神财富。教学活动在传递系统知识上的优越性,是其他任何教育活动方式无法比拟的。同时,在学习各科知识的过程中,学生的思维能力、记忆力、想象力、注意力等心理品质都得到了充分的锻炼和开发,学生的智力因素和非智力因素都得到了长足的发展。所以,教学活动在学生身心发展和素质全面提升中发挥的重要作用不言而喻。

2. 小学教学是传递人类文化知识,促进社会发展的有力手段

当前社会,信息技术日益发达,人类传递文化的方式早已突破了传统的口耳相授和课堂教学,虚拟教室、开放课程等在人们的学习过程中扮演着重要的角色。但是,不管人类的科技再发达,教学活动依然有其不可比拟的优势。小学教学活动肩负教书育人的使命,

---

① 田友谊.小学教育学[M].北京:北京大学出版社,2016:176.

它是把社会和年轻一代联系起来的一条重要纽带,是人类文化传承过程中的一个非常重要的手段。教学为文化的发展、人类文明的演进做出了突出贡献。通过精心设计的教学活动,小学生可以在较短的时间内掌握人类历史经验的精华,从而达到人类发展的一般水平,同时使人类上下几千年的发展历程中所积淀下的宝贵财富得以继承,使人类能够站在前人的肩膀上获得更快更好的发展。① 总之,小学教学是传递人类基础性的文化知识,提升公民整体素质,促进社会发展的有力手段。

3. 小学教学是学校工作的中心,是实现培养目标的基本途径

小学的根本任务是培养人,围绕这一根本任务,小学要进行各方面的工作,如德育工作、后勤工作、教学工作、各种社会实践活动等,这些工作的最终目的都是为了培养人。但是,在上述所有工作中,教学是学校工作的中心。它在学校各项工作中占的时间最多,内容也最丰富。新中国成立以后,学校教育曾有过以劳动为中心或者以政治运动为中心的局面,但最终都导致教育的停滞不前、混乱无序,甚至将学校教育推向了崩溃的边缘。历史的经验教训告诉我们,不论在什么时候,学校教育都必须以教学为主。坚持这一原则,教育质量就有保障;背弃这一原则,教育质量必定下滑。学校培养人才质量的好坏,在根本上取决于教学工作水平。学生知识和技能的掌握,能力的提升,身体的正常发育和心理的健康发展,基本上都是通过教学活动来完成的。只有围绕教学这一中心工作,科学合理地安排学校的全面工作,才能不断提高学校办学质量,有效达成小学教育的培养目标。

(二)小学教学的任务

1. 知识的启蒙和基本技能的习得

知识是人类认识客观世界的成果,是人类实践经验的总结和智慧的结晶,同时也是增强个体智慧和力量的源泉。掌握知识,是人类改造客观世界的必要条件。一个人的知识越丰富,处理信息的能力和解决问题的能力也越强。② 小学处于整个教育体系最基础的阶段,进入小学之前,学生虽然已经有了关于世界的丰富的感性认识,但是其系统知识的积累还处于最初级的阶段。小学阶段是对学生进行知识启蒙的关键时期,小学教学的主要任务就是对小学生进行初步的科学文化知识教育,帮助小学生积累系统的文化基础知识和生活常识。

基本技能是各门学科中最主要、最常用的技能,是运用所学知识去完成实际任务的一种行为方式。通常情况下,技能是通过练习不断获得的,技能经过反复练习达到自动化程度可称之为技巧。不同的学科可以形成小学生不同的技能,如语文和英语注重听、说、读、写技能的训练,数学倾向于训练学生的计算技能,体育则着重培养小学生的各种动作技能。小学教学的主要任务之一就是要在知识学习的过程中培养学生的各项基本技能,同时尽可能使其发展到熟练甚至自动化的程度。

---

① 张永明,曾碧. 小学教育学基础[M]. 北京:北京大学出版社,2013:171.
② 张永明,曾碧. 小学教育学基础[M]. 北京:北京大学出版社,2013:173.

2. 智力的发展和能力的培养

智力主要是人在认知过程中表现出的认知能力系统,即认识客观事物的基本能力。[①]智力主要由观察力、注意力、思维力、想象力等不同的维度构成,其中思维能力是智力的核心。在教学过程学生掌握了大量的知识,智力也得到充分的锻炼和发展。比如,小学生的观察力更加精确、敏锐,注意力更加持久,注意的广度、分配和转移能力更强,思维能力更具有逻辑性、灵活性,想象力更丰富、深刻等。

知识经济时代,人们越来越认识到仅仅靠学校学习的有限知识不足以应付未来的生活和工作需要,学生需要养成能够适应未来社会的各种能力。小学教学要提高小学生多方面的能力。在教学活动中,要注意教会学生独立思考,掌握正确的学习方法,养成良好的学习习惯,培养学生自我学习能力和创新能力。在我国当前的教育改革浪潮下,培养学生的创新意识和开拓精神已经被提到至关重要的位置上来,教师要有意识地通过各类教学活动启发学生思维,培养学生的创造力。同时,要注意培养学生运用所学知识解决实际问题的能力,鼓励学生把书本知识运用到社会实践中去,在实践中检验知识、巩固知识,提升小学生的社会实践能力。

3. 体质的发展和习惯的养成

小学生年龄大概处于六七岁至十二三岁,这个阶段正是孩子身体发展的黄金时期,因此小学教学活动中要注意发展学生的体力,提高学生健康水平。一方面,可以通过体育课、劳动课、课外活动等发展学生的体质,促进学生身体健康;另一方面可以在各科教学中进行体育、卫生等方面的知识传递,要求学生注意用眼卫生、保护视力,保持良好的站立、行走、坐、书写等姿势,合理安排学生的课业负担,使学生有规律、有节奏地生活,保持旺盛的体力和健康的体魄。

习惯会影响人的生活和命运。小学阶段是学生习惯养成的关键时期,教师在教学过程中要有意识培养学生良好的习惯。习惯包括生活习惯、行为习惯、学习习惯等,比如良好的作息规律、饮食卫生等生活习惯,基本的礼貌礼节、为人处事的行为习惯,认真独立完成作业、积极思考、广泛阅读、大胆质疑等学习习惯。从某种程度上讲,小学阶段尤其是小学低年级阶段一个非常重要的任务就是培养小学生的习惯。养成良好习惯,以后的学习和生活就会事半功倍,反之则勤学而苦成。

4. 良好的品德和个性的塑造

"五育"德为先,德育在人的全面发展中处于首要地位,德育为人的发展指引方向。小学生处于成长的关键时间,可塑性非常大,只有具备良好的思想意识和品德修养,才能成为积极向上、文明健康的新一代。小学阶段,小学生要具备初步的爱国意识,形成对个人道德和社会公德的基本认识,具有社会责任感,遵守学校纪律、社会秩序和道德规范,逐步形成正确的世界观、人生观、价值观。学生思想品德的形成和发展离不开各科教学,在各科教学中渗透德育影响,是学校德育最经常的途径,也是一种比较有效的德育途径。[②]小

---

① 朱德全.小学教育学[M].重庆:西南师范大学出版社,2008:268.
② 王彦才,郭翠菊.教育学[M].北京:北京师范大学出版社,2010:365.

学各科教学都要承担对学生进行道德教育的责任,将德育渗透到教学的各个环节,使学生在掌握知识的同时,思想道德修养得到提升。

小学教学在关注全体学生发展、学生全面发展的共性教育的同时,还要兼顾学生的个性培养。个性有时又被称为非智力因素。当前社会,人们越来越意识到良好的个性品质对学生的幸福生活、有效学习、事业成功等方面的重要作用。但是,长期以来人们在教学过程中过分关注学生的智力因素,而对非智力因素的培养不够重视。我们应该有意识改变这一状态,在小学教学中注意培养小学生健康的情感、坚忍的意志、正确的态度等,这些都将成为学生学习的内在动力和良好保障。

小学教学的任务彼此之间相互联系、相互融合、相互作用。在教学过程中要始终坚持以知识传授和技能培养为基础,同时注重发展学生智力和能力,养成学生良好的品德、个性和习惯,促进学生身体和心理健康发展,只有这样才能全面实现小学教学的任务。

(三) 小学教学的发展趋势

1. 教学目标多元融合

教学目标对教学活动起着导向作用,教学内容的处理、师生关系的构建、教学资源的整合等都要围绕着教学目标来进行。在现代教学改革中,对于教学目标所蕴含的价值意义的把握至关重要。随着社会的发展和新课程改革的深入推进,当前我国小学教学目标呈现出多元化趋势,人们日益关注在教学过程中认知、情感、技能、能力等多维度目标的融合,关注学生知、情、意、行的统一协调发展。长期以来,我国小学教育比较重视学生对基本知识和基本技能的掌握,而对教学的情意塑造、能力培养功能重视不够,容易忽视学生生理、心理、认知水平的提高和非智力因素的发展。现代小学教学改革主张在学生掌握知识和技能的同时,提升其教学过程中的获得感,重视学生情感体验,满足学生生理、心理等多方面需求,提高学生学习兴趣,使学生快乐学习。

我国著名学者郑金洲认为,当前我国小学教学目标日趋多元化的同时呈现出深度融合的状态,主要表现在三方面[①]:第一,知识与态度、过程与方法的深度融合。即在传授知识的同时,价值观的塑造、情感与态度的养成等都被融合在一起。第二,学科知识与核心素养的深度融合。目前,核心素养成为引导教学方向的一个热门词汇,虽然人们并没有关于核心素养具体内涵的定论,但这并不影响其在教学实践中的地位,未来小学教学目标必将把知识获得和核心素养深度融合。第三,教学目标和社会期望的深度融合。在当今社会,教育被置于前所未有的高地,人们期望通过教育去解决诸多社会矛盾和人类个体发展的不足,这也给教育带来巨大的压力和挑战。我们需要把这些社会期望反映在小学教学实践中,在不改变小学学科教学目标的前提下,将二者深度融合,在提升小学生个体素质的同时,彰显小学教育的社会功能。

2. 教学方法手段的多样性和现代化

教育现代化是一个涵盖教育理念、制度、内容、手段等多维度的概念。在当前教育改

---

① 郑金洲.中小学课堂教学的未来发展趋势(一)[J].新教师,2016(10):5.

革深化的背景下,教育现代化的物质条件更新迅速,信息化技术在教育领域广泛应用,对传统的教育教学模式与方法形成了颠覆性影响。以教师为中心、单向的传统教学模式已经无法满足当前小学生的成长发展需求,不利于学生创新思维发展和个性张扬。从年龄段上看,当前小学生多为10后群体,他们属于网络新生代,信息技术产品在其成长过程中起着非常重要的作用。在小学教学发展过程中,我们应该看到传统教学方式和手段与信息化背景下成长起来的小学生所习惯的学习方式之间日益加宽的鸿沟,积极进行教学方法和手段的变革与更新。

未来的小学教学,必然要坚持多种教学方法综合运用,传统教育手段与信息技术手段并行,只有这样才能充分发挥传统教学和网络学习的优势,提升教学效果。在课堂教学中要适时运用多媒体,通过课件、影像资料等,打破时间和空间的限制,充分调动学生的各种感知觉器官,加深学生对知识的理解和把握。教会学生在课余时间利用各种学习软件、搜索引擎、网上教学等手段获取知识。在某种程度上说,未来的小学教学在方法和手段的使用上应该是混合式的。同时,在多种方法和手段混合使用的过程中,要考虑各种方式之间的系统协调与平衡适度,并充分结合学生和教学的实际需求,具备比较强的实践操作性。教学方法和手段的多样性和现代化,适应时代发展需求,适合小学生发展需要,是未来小学教学的发展趋势之一。

同时,人们也深刻认识到,教学不仅是教师的教,还包括学生主动学习的过程,所以仅仅重视教学方法是不够的。"授人以鱼,不如授人以渔",让学生掌握科学的学习方法、学会学习更为关键。目前,教育研究领域所提倡的发现学习法、掌握学习法等正是人们对学法日益重视的表现。

3. 学生主体性凸显

我国传统的小学教学十分强调教师的主体地位,主张教师对课堂和学生的严格把控,忽视学生在教学过程中的主动性和主体地位。随着社会的发展和教学改革的日益深入,传统的"教师中心说"受到越来越深刻的批判。人们逐步认识到小学生是学习的主人,应当重视其在学习过程中的主体地位,注重调动学生的课堂参与积极性,提高学生学习兴趣,改变小学课堂上学生被动学习,知识传递枯燥乏味的状况。当前的小学课堂已经不是教师的独角戏,而是主张在教师的引导下发挥小学生的主体地位,双方相互配合、积极作用、教学相长。

凡是富有成效的学习,必须要对学习材料具有浓厚的兴趣,同时能在学习活动中感到愉悦。当前,小学课堂成效的一个重要评判标准就是学生的课堂参与性,只有学生积极参与,课堂教学才能取得较好的成效。否则,即使教师再努力,都会收效甚微。同时,还要关注每一位学生主体性的发挥,强调全员参与,这样的教育才是最好的教育。① 马克思主义认为,内因决定事物的性质和发展方向,学生的学习成效要依赖于自身主动性的发挥。当前,研究学生的身心发展规律、学习规律,并遵循这些规律组织和安排教学,已经成为共识

---

① 任国栋.新课改背景下课堂教学改革趋势及措施浅析[J].知识经济,2017(11):172.

性的教学观念和行为。①

4. 更加注重教学过程

长期以来,人们对教学结果给予了高度关注,对于教学活动有没有达到预设的目标要求,学生在教学结束之后学到了什么、掌握了什么、考试分数为多少非常重视。在现代社会,人们意识到教学结果固然重要,但同样重要的是学生的学习过程,学生在教学过程中的切身体验往往会决定教学的最终结果和成效。我们要重视教师在教学过程中对学生的启发引导和学生在教学中的积极参与。在某种程度上说,学生在学习和解决某一问题中所经历的体验可能比这一问题最终有没有得到实际解决更重要。因此,当代教学观念开始逐步由重视结果向重视过程转变。

当前人们对教学过程改革和创新的要求越来越高。人们逐步认识到传统教学中比较固定化、模式化的教学过程设计并不能满足学生的多样化需求。所以,教学过程"去模式化"的要求越来越明显,抛却固定的模式,不迷信定式,成了现在教学过程改革的总体趋势;动态把握教学过程,改变教学以不变应万变的做法成为教学的"新常态"。② 今天的小学课堂,教师和学生围绕着教学资源不断进行互动和交流,整个教学过程不只是按照教师的备课设想展开,更多的是在互动中发展,在变化中取得成效。

5. 更加重视教学研究

教育既是一门科学,又是一门艺术。在教学中,一方面,教师需要有自己对教学活动的理解和认识,寻求适合自己的教学方式,形成自己独特的教学风格;另一方面,教师要善于总结教育教学过程中的经验教训,探索教学的规律,重视教学研究,用科学的研究成果指导教学实践。教学实践是一项复杂系统的工程,当前教学在思想观念、课程设置、内容方法、组织形式等方面都发生了深刻的变化,产生了许多新情况、新问题,并不能一味生搬硬套原有的理论去解决。所以,我们必须面对新问题、思考新问题,并对其展开深入细致的研究。教学要改革,研究要先行,即使是最优秀的教师进行个人教学实践改革也需要教学理论的指导。教师的教学水平经过入职初期的快速发展以后,会进入一个相对稳定的"高原期",如果不积极主动去学习适应新的教学形势,不及时进行教学反思和研究,很可能日复一日地重复"昨天的故事"。教学研究是提高教育质量的保证,是促进教师专业发展的途径。当前社会条件下,人们更加重视教学研究对教学实践的指导意义,鼓励一线教师对教学实践活动过程中产生的问题进行研究,不断总结提升自我经验,将教学和研究充分结合,用实践去丰富研究,用研究来指导实践,形成两者之间的良性依存关系,促进教学质量的提升和教育事业的发展。

6. 重视实践能力和创新能力的培养

知识经济时代,知识更新的速度越来越快,任何人都不可能通过学校教学掌握所有的知识,因此重视知识传授的传统教学观遭遇了前所未有的挑战,人们在思索如何让学生在有限的时间里具备继续学习的能力、适应社会的能力、勇于创新的精神。终身学习时代,

---

① 张永明,曾碧.小学教育学基础[M].北京:北京大学出版社,2013:170.
② 郑金洲.中小学课堂教学的未来发展趋势(一)[J].新教师,2016(10):6.

学习能力的形成比知识点的掌握更重要。

实践是检验真理的唯一标准,实践使人类社会不断前行,任何理论知识,只有当它付诸实践之时才真正具备了对人的指导意义,否则只是静静地尘封于书本中的、僵化的知识,并不能展现出真正的价值。在教学活动中,学生通过老师的指导掌握一些基本知识,但是这绝对不是知识学习的结束,而是其开端,具备运用知识于实践之中的能力,是至关重要的。当前教学要求教师不能教"死书",学生不能读"死书",强调学生活学活用的能力,关注学生实践能力的培养。新课程改革要求教育要回归生活,在小学阶段开设综合实践活动课,正是对学生实践能力重视的体现。

未来社会是以创新为重要标志的社会,未来的教育是创新教育。可以说,创新是知识经济的核心,而创造性是人的主体性的最高表现。传统教育最大的弊端、最致命的弱点,就是缺乏创造性和压制创造性。因此,当前的教育必须高度重视培养学生的创新能力。从教育领域的现实状况来看,人们已经意识到创新能力对学生个人发展、国家兴衰的重要意义,从而在教学中转变传统的以统一、共性的标准要求全体学生的片面做法,日益重视学生的创新精神和创新能力的培养。

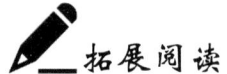拓展阅读

老师,乌鸦不一定喝到水![1]

《乌鸦喝水》这则寓言,想必大家都熟悉。是的,乌鸦很聪明,它想了个办法,终于喝到瓶子里的水了,这个办法我们都很认同,也一直用"聪明"的乌鸦来教育学生和孩子。但是有一次,我却听到了一种不同的声音:"乌鸦不一定喝到水。"

那次我们去听培智班三年级的一堂语文课《乌鸦喝水》。教师准备得很充分,讲得也很生动形象。为了让学生明白乌鸦怎么喝到水,教师还找来瓶子,装上水,往瓶子里投小石子,水升高了,乌鸦就能喝到水了。

这时有一位学生却站起来说:"老师,乌鸦不一定喝到水!"真是一语惊人,听课的教师都低声交谈起来。执教者感到有些意外,"为什么乌鸦不一定喝到水?"她追问。"因为石子会把水淹没!"孩子忽闪着大眼睛。教室里突然静得出奇,听课的老师亦是满腹狐疑。"石子怎么会把水淹没呢? 你不知道不要乱说,以后回答问题前一定要多动脑筋,希望同学们也要注意!""我没有乱说,是真的。""真是胡闹,不要说了,快坐下吧。"执教者显然有些不耐烦。孩子默默地坐了下去,神色中带着沮丧和委屈。

课后,我独自找到了这位学生,向他请教:"乌鸦为什么不一定喝到水?"开始他十分胆怯,不信任地看着我。经我再三鼓励,他终于道出了原委。"昨天妈妈和我玩装石子的游戏,妈妈的瓶里装的水多,投进石子后,水到了瓶口;我的瓶里装的水少,装满了石子,水也没有上来,石子把水淹没了。我说的都是真话,不信你问妈妈去。"原来如此,我想了想:对

---

① 刘志芹. 老师,乌鸦不一定喝到水[J]. 现代特殊教育,2009(9):32.

呀,只有瓶里有大半瓶水的时候,投进石子以后,水才能满,乌鸦才能喝到水。而如果瓶里只有小半瓶水,投进石子以后,水也不能升至瓶口,乌鸦也就喝不到水了。"真聪明!"我摸着他圆圆的小脑袋,由衷地赞道,"今天你让我明白了一个道理,谢谢你,小老师!""我是老师?我回家告诉妈妈,我是老师。"孩子自豪地笑了。

姑且不论"乌鸦不一定喝到水"是否一定正确,但它却充分表现了学生大胆的怀疑精神,敢于求实的科学态度。一句形象而富有诗意的"石子把水淹没了"却被老师视为"乱说",还成了教育其他学生的反面素材。一个极富创新思维的见解就这样被忽略了,学生的创新精神和创新意识也许就会夭折在课堂里!

在上述教学中,倘若教师能尊重学生的观点,耐心地聆听学生的见解,并肯定"乌鸦不一定喝到水"的正确性,对学生大胆的怀疑精神和求实的科学态度表示赞赏,那么,教学就超出了乌鸦能否喝到水的问题……

(四) 小学课堂

1. 小学课堂的内涵

从传统意义上讲,小学课堂是以班级为单位,小学师生进行教育教学活动的场所。[①] 也有说法认为课堂是用来进行教学活动时的教室,泛指进行各种教学活动的场所。但是,从本质上来说课堂与教室有着实质性区别,教室主要侧重于师生活动空间的建筑学意义和物理形式,课堂则有其丰富的生命与活动内涵。所以将课堂理解为教学活动的场所并不能反映课堂的真正面貌。我们进入到小学课堂中所感受到的绝对不仅是一个物理存在的教室,环境、课堂气氛、师生的活动等都会扑面而来,这些应该是课堂的整体状况。我们认为,小学课堂是小学师生学习和生活的共同体。小学生通过课堂上积极探索和主动学习获得身心全面发展,小学教师也通过课堂教学和师生互动,获得专业成长。[②] 课堂是师生之间通过交流互动构成的真正的学习集体。

郑金洲教授针对中小学课堂提出了"四个不是、四个是",可以帮助我们更加全面地理解小学课堂。第一,课堂不是对学生进行训练的场所,而是引导学生发展的场所。第二,课堂不是教师表演的舞台,而是师生之间交往、互动的舞台。第三,课堂不只是传授知识的场所,更应该是探究知识的场所。第四,课堂不是教师教学行为模式化运作的场所,而是教师教育智慧充分展现的场所。上述观点向我们展示了课堂的丰富内涵,反映出课堂的整体面貌。由此可见,课堂应该是一个具有多重属性的综合概念。

2. 小学课堂的特点

(1) 生活性

我国著名教育家陶行知提出"生活教育"思想,主张生活即教育,生活就是教育内容,教育内容因生活变化而变化。小学课堂应该是生活的一部分,它应该源于生活,又高于生活,同时可以引领学生未来的生活。[③] 虽然在小学阶段学生需要掌握大量的基础知识和

[①] 张永明,曾碧. 小学教育学基础[M]. 北京:北京大学出版社,2013:148.
[②] 田友谊. 小学教育学[M]. 北京:北京大学出版社,2016:178.
[③] 田友谊. 小学教育学[M]. 北京:北京大学出版社,2016:179.

基本技能,但是课堂也不应该仅仅是传递知识的场所。小学课堂应该是开放性的、充满生活气息的,小学生可以在老师的带领下通过课堂来更加全面、细致、深入地了解现实世界。知识的学习应该与生活结合起来,唯有如此知识才能被学生充分认识和掌握。知识的生命力和价值只有把它放置于实践生活中才能真正体现出来。单纯的一勺盐,可能任何人都难以下咽,但是如果把它放入一碗排骨汤中,我们在享受美味的时候就把它欣然接受了。从某种程度上说,知识和生活的关系亦是如此,我们需要把知识融入现实生活中,这样更有利于学生接受。小学课堂要充分体现生活性特点,将书本上的理论知识和学生的生活经验结合起来,通过学生自己的经历、体验和感悟把书本知识转化为直接经验,只有这样才能充分发挥课堂的教育价值。体现小学课堂的生活性,要求我们要摒弃那种过于追求课堂预设,流程安排精准无误,明显脱离实际生活表演般的课堂,追求课堂的自然性和亲和力。

（2）趣味性

著名教育家赞可夫认为,我们要努力使学习充满无拘无束的气象,使师生在课堂上自由呼吸,如果缺乏这种教学气氛,那么任何教学方法都不会产生效果。① 小学生活泼好动、精力充沛,言行举止充满童真童趣。如果一味遵循传统教学理念的惯性,课堂上过分注重单调的知识传递,强调学生对于知识点的机械理解和记忆,忽视小学生的情感需求和行为特点,则会使小学生感到枯燥乏味,甚至产生逃离课堂的冲动。小学课堂教学应该充分考虑小学生的身心发展规律和特点,采用适合小学生的方式来进行。首先,教师在课堂上要以饱满的精神和乐观愉快的语调感染学生,善于通过幽默风趣的言语激励学生,使其对课堂内容保持盎然的兴趣。其次,可以根据教学内容的需要设计一些课堂游戏、角色扮演活动,调动学生的积极性,让学生乐学、善学。再次,教师要科学管理自己的体态语言,用亲切和蔼的表情、充满期待的目光和适当的手势动作,增强课堂的感染力和情感性。最后,教师要注意激励学生,调动学生参与课堂活动的积极性,不唱独角戏,只有积极参与其中,学生才能充分体验学习的乐趣。学习应该是一种快乐而非痛苦,在愉悦的心理环境下,学生积极参与课堂教学活动,大脑神经活动的灵敏性增加,学习效果自然比较理想。

（3）舒适性

舒适的课堂环境,是课堂教学活动顺利展开的物质基础。小学阶段,小学生的身体快速稳步发展,心理逐步趋向成熟,需要营造舒适的课堂环境促进小学生的成长。首先,教室的桌椅尺寸要合适。小学生身高发展比较迅速,低年级小学生和高年级小学生身高差距较大,最好安装可以调节高度的桌椅,以便根据孩子的身高进行调整。其次,教室的自然环境要舒适。光线、温度、通风、声音等各方面因素也会直接或间接影响学生的体验,如光线过暗、声音嘈杂、太冷或太热等都会影响教学活动的进行,需要统筹考虑,合理安排。再次,教室的空间布置要合理。教室的桌椅、黑板、电子白板、墙报、壁挂物品、绿植等各种物品的布置要整洁有序。温馨、整洁的教室让人赏心悦目,是教学活动顺利开展的必要外在保障。最后,教室要干净整洁。师生要注意保护教室环境卫生,不随地乱丢垃圾,不在

---

① 张永明,曾碧.小学教育学基础[M].北京:北京大学出版社,2013:153.

墙壁、桌椅上乱写乱画,值日生要尽职尽责做好班级卫生工作,保证黑板、地面整洁,桌椅摆放整齐。当然,上述很多条件可能是凭小学教师一己之力无法完成的,需要依赖学校甚至是教育行政管理部门来实现,教师所要做的就是在自己力所能及的范围内保证教室的舒适。总之,小学课堂的布置要尽可能尊重儿童的特点,满足儿童的身心发展需要,体现出一定的审美性。

(4) 民主性

民主性是指小学教师要把学生看作与自己平等意义上的"人",尊重小学生作为一个独立个体的基本权利。民主的课堂可以使小学生身心放松,能够更积极、主动、自信地参与课堂活动。同时,和谐民主的课堂环境也有利于学生形成对自己和他人的正确评价。美国心理学家罗杰斯认为,成功的教学依赖于师生之间和谐信任的关系,依赖于和谐安全的课堂氛围。① 小学课堂的民主性主要体现在以下几个方面:第一,建立民主平等的师生关系。新课程呼吁师生之间建立平等民主的关系,这是决定课堂教学效果的重要一环。教师在教学过程中要扮演教育者、朋友、长辈等多种角色,关心爱护学生、尊重学生,对学生怀有仁爱之心。第二,营造宽容的课堂氛围。由于小学生年龄较小,生活经验不足,在教学过程中难免出现错误,教师要善于营造宽容的课堂气氛,允许学生犯错。从某种意义上讲,小学生的成长就是在一次次犯错过程中实现的。课堂应该成为孩子们尝试"犯错"的地方,而不是怯于"犯错"的地方。宽容的课堂氛围还表现在课堂不应该由教师独霸话语权,教师要善于激发学生的主动性,使学生有话敢说,教师要淡化权威意识,允许学生质疑教材,反驳师说。第三,要尊重学生个性。民主的课堂应该能够帮助孩子做更好的自己,而不是把每个孩子都打造成统一的"产品"。小学课堂的民主性要求我们要尊重每个孩子在天赋、能力、兴趣、气质等方面的差异性,允许孩子自由成长、不用一个标准和模式去强求孩子。

(5) 生命性

新课程改革背景下小学课堂的一个突出标志就是要升华学生的生命价值,不仅为知识的传递而教学,更为了人的发展而教学,打造"生命课堂"。叶澜教授认为生命课堂就是实现书本知识与人类生活世界、学生的经验世界沟通,激活书本知识,使其与人的生命、生活息息相关。② 传统的课堂教学往往存在见物不见人的倾向性,容易忽视学生的生命价值,在教学过程中,教师关注传递知识这一任务,而忽视学生这一鲜活的生命个体。从美国学者穆顿的管理方格理论的视角来看,此时的课堂教学管理是以任务为中心的管理。在这种理念的指导下,教师可能会把学生当成一个单纯的接纳知识的容器,想方设法往学生头脑中灌东西,而不善于思索学生如何主动学习知识,消化知识。学生的生命在专制的课堂中没有得到升华,反而受到压制,生命价值在课堂中不断贬值,刚入学时一个个灵动活泼的孩子到了毕业时变得小心翼翼、墨守成规。③

---

① 戚业国.课堂管理与沟通[M].北京:北京师范大学出版社,2005:85.
② 叶澜.重建课堂教学价值观[J].教育研究,2002(5):7.
③ 张永明,曾碧.小学教育学基础[M].北京:北京大学出版社,2013:153.

体现课堂的生命性,要求教师把自己作为"人师"而非"经师",注重开发学生的巨大潜力和生命的独特价值,使课堂充满人性关怀,具有生命气息。从生命的高度看待课堂,其意义就不只限于教师的工作和学生的求知。从教师的角度讲,要将课堂教学作为自己生命的一部分,通过教学实现自己的人生价值,点亮学生的生命,既成就了学生也成全了自己。从学生的视角看,如果能将课堂学习作为自己生命的重要组成部分,学生将会十分重视课堂的价值,竭尽全力提升在课堂上的收获,为自己的将来奠定基础。总之,生命性的课堂应该是开放的、多元的、生成的,是激情与智慧综合生成的过程,是师生全身心投入、共同创造的过程,也是教学相长、师生共同绽放生命价值的过程。

二、德育活动

小学德育是教育者根据一定社会或阶级的要求,以及小学生生理与心理发展的特点,对小学生在政治、思想、道德等方面进行的有目的、有计划、有组织的教育与训练,以使其形成初步的政治理想、思想观点与良好道德行为习惯的教育活动。① "五育"之中德育为首,小学德育活动是小学教育活动的一个重要组成部分。与其他教育阶段的德育活动相比,小学德育活动具有基础性和奠基性的特点。

(一) 小学德育内容

1. 基本道德和行为规范教育

人类社会经过漫长的发展,形成了对于人作为一个社会个体的最基本的道德素质要求,包括善良、勤劳、勇敢、正直、诚实等基本品质。上述基本道德品质的培养和教育是小学德育的重要内容,是对于小学生作为一个社会人的最起码的本质要求。

由于小学生年龄小、自我约束和管理能力有限,需要对其进行行为规范教育,养成小学生文明行为习惯。文明行为反映个人的心灵或性格特征,是个人修养最显著的标识。小学阶段教师要善于利用明确规范要求、树立典型榜样、加强纪律约束和鼓励自我反省等方式对学生进行规范教育,使学生具备作为一个社会个体需要的规范意识,养成自觉遵守各种社会规则和小学生行为规范的习惯。

2. 爱国主义和集体主义教育

爱国主义是中华民族在长期的历史发展中积淀下来的对祖国的热爱之情,是中华儿女对祖国最深厚的赤子情怀。爱国主义是各民族团结的基础,也是激励人民为祖国发展而奋斗的精神支柱。爱国主义包括对祖国河山、历史、政治、文化、人民等多方面的热爱。爱国主义教育要从娃娃抓起,从身边做起。对小学生进行爱国主义教育要注意帮助孩子知道自己是中国人,对国旗、国徽、国家版图等形成初步认识,会唱国歌;教育孩子要有多民族团结的意识,逐步树立民族之间尊重、团结、友爱等基本思想,从小树立为国家进步、民族团结做贡献的思想;同时爱国主义教育也要求孩子发扬国际主义精神,维护世界和平,关心国际形势,有为人类进步、世界和平而奋斗的情怀和理想。小学生爱国主义教育

---

① 郑晓生. 小学教育学[M]. 福州:福建教育出版社,2016:232.

的形式要多样丰富,同时能与学生的实际生活经验相结合,早读、朗诵、广播、教育影片、主题班会等都可以成为爱国主义教育的有效途径。

集体主义是社会主义的精髓所在。集体主义要求小学生具备集体意识,能够关心集体、爱护集体,使自己的观点和行为与集体保持一致,养成在集体中生活的习惯,能够与同学友好相处,愿意为集体和同学服务。集体主义教育的内容和要求主要体现在以下三个方面:首先,培养小学生的集体主义思想,增强集体观念,识大体、顾大局。其次,用集体的标准和精神来调节自己的言行举止。学生在班集体中生活要有互助友爱精神,不妒忌,不自私。最后,处理好集体利益和个人利益的关系。要培养小学生服从集体,尊重他人的意识,以集体利益为上,克服狭隘的利己主义思想。①

3. 理想教育和价值观教育

理想是人们对未来美好生活的向往和追求,它是激发人奋发向上的内在动力。小学阶段处于个人理想萌芽的阶段,此时小学生处于爱做梦的年纪,每个孩子心中都会怀有多姿多彩的理想。也许有的理想不太稳定,但都为未来志向的形成奠定基础。小学生理想教育首先要帮助孩子树立自己的远大理想,根据个人情况确立现实的奋斗目标,既不好高骛远,又有自我发展的美好期待。其次要引导学生为了理想实现而奋斗。理想不是幻想、空想和口号,要发挥理想对于学生的激励作用,需要引导学生把理想和现实生活与学习联系起来,从实处做起,从眼前做起。教师要使小学生明白,没有只想不做就能实现的理想,实现理想需要自己努力奋斗和争取,美梦成真只属于勤劳踏实的人。对于小学生来说,努力学习就是通往理想的捷径。

科学的世界观、人生观和价值观对于学生的生存和发展具有重要的引领意义。在小学阶段,要通过学生的学习和实践生活,以通俗易懂的方式使学生懂得唯物论和辩证法,尊重科学、按照客观规律办事,不迷信、不主观意气用事。要使学生明白人生的意义和价值,敬畏生命,珍爱生命,把为人民、为社会服务作为人生最高追求。同时帮助学生树立实事求是、乐观豁达的人生态度,以正确的态度对待人生中的理想、幸福、事业、家庭、荣辱、成败等重要问题。

(二)小学德育活动的典型——少先队活动

小学德育活动的途径多种多样,无论是思想品德课还是其他各科教学,都肩负着对学生进行德育的重任。课堂教学作为教育学生的主阵地,在对学生进行的道德教育中扮演着重要的角色。各科老师可以在具体的课堂教学中,结合学生的实际情况,巧妙挖掘教学内容的德育因素,把教学的科学性和思想性结合起来,使学生既学到科学知识,又能受到思想道德影响。班主任的言传身教、班集体活动、课外活动、实践活动等都对学生的思想道德发展起到重要作用,我们需要根据不同活动方式的特点,扬长避短、综合利用多种不同的途径对学生进行德育影响。相对于其他教育阶段来说,少先队活动是小学德育活动的典型,在小学德育活动中占据重要地位。

---

① 郑晓生. 小学教育学[M]. 福州:福建教育出版社,2016:242.

1. 少先队简介

少先队是中国少年先锋队的简称,少先队是中国少年儿童的群众组织,是少年儿童学习中国特色社会主义和共产主义的学校,是建设社会主义和共产主义的预备队。少先队的历史最早可追溯至1924年的"劳动童子团",1949年10月13日,中国共产党委托青年团建立全国统一的少年儿童组织——中国少年儿童队,这标志着少先队的正式建立,1953年5月改为中国少年先锋队。少先队以红领巾作为队标,它是红旗的一角;队礼是五指并拢,高高举过头顶,表示人民利益高于一切;星星和火炬作为队旗,意味着向着光明、向着未来前进;少先队口号是:时刻准备着,为共产主义而奋斗;少先队队歌是《我们是共产主义接班人》。习近平主席在致中国少年先锋队建队70周年的贺信中指出:少先队应该是少年儿童学习中国特色社会主义和共产主义的学校,应该是建设社会主义和共产主义的预备队。新时代少先队员要热爱祖国,热爱人民,热爱中国共产党,树立远大理想,培养优良品德,勤奋学习知识,锻炼强健体魄,培养劳动精神,从小学先锋、长大做先锋,努力成长为能够担当民族复兴大任的时代新人!

2. 少先队的功能

(1) 政治引导功能

少先队活动可以引领队员的政治发展方向,对队员起到政治启蒙的作用。通过少先队活动使队员了解自己的党、国家和人民,形成对现行政治意识形态的认同感,相信党的领导,听党话、跟党走,坚定政治发展方向。① 少先队组织生活可以引领队员的政治思想和行动朝着国家和社会认可的方向发展,帮助少先队员了解中国特色社会主义,为实现中华民族伟大复兴这一"中国梦"而奋斗。

(2) 凝聚认同功能

少先队是一个集体,通过共同的目标、规章制度和活动,可以把队员凝聚起来,形成队员的集体观念和意识,养成对组织的正确态度。具体来说,队员在学习和遵守少先队章程,参与集体活动,履行队员义务的过程中,可以形成对组织的认同感、荣誉感、责任感和归属感,获得生活在集体中的幸福感。

(3) 成长激励功能

少先队可以促进队员德、智、体等方面全面发展,帮助队员提升个人素养,引导小学生养成良好的思想品德,形成国家意识、劳动意识、集体意识、创新意识等,提升个人身体素质和心理素质。少先队员在参与组织活动,不断地为组织目标而奋斗的过程中,可以受到激励和鼓舞,充分发挥个人特长,获得自我发展和成长。

3. 少先队的特点

(1) 政治性

少先队与其他儿童组织相比最突出的特点在于其政治性,少先队是小学生学习共产主义的学校,是建设社会主义和共产主义的预备队。少先队特殊的建队目的和宗旨,特有的组织形式、标志和活动内容等都充满着浓厚的政治色彩和革命意义。从小学生入队第

---

① 孙志慧.少先队活动课程价值取向研究[D].陕西师范大学,2018:28.

一天起,少先队就充分发挥着自己的政治引领和熏陶功能,激励小学生为共产主义而奋斗,为祖国强大和民族复兴而奋斗。

(2) 群众性

少先队的主要目标就是要组织和教育全体少年儿童,它是一个在先进的政治价值导向下有着严密组织和丰富多彩活动的儿童群众组织,对儿童极富感染力和号召力。在这个同辈群体组织中,小学生的求知、社交、自尊、发展等内在需要都能得到很好地满足,这是所有少年儿童参加少先队的巨大动力。少先队坚持"全童入队"理念和原则,努力把全体少年儿童都吸收进来,成为规模最大的少年儿童群众组织,让所有的队员在这个特殊的学校中,共同学习进步,成为社会主义接班人。①

(3) 儿童性

少先队员的年龄通常处于6、7岁到14岁,这个年龄段的孩子,在思想上还比较幼稚、认知水平不高,政治意识处于萌芽时期。少先队的活动内容必须要针对少年儿童的年龄和身心发展特点,充分尊重少年儿童的自主性,密切联系队员的现实生活,体现儿童性。队员在参与少先队活动过程中,受到教育和熏陶,体验组织生活的快乐,获得身心发展和进步。

(4) 服务性

就组织性质来说,少先队不是学校行政的附属机构,它是党的领导下的少年儿童的群众组织。队员是少先队的主人,少先队的一切工作都是为队员的全面发展和成长服务的,少先队的工作应该由队员当家做主,学校教师不能用行政命令干预其独立活动,而应该尊重少先队员的主体地位,指导和帮助少先队工作,充分发挥少先队组织的作用,体现其为少年儿童服务的宗旨。②

4. 少先队活动的形式

(1) 仪式教育

生活需要仪式感,仪式点亮生活,仪式教育是少先队活动的重要内容之一。仪式教育包括学习队礼、队章、队歌、呼号,佩戴红领巾,参加检阅式、升旗仪式及入队、离队仪式等,庄严而神圣的仪式传递着一种精神和价值,使少先队员受到心灵的熏陶和洗礼,思想得以升华。比如,少先队员要学习如何佩戴红领巾,飘扬在胸前的红领巾使少先队员充满自豪感。

(2) 阵地活动

阵地活动是通过少先队员自己参与建设和管理的教育阵地开展的经常性活动。少先队阵地活动从整体上体现出少先队的环境文化。少先队阵地活动大致分为三类:一是组织教育阵地。如,少先队活动室、光荣榜等。二是宣传阵地,如少先队报、红领巾广播站、知识宣传栏等。三是实践活动阵地,如少先队员自己管理的植物角、养殖场、科技角等。同时,也可以充分利用学校周围的社区教育资源,打造校外教育阵地。

---

① 黄济,劳凯声,檀传宝. 小学教育学[M]. 北京:人民教育出版社,2019:292.
② 黄济,劳凯声,檀传宝. 小学教育学[M]. 北京:人民教育出版社,2019:293.

（3）主题队日活动

以主题活动为主要内容的队日活动，是少先队活动的一个经常形式。例如，可以在传统节日时期，开展以弘扬和传承传统节日文化为主要内容的特色活动，也可以根据学校所在地的自然和人文特色，结合学校实际情况，开展队日活动。特色鲜明的队日活动可以为学校提供校本课程和地方课程资源。

（4）社会实践活动

社会实践活动是少先队活动的常见形式之一，可以引导队员广泛接触社会和自然，积累人生经验。比如可以通过参观红色旅游胜地，访问劳动模范、革命前辈、英雄人物，参加义务劳动、公益活动等，提高少先队员的思想觉悟和水平，培养队员的集体荣誉感、社会责任感和创新意识，提高队员的实践能力。

（5）夏（冬）令营活动

夏（冬）令营活动利用寒暑假组织队员集体生活，对少先队员进行教育和管理。这类活动内容可以是综合性的，也可以是专题性的，比如生物、环保、科技、军事等主题都可以成为夏（冬）令营活动的内容。少先队员可以通过夏（冬）令营活动，提高自身组织纪律性，锻炼独立生活能力，养成团结合作意识和吃苦耐劳的精神。

三、课外活动

课外活动是指在课堂教学之外利用课余时间为学生组织的各种教育活动，以期使学生在个性化参与过程中实现全面发展。① 我国古代教育中就已经有了课外活动，《学记》中记载：大学之教也，时教必有正业，退息必有居学。"正业"即正式的教学活动，"居学"即正常教学之外的课余活动。1986年颁布的《九年义务教育全日制小学、初级中学课程计划（试行）》正式将课外活动列入教学计划。目前，随着新课程改革的日益深入，课外活动在中小学受到广泛关注，被公认为是促进学生全面发展的一个重要途径，是课堂教学的必要补充。近年来，许多小学成立了小学生社团，成为小学校园生活的重要组成部分，展现出小学课外活动的新亮点。②

（一）课外活动的意义

1. 增长知识

课外活动有助于小学生巩固课堂知识、扩宽视野、增长知识。首先，学生可以通过课外活动印证所学知识。马克思主义认为"实践是检验真理的唯一标准"。把课堂所学知识运用于实践可以帮助学生理解知识、检验知识。其次，学生可以通过课外活动获得新知识。课外活动可以为学生提供完全不同于课堂教学的经历和体验，学生可以在参与课外活动的过程中获得新知识，掌握新技能。最后，课外活动可以激发学生探索新知识的愿望。课外活动通常以学生喜闻乐见的形式出现，能够激发学生的学习动机，提升学生学习的积极性，激励学生探索新知识。

---

① 黄济,劳凯声,檀传宝.小学教育学[M].北京：人民教育出版社,2019：260.
② 李茜.小学社团现状调查[J].科技信息,2012(15)：226-227.

2. 提升能力

小学生通过参与形式多样的课外活动,可以提高自己的能力和综合素质。课外活动强调学生的自主性,教师不再事无巨细,处处包办代替,这为学生的能力锻炼提供了宽广的平台。通过自己设计、组织或参与课外活动,小学生的组织协调能力、动手操作能力、社会交往能力、创新能力、小组合作能力等都可以得到充分锻炼。经历是最好的老师,参与课外活动将会使学生积累大量经验,提升各种能力,成为学生成长的一笔宝贵财富。

3. 情感陶冶

课外活动可以使学生在增长知识、锻炼能力的同时,获得休闲、愉悦身心,有助于形成正确的情感态度、价值立场。如果一味使小学生沉浸于书本知识学习之中,容易使其产生枯燥、乏味的情绪,更有甚者会产生厌学、恐学的不良心理。对于小学生来说,在繁重的课业学习之余,参加自己喜欢的课外活动,无疑是一剂非常有效的调剂生活的良方,有利于激发学生对待学习的积极情绪、对待生活的乐观态度,形成良好的学习情感。另外,学生参与各种形式的课外活动,对学生的情感和价值观有很好的引导作用,比如学生参加社会劳动对学生正确劳动观念的确立会产生积极影响;打扫烈士公墓可以使学生缅怀革命先烈,不忘前人奉献;参加名人访谈有助于学生树立远大理想和抱负;进行科技制作能够激发学生热爱科学的情感等。

(二)小学课外活动的特点

小学课外活动是课堂教学活动的延伸,是丰富学生生活和促进学生素质全面提升的重要途径,它在活动形式、活动内容、组织方式等方面都与课堂教学不同,有其独特之处。①

1. 自愿性

课外活动区别于课堂教学的最显著特点是自愿性。对小学生来说,参与课堂教学活动是自己作为学生的职责和义务,具有强制性,但是课外活动的参与可以由学生根据自己的喜好、时间和精力来选择。所以,课外活动不是沉重的负担和压力,而是学生自愿选择的结果,有利于调动学生的积极性和主动性。

2. 自主性

课外活动在内容选择、组织方式等方面给了学生自主选择的空间,教师充分发挥指导作用。在课外活动的舞台上,学生是主角,教师是幕后工作人员,为学生提供必要的支持和帮助,但绝不能包办代替。通过自主组织和参与课外活动,小学生的组织能力、创新能力、沟通能力等都能获得充分发展。

3. 多样性

课外活动的内容和形式灵活多样,可以为学生提供充分的选择空间和余地。从内容上来讲,课外活动门类齐全、内容丰富,可以保证每个学生根据自己的特点选择适合自己的活动。从形式上来说,新颖、独特、多样化的组织方式可以充分展现课外活动的吸引力,

---

① 杨瑞娟. 小学生社团活动研究[D]. 河北师范大学,2015:4.

使学生兴趣盎然,既丰富学生的课余生活,又锻炼学生的能力。

4. 开放性

相对于课堂教学要受到教学计划的严密控制来说,课外活动比较开放自由,在主题、内容、组织等方面都有比较大的灵活创造空间。它可以根据学生的意愿、能力、爱好等各种因素,同时结合学校的实际条件开展活动。开放性的课外活动组织理念,可以灵活打造出既满足学生口味,又突出学校特色,同时还能体现时代精神的、"接地气"的学生活动。

5. 实践性

与课堂教学显著的"坐而论道"的特征相比,课外活动具有明显的实践性色彩,主张"从做中学"。[①] 学生在参与课外活动的过程中,通过自己设计、组织、调查、实验、表演、制作、感悟等,可以充分锻炼学生的才干,使学生在更广阔的空间中接受教育,在活动的过程中获得成长。

(三)小学课外活动的类型

小学课外活动涉及小学教育活动的各个环节,形式包罗万象、丰富多彩,按照不同的标准可以将课外活动划分为不同的类别。从参与的人数和组织形式上来分,可以将课外活动分为群众性活动、小组活动和个人活动。从课外活动的组织主体划分,课外活动分为校级课外活动和班级课外活动。按照课外活动的目标划分,课外活动则有三种主要类型:以智力教育为主要目标的课外活动,如科技活动、学科活动等;以情感陶冶为主要目标的课外活动,如敬老院献爱心、参观烈士陵园、参加公益活动;以娱乐休闲为主要目标的活动,如体育活动、文艺演出、游戏活动等。在此,我们主要从内容的角度就几种常见的课外活动进行分析。

1. 学科活动

学科活动通常以学习小组的形式进行,如语文小组、数学小组、英语小组、美术小组等。学科活动不是补课,它是在教师指导下对某门学科知识进行深入的分析和探索,是课堂教学的加深和拓展。同时,相对于课堂教学来说,学科活动更强调实践性,比如英语小组会更重视口语,语文小组更注重阅读和写作,而数学小组则更关注生活中的数学问题等。

2. 科技活动

科学技术日益发达的今天,学校要对小学生进行科学知识的启蒙教育,鼓励小学生进行科学探索和科学发明活动,科技小组应运而生。比如,许多小学成立了机器人制作小组、计算机小组、航模小组等科技活动小组,对于激发学生爱科学、学科学、用科学的意识起到了重要作用,增长了学生在某一科学领域的知识经验和动手操作能力,扩大了小学生的眼界。

3. 文体、游戏活动

文体、游戏活动是小学生课外活动的重要组成部分,丰富了小学生的课余生活,使其

---

① 唐智松. 新编小学教育学[M]. 重庆:西南师范大学出版社,2016:165.

在繁重的课业学习之余,有了放松身心的机会和平台。小学生文体活动包括文学作品赏析、文艺表演、体育训练和竞赛等。文体活动有助于培养小学生的兴趣爱好,丰富学生的精神生活,锻炼学生体魄,养成健康的生活习惯。

游戏是儿童生活的重要内容,游戏活动是小学生比较喜闻乐见的一种课外活动方式。① 游戏活动是小学生生活中非常浓重的一笔,它可以让学生体味生活的多姿多彩。通过游戏活动可以充分展现小学生的创造力和想象力,培养学生的规则意识和自觉遵守规则的习惯,增强学生的主体意识和协作精神,锻炼学生的人际交往能力。

4. 社会活动

社会活动空间广阔,活动资源丰富,良好的社会活动有助于扩大学生的视野,培养学生理论联系实践的能力、合作意识及社会责任感等。小学组织的社会活动一般有两种类型,一种是社会公益活动,如植树活动、义务劳动、关爱孤独老人、环保宣传等;另一种是社会实践活动,如参观博物馆、进行有关社会热点问题的调查等。

5. 课外阅读活动

终身学习时代,阅读应该成为人的一种生活习惯。阅读是扩宽小学生知识面,提高学生思维能力的重要途径。小学应该经常举办课外阅读活动,鼓励学生积极参与,营造书香校园的氛围。教师要有意识地通过推荐好书、举办读书交流会等方式鼓励学生多读书。同时学校和教师要重视学生阅读资源的挖掘,比如学校建立阅览室,班级成立图书角等,为学生阅读提供必要的书籍。

6. 主题活动

主题活动是围绕某一特定的专题而开展的专门活动。主题活动有特定的目标,活动内容和方式相对稳定,比如学雷锋活动、主题班会等。主题活动的题材丰富多彩,比如围绕传统节假日组织主题活动可以弘扬传统文化、培养学生的仪式感,对学生进行感恩教育、爱国主义教育等;还可以围绕学生比较感兴趣的事情开展主题活动,如"怎样管理自己的零花钱",通过学生讨论、调查、规划等让学生养成勤俭节约的习惯,培养学生的理财意识和自我管理能力。

四、心理咨询与辅导

小学生心理咨询与辅导是学校的专业咨询工作者根据小学生在身心发展和社会适应等方面的需要给予帮助和指导,同时对有关的心理或行为问题进行诊断与干预。② 近年来,人们对小学生的心理健康发展问题日益重视,许多小学开设了专门的心理咨询辅导室,由专任的教师对学生进行帮助和指导。其主要目的是对学生成长过程中产生的心理困惑进行疏导,帮助学生度过成长的迷茫和危机阶段,使学生树立乐观、豁达的生活态度,为学生的健康成长奠定基础。

---

① 张永明,曾碧.小学教育学基础[M].北京:北京大学出版社,2013:209.
② 黄济,劳凯声,檀传宝.小学教育学[M].北京:人民教育出版社,2019:301.

(一)小学生心理咨询与辅导的主要任务

从整体上看心理咨询与辅导的任务是为小学生心理健康发展提供指导和帮助。但是针对学生不同的心理发展状况,心理咨询辅导的具体任务也不尽相同,具体来讲主要有问题预防、早期干预、缺陷矫正以及成长指导四个方面。①

1. 问题预防

小学生年龄较小,心理素质比较薄弱,有时虽然没有出现明显的心理问题,但存在潜在的风险,也许在某种特定条件下就能表现出来。所以要针对这类学生展开有目的的问题预防措施。比如,有的学生比较胆小、在公众场合容易紧张,如果这类学生要上台表演,有可能会产生焦虑心理,导致不良后果。教师可以提前对这类学生进行辅导,鼓励学生要克服胆怯心理,指导学生缓解紧张的具体方法等,把问题扼杀在萌芽之中。

2. 早期干预

早期干预是对于小学生已经出现的初级程度的心理和行为问题进行及时的帮助和指导,避免其发展成严重的心理障碍。例如,某些小学生出现频繁上网的问题,早期可能引不起家长和老师的关注,认为这是成长于信息时代社会下学生的共性问题,但是如果不及时加以引导和教育,共同制定合理上网的规则,可能会越来越沉迷网络,甚至导致网络成瘾。

3. 缺陷矫正

缺陷矫正是对已经产生的心理和行为障碍进行系统的矫正,这是小学生心理咨询和辅导工作中数量较少、难度较大、技术性较强的一种类型。比如有的小学生产生严重的厌学情绪,甚至因为逃避上学而不惜自残等。对于这类业已形成的比较严重的心理问题,学校心理咨询老师的力量可能比较有限,有时需要由专业的心理治疗机构介入。

4. 成长指导

成长指导面向全体学生进行。小学生处于人生发展的黄金阶段,在成长的过程中,心理和生理都要经历比较大的发展变化。在成长过程中会产生一些共性问题,有必要对其进行教育和指导,帮助学生度过人生中的关键发展阶段。如,对于小学高年级女生来说,刚刚进入青春期,会面临一系列身体和心理的发展变化,第二性征的出现可能会导致很多女生产生恐慌心理,学校心理咨询辅导老师可以针对这一特殊状况,为高年级女学生开设"女生课堂",指导她们以平和积极的心态正视自我成长的问题,悦纳自我身体上的变化,顺利度过人生的特殊时期。

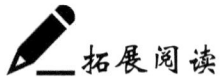

一上学就肚子疼②

雯雯是个活泼可爱的小女孩,可是上了一年级却得了一种奇怪的病,只要一上学就肚

---

① 黄济,劳凯声,檀传宝. 小学教育学[M]. 北京:人民教育出版社,2019:302.
② 薛丽芳. 孩子的"心"秘密——小学一年级新生的心理个案例谈[J]. 小学教学参考,2013(3):6.

子疼。雯雯第一次肚子疼时,班主任马上打电话给她的父母,请他们把孩子接回家休息。第二天,妈妈送她来上学时告诉老师昨天接回家休息了一会儿就好了,没什么大碍。没想到隔了几天,雯雯又肚子疼了。一连几次下来,把家长急坏了,连忙带孩子到医院进行各种检查,但结果都是没什么病。从此,雯雯就得了一个怪毛病,每天一上学就会肚子疼,只要不去上学,在家休息就没事。这是怎么回事呢?

原来雯雯得的是学校恐惧症。学校恐惧症的直接原因常常是学习失败。雯雯刚入小学,正是拼音学习的时候。白天上学接触的都是拼音,晚上回家还要读拼音卡。雯雯觉得学习很枯燥,而且她接受能力一般,学习起来感到力不从心。这时,又联想到以前幼儿园的舒适生活,对学习一下子就产生了抗拒心理。学校恐惧症的最初表现是儿童上学感到勉强,很痛苦,该去上学的时候不去,或者提出苛刻的条件,有的儿童在上学当日清晨就诉说有头痛、头晕、腹泻、呕吐等不适症状,就像雯雯表现出腹痛等症状一样,这些症状在周末或节假日不出现,往往是周一或者节假日结束时就会出现。当强制孩子去上学时,就会出现强烈的情感反应,如焦虑不安、痛苦、喊叫、吵闹等,当他们在家看书或和伙伴们游戏时,一切都正常了。

(二) 小学生心理咨询与辅导的主要内容

1. 认识自我

能够客观、全面地认识自我,是心理健康的一个重要指标。小学生要逐步学会正确认识自身的优缺点、性格、能力、兴趣、爱好等,学会接纳自己。然而,部分小学生在自我认知上存在偏差,比如过分自卑或者盲目自信,不能正确理性地评价自己,容易被他人意见左右等,这些都是不良的心理状况,需要咨询与辅导人员提供帮助。

2. 情绪管理

小学生情绪管理的能力较弱,情绪波动比较大,容易冲动,不善于掩饰和控制自己的情绪。学校心理咨询辅导人员要根据小学生的情绪特点,制定合理的应对方案,对于较为外显的情绪问题给予专门的指导和帮助,尤其要关注儿童焦虑、强迫症、恐惧症等。通过咨询辅导工作,使小学生能在遇到困难时保持相对稳定的情绪,不被焦虑、恐惧等不良情绪左右。

3. **学业指导**

心理咨询和辅导中所涉及的学业指导并不是就某一门学科,或者某个具体的知识点进行教育和指导,这里主要关注小学生的学习态度,学习的具体策略,学习的体验以及学习的兴趣等方面。比如,有的小学生有粗心马虎的毛病,有的学生注意力不集中,还有的学生有厌学情绪,心理咨询和辅导老师可以针对学生在学习上的不同问题,具体情况具体分析,针对不同学生在学习上存在的困扰,利用行为训练、兴趣迁移、改变认知、树立信心等不同措施,给出比较可行的解决方案。

4. 行为调控

小学生行为自主调控能力较弱,有的小学生因为家庭、学校、同辈群体等原因的影响,出现一些偏离常规的不良行为。比如攻击行为,具体表现为喜欢打架、骂人等,更有甚者会出现校园暴力的情况;有的学生出现课堂违规行为,如上课乱跑、乱讲话、迟到、早退、旷课等;有的出现学业上的惰性,如不愿意写作业、消极应付作业等;还有的形成不良嗜好,如网络成瘾、赌博、抽烟等。这类行为如果不能及时处理会产生严重后果,甚至影响学生一生的成长。所以,学校可以联合家长、心理辅导人员、班主任等各方力量,对学生进行相应的行为训练,矫正不良行为。

5. 人际交流

学校与家庭的一个显著区别在于学校能为学生提供类似于社会交往的环境,学生在与老师和同学交往的过程中,社会化程度将会得到提升。学会与人相处,是小学生适应校园生活的一门必修课。然而有些学生却在学校人际关系处理上存在困难,以致影响学习、生活甚至终身发展,使本应多姿多彩的童年校园生活笼罩上厚厚的阴影。产生此种结果的原因五花八门,学生性格、身体条件、学业能力、家庭因素等,都可能是导致学生人际交往障碍的诱因。心理咨询与辅导人员需要对这些同学进行专业的指导和帮助,引导其分析问题产生的根本原因,教给学生与人交流、沟通、合作的具体策略,帮助学生认识自我、走出自我、关心他人、走进集体。

(三) 小学生心理咨询与辅导的主要途径

小学生心理咨询与辅导的途径是指对小学生进行咨询与辅导时所采取的渠道。① 最常用的途径有以下四种:

1. 个别咨询与辅导

个别咨询与辅导是小学心理咨询与辅导最常见的一种形式,它主要是针对个别学生的问题进行指导和帮助。个别咨询与辅导不同于一般的班主任工作,它的主要帮助对象是个别有心理障碍的学生,通常在学校专门设立的心理咨询室进行。咨询辅导老师要承担起诊断、提供专业帮助、联系安排转诊等任务。对于来访的学生,心理咨询老师要充分信任和关注,为学生提供一个关爱、宽容、平等的咨询环境,严格为学生保密,解除学生后顾之忧。

2. 团体咨询与辅导

团体咨询与辅导是在团体情境下为学生提供心理帮助与指导。这种辅导的主要特点是提前设计一些特殊的场景和活动,让学生在团体互助合作的过程中感悟和体验,更完善地认识他人和自我,改善学生的人际关系。个体心理咨询与辅导一般是问题产生后的诊治,而团体咨询与辅导则重在预防和改善,激发个体潜能,提升个人适应能力。

3. 心理健康课程

心理健康课程一般以班级为单位,由专业人员担任,有计划地、系统地组织教学内容,它的教育对象是全体学生,以学生的共性问题为主要内容展开。心理健康课程虽然是以系统设置课程的形式出现,但它的主要任务不只是知识的了解,而是要使学生通过课程学习,掌握一些具体的行为训练技能,在观念和态度方面产生积极的变化。② 同时心理健康课程要结合学生的生活和学习进行,以活动为主要教学方式,鼓励全体学生积极参与。

---

① 田友谊. 小学教育学[M]. 北京:北京大学出版社,2016:199.
② 黄济,劳凯声,檀传宝. 小学教育学[M]. 北京:人民教育出版社,2019:305.

第三节 小学教育活动的组织

小学教育活动形式多样,内容丰富多彩,其最终目的都是为了促进小学生的学习与发展。为了提升小学教育活动的效果,达成促进学生发展这一根本目的,我们需要充分利用各种活动资源和力量,对小学教育活动进行合理地组织与安排。小学教育活动的效果在很大程度上取决于它的组织与设计情况。尽管在教育活动具体实施的过程中,预先设计好的活动方案和步骤很可能会发生调整,但这不能作为我们不重视活动组织和设计工作的理由,反倒更应该加强教学活动的组织和设计,以便出现新情况、新问题时能够及时合理地调整。提高小学教育活动的组织与管理水平,不仅是教育活动有序开展的保障,同时对促进学生发展有十分重要的意义。

一、小学教育活动的组织原则

小学教育活动的组织原则,是学校在组织小学教育活动时必须遵循的指导原理和行动准则,是开展教育活动的基本要求。教育活动原则并不是人们随意杜撰的,它是教育活动客观规律的反映,是在长期的教育实践活动中总结提炼出来的,原则出于教育实践,反过来又指导教育实践活动。小学教育活动的组织原则主要有以下几个:

(一)人本性原则

人本主义的思想观点古已有之,当前人们更是将其作为教育活动组织的一个重要指导思想。古罗马文化对人的教化中渗透有人本主义的思想,我国古代伟大的思想家孔子、孟子等的教育思想中也闪烁着人性化的光彩,美国人本主义心理学家罗杰斯对人本主义思想也有系统的阐述。① 人本性要求我们在教育活动组织中要以学生为本,服务学生需要,根据学生的身心发展规律和特点组织教育活动,消除小学教育活动中"见物不见人"的倾向。具体来讲贯彻人本性原则,需要做到以下三点:第一,全面性。人的全面发展,是马克思主义教育学说的核心内容,也是社会主义教育的终极追求。② 知识与技能获得固然对学生的发展至关重要,但绝不意味着这就是学生的一切,教育活动的开展要以促进学生的全面发展为目的。第二,全体性。当前,在关注每一个儿童发展质量与水平的价值取向引领下,教育公平和教育机会均等的理念已经铸入到当代小学教育发展之中。教育活动的组织要关注所有学生的发展,而不是把主要资源和精力放在训练少数"有前途"的学生身上,每一个小学生的需求和发展都应该在教育活动组织的考虑范围之内。第三,个体性。小学教育以促进小学生的自身完善和发展为目标,既包含着社会本位的教育目标,也蕴含着个体本位的教育目标。小学教育活动要满足全面性和全体性的要求,并不代表着所有学生的平均发展。个体性要求小学教育活动的组织与设计要体现层次性和灵活性,

---

① 宋振春,陈令芳.小学教育管理工作的价值取向研究[J].中国校外教育,2018(6):33.
② 项贤明.教育学原理[M].北京:高等教育出版社,2019:159.

能充分满足不同学生、不同方面的发展需求。

(二) 科学性原则

科学性是小学教育活动价值取向的基本要义之一。在小学教育活动组织过程中,我们只有坚持科学性原则,才能保证教育活动有序推进,最终实现教育活动的目的。19世纪末20世纪初,随着科学管理理论在管理学领域兴起,人们在教育活动管理实践中也引入了科学管理的理念和精髓,促进了教育活动的规范化和科学化。贯彻科学性原则,需要做到下述三点:第一,遵守教育规律和人的身心发展规律。教育活动的展开必须符合教育的发展规律,符合小学生身心发展特点,只有这样才能保证教育活动价值方向的正确性。第二,使用科学的教育活动方法和手段。教育活动开展过程是否顺利,效果是否理想,在很大程度上要受到采取的方法手段的制约,方法手段恰当,则能达到事半功倍的效果。第三,合理使用教育资源。教育资源是保障教育活动顺利进行的必要条件,相关部门要协调配合,科学使用人力、物力、财力等各种教育资源,充分发挥资源配置的最佳效果,以提升教育活动的水平和质量。

(三) 时代性原则

时代精神植根于社会发展之中,渗透在社会生活的各个领域和环节之中。小学教育活动也是在一定的时代背景和社会条件下产生的,必然要体现时代的精神和气息。千百年来在封建制度的统治下,教育活动的主要目的是庶民教化,恪守规范被视为是优秀公民的基本品质。而在创新社会背景下,具有批判精神和质疑能力无疑是值得推崇的,教育活动也在贯彻创新精神的要求,把培养创新型人才作为其重要任务。目前,我们处在一个信息化、科学化、全球化的时代,如何在小学教育活动中准确把握时代脉搏,成为摆在所有教育工作者面前的一个重要命题,需要我们慎重研究和对待。① 当今社会发展变动急剧,人们的生活呈多元化发展趋势,要想在瞬息万变的社会环境中生存,人必须具有较强的适应能力与应变能力,需要有迎接挑战的毅力和判断决策能力,有创新精神和独立意识。这些,我们都需要从学生接受教育的开端抓起。小学教育活动的组织要准确把握和体现时代气息,在活动进行过程中渗透对学生自主意识、创新精神等的培养。

(四) 量力性原则

小学教育活动的开展,取决于教育理念、资源、师资、组织等各种主客观条件。量力性原则主要是指组织小学教育活动时要在社会发展的大背景下,充分考虑校内外各种资源和条件,有效利用当地的社会资源,使小学教育活动植根于现实的土壤之中。具体分为以下三个层面:第一,就学校层面来说,贯彻量力性原则需要学校在综合衡量自身资源和条件的情况下,慎重选择自己的发展方向,合理利用各种资源,为教育活动的有效开展服务,不盲目跟风、不切实际地组织教育活动。第二,就教师层面来说,作为教育活动的具体组织和实施者,教师要善于分析班级现实状况,自身的优势和不足,在组织教育活动时要做到扬长避短,能够合理灵活运用各种优势,从而实现教育活动效果的优化。第三,对于学

---

① 曾文婕,皇甫全.小学教育学[M].北京:高等教育出版社,2017:224.

生层面而言,学生要根据自己的特点和兴趣爱好,积极主动地参与各种教育活动。但在参与的具体过程中,要根据自己的能力、时间和精力,对课外活动等一些非必修的教育活动进行适当的取舍,坚持"有所为,有所不为",从而实现自我完善发展。

二、小学教育活动的组织策略

(一)遵循小学生身心发展规律

从根本上讲,小学教育活动主要是为促进小学生身心发展而开展,所以在组织小学教育活动时要考虑的首要因素就是小学生的身心发展规律。小学生的身心发展规律决定了处于特定年龄段儿童的能力水平、兴趣爱好、个性特点等,这些因素在很大程度上制约着小学生学习与发展。所以,我们需要顺应学生的成长与发展规律,使小学生在特定的人生阶段中掌握其应该获得的知识和技能,获得其应有的体验和发展。例如,小学低年级学生的思维以具体形象思维为主,抽象思维能力极其有限,组织教学活动时就应该考虑到学生的这一身心发展特点和规律,尽可能将知识学习融入学生的直接经验中进行,用较为丰富的感性认识帮助学生理解比较深奥的道理。

当然,遵循小学生身心发展规律并不意味着教育活动的刻板和僵化,教师可以在充分把握小学生身心发展特点的基础之上,灵活实施教育活动,实现教育活动的多样化和创新性。

(二)将教育活动建立在实践和生活的基础之上

从人类教育发展的历史来看,教育从源头上来说就是生活性的,生产经验和生活经验的传递是教育产生的最根本动力。所以,从本质上来说教育源于生活,教育回归生活。小学生对生活的经验和感悟会在很大程度上影响教育活动的效果。"躬行"一词也常出现在我国的古训中。然而,由于人们对教育和学习的片面理解和不当的教育评价,导致在教育实践活动中,过分重视学生对知识的机械记忆和掌握。很多情况下,学生并不能明白知识的内在关联,也做不到活学活用,理论知识和实践情况割裂的现象相当严重。

理论与实践相结合,要求我们在教学活动中将书本知识的学习同学生的直接经验相联系,重视学生对知识的实践和运用。陶行知的"生活教育思想"认为生活即教育,教育是动态的,因生活变化而变化的。① 所以,在教育实践活动中,我们不仅要关注学生是否掌握了某个知识点,还要注意其学习的方法,更要重视学生是否能将所学知识与实践生活相联系,在生活中运用知识、印证知识。

(三)知识性与趣味性并重

知识的学习和掌握是小学教育活动的一个重要目标,在教育活动的设计中要充分考虑。在考虑知识性目标达成的同时,还要照顾到学生的兴趣和情绪,尽量以学生喜闻乐见的方式组织教育活动,实现知识性与趣味性的完美融合。这就要求在教育活动的开展过程中,既要注重增加学生知识,又要使教育活动内容丰富、方法多样、形式活泼,对学生有

---

① 潘海燕.小学教育概论[M].北京:北京师范大学出版社,2013:164.

较强的吸引力,尽可能地给学生创造动手操作和亲身实践的机会。如果能做到这一点,学生就会对教育活动充满浓厚的兴趣,愿意积极投入到教育活动中去,而不只是做个安静的旁观者。

坚持知识性与趣味性并重,需要防止两种倾向,一种是过于关注知识的理解和掌握,强调机械训练,不重视学生在学习时的体验和感受;另一种是单纯追求形式多样,过度重视学生的兴趣,投其所好,而忘记教育活动的主题意义,最终使教育活动沦为哗众取宠的游戏活动。

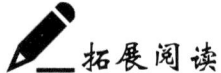拓展阅读

"玩"的学问①

玩是孩子的天性,巧妙的玩能玩出自律,玩出合作,玩出进取……孩子都很爱玩,他们常常玩得忘了时间,忘了地点,忘了还有许多该做的事情。身为班主任,该怎样把学生的这份"玩心"转化为强大的教育动力呢?

冯老师班上的孩子们有一阵子不知怎的迷恋上了打陀螺,一次上数学课,有个"捣蛋鬼"竟趁老师不注意在课桌下偷偷地抽陀螺。数学老师一怒之下没收了陀螺,并要求冯老师严肃处理,可冯老师非但没有对孩子进行训斥,反而把陀螺还给了他,并在自己的语文课上让全班同学把陀螺玩了个痛快,随后布置孩子们回家搜集陀螺的相关知识。接下来的几天,冯老师又在班中组织了"陀螺知识大王""合作打陀螺""自制陀螺"等一系列比赛,但规定只有专心上好每一堂课、做好每次作业的孩子才有参赛资格。孩子们再也不偷着玩了,他们快活地"玩"并"乐"着,从不同角度写出了一篇篇神采飞扬的好作文,有10多个孩子的文章还获了奖或公开发表。孩子们主动请求每学期都过一个"陀螺节",并设想着组队承办。冯老师乐滋滋地说:"这真是最好的作文课,更重要的是在比赛中,我看到孩子们的凝聚力、竞争力、自我约束力得到了大大的提高。"

我们不能只关注书本而不关注学生,只关注预定方案,而不顾学生的即时反应。冯老师的聪明之处就在于,她明白玩是孩子的天性,并巧妙地让孩子玩出了乐趣,玩出了自律,玩出了合作与进取,这种"教育机智"是我们每个班主任都应当学习的。

(四) 兼顾学生全面发展与特殊能力的培养

小学教育活动必须面向全体学生,同时要尊重差异,在学生全面发展的基础之上,促进个性发展。实现全面性与特殊性的融合,包含两层含义:第一,就全体学生而言,教育活动要照顾到大部分学生的需要和发展,选择适宜的活动内容和方法,促进多数学生的发展,同时兼顾个别学生的特殊需求,设计有弹性,调整有余地,为个体发展留出空间。第二,就学生个体而言,教育活动要以促进学生的全面发展为根本目的,统筹考虑学生德、智、体、美、劳等多方面发展需求,同时还要为学生的特殊才能发展提供平台和机会。坚持

---

① 高谦民.今天,我们怎样做班主任[M].上海:华东师范大学出版社,2006:37-38.

全面发展与特殊性的融合可以使小学生整体发展更有潜能和生机,同时还可在发展中形成丰富多彩的个性和特长。

（五）充分发挥小学生的主体作用

在组织小学教育活动过程中,一方面要重视发挥教师的指导作用。"闻道有先后,术业有专攻",教师作为一个专业的教育工作者,受过专业的教育训练,同时又具备丰富的实践教学经验,所以在教育活动中要积极发挥引领作用,为学生提供专业高效的教育指导。另一方面,要重视学生的主体性,鼓励学生主动参与教育活动。以往的教育理论过于强调教师的主导作用,忽视了学生的主体地位,片面认为学生是被塑造的客体,这种观念必须要改变。学生是认识的主体、实践的主体,任何知识,只有学生意识到它时,才可能进入学生的知识体系。学生对教育活动有选择和加工的能力,教师对学生的指导也只能在学生积极参与教育活动时才能体现出来。在教育活动组织和实施中坚持教师指导与学生自主相结合,要求教师和学生分别扮演好自身角色,教师要做到"掌舵而不划桨",尊重学生感受,留给学生自由选择和活动的空间。学生要坚持在教师指导下积极参与教育活动,尊重教师的指导者地位,充分发挥自身创造力,逐步形成自我发展的主动性、积极性,充分发挥自己的才能和潜力。

思考与讨论

1. 请结合实际谈谈小学教育活动的功能。
2. 简述小学教学活动的主要任务。
3. 当前小学教学活动的发展趋势是什么?
4. 少先队在小学生成长中发挥着什么功能?
5. 结合实际,谈谈如何有效组织小学教育活动?

参考文献

1. 帕尔默.教学勇气 漫步教师心灵[M].吴国珍,等译.上海:华东师范大学出版社,2005.
2. 周建平.小学课堂教学设计[M].北京:高等教育出版社,2012.
3. 唐智松.新编小学教育学[M].重庆:西南师范大学出版社,2016.
4. 黄济,劳凯声,檀传宝.小学教育学[M].北京:人民教育出版社,2019.
5. 顾建军.小学综合实践活动设计[M].北京:高等教育出版社,2011.
6. 邵光华.小学课堂教学技能训练[M].北京:高等教育出版社,2011.

第八章
小学教育改革与发展

本章首要分析小学教育改革与发展的相关社会背景和教育发展背景,结合我国小学教育发展的特点,从立德树人、全面发展和终身发展三个方面提出了小学教育改革与发展的三大任务,针对我国小学教育的问题和实际,给出了小学教育改革与发展的对策与建议。

1. 了解小学教育改革与发展的相关背景。
2. 理解小学教育改革与发展的基本任务。
3. 掌握小学教育改革与发展的策略。

清华大学附属小学的教育改革实践[①]

作为一所具有百年历史的学校,清华大学附属小学始终紧跟国家改革与发展的步伐,一直致力于探索"育什么人"和"怎样育人"两个基本的教育命题。为了更为清晰地回答新时期清华附小"育什么人"的问题,近年来,一直审慎地研究清华附小学生如何发展核心素养。基于学生的特点、学校的百年文化和办学思想,拟定了五大核心素养:身心健康、成志于学、天下情怀、审美雅趣、学会改变。五大核心素养明确了清华附小"育什么人",为学校教育指明了方向。而回答"怎样育人"就是要让核心素养在教育实践中落地。

一、"四园"构筑儿童成长新天地

新修订的《清华附小办学行动纲领》指出,要把学校建成"一所生态田园、人文家园、书香校园、儿童乐园"。近年来,清华附小人为着这个理想的校园而不断智慧地创造。下面以生态田园为例谈谈素养导向的校园建设。没有亲近过泥土的孩子,不会有真正的童年。清华附小打造生态田园就是要还儿童以泥土,还儿童以自然。一切素养都在与生态田园

[①] 窦桂梅,汤卫红.核心素养的学校应答——以清华大学附属小学为例[J].中国德育,2016:1.

对话中悄然生长。

二、养成影响学生一生的习惯

学校根据学生的年龄特点和阶段性要求,在不同年级重点落实一项养成教育主题,通过行为规范和内在约束,逐步将外在要求内化为素养。学校拟定的六大养成教育主题是:言行得体、协商互让、诚实守信、自律自强、勇于担当和尊重感恩。围绕主题,我们会开展系列活动,将素养的培养自然融入。

三、"1＋X课程"的深化与创新

清华附小不断推进"1＋X课程"的深化与创新。

(一)结构深度优化

核心素养导向下的"1＋X课程"首先撬动了课程结构的优化。"＋"不是简单的加法,而是结构,促进"1"(优化整合后的国家基础性课程)与"X"(实现个性化发展的特色课程)两者之间的相辅相成,形成合力,构成趋于合理的、有机整体的课程结构。"1＋X课程"体系旨在帮助儿童更好地建立书本知识与现实生活世界之间的有机联系,在与世界的开放联系中不断拓展思路,开阔视野,创生意义,从而更加有效地面对现实问题,成就具备核心素养的现代小公民。

(二)内容深层整合

清华附小在整体课程构建的过程中,重点推进三大核心课程。健康体育课程。充分运用身体这一教育资源,保证学生每天在校能锻炼两小时左右,每天完成"三个一"(每天一节体育课,每天一个健身大课间和晨练微课堂,每天每个学生一个体育自主选修项目),帮助学生把体育当作生活或生命的一部分。健康体育课将意志品质、心理健康、自救自护能力等以主题融合。主题阅读课程。各任课教师从不同维度和角度为儿童推荐书目,坚持经典性、序列化和趣味性。通过指导阅读课、阅读分享课、阅读欣赏课等促进深层次阅读的不断推进。六年的全阅读课程,将小学阶段的阅读目标化、系统化,激发学生阅读文学、科普、艺术等经典的兴趣,丰富对世界的认知,提升学生各方面素养和实践能力。应用创新课程。清华附小立足清华大学的科学沃土,以培养学生想象力和创造力为前提,让学生通过动手实践,大胆想象,勇于创新,促进核心素养的综合提升。

(三)整合全面融通

在实践深化中,探索出整合途径的三种方式:渗透式整合、融合式整合、消弭式整合。学科内——渗透式整合。跨学科——融合式整合。消弭式整合,围绕同一主题,超越学科边界,寻找解决问题的多种途径。不断为儿童提供丰富多样的可能性,通过文化再造、主题教育、课程改革等多维度的立体化途径,促进核心素养的可持续发展。

教育要适应社会发展和人的发展而不断进行调整和改革,尤其是人类社会进入21世纪以来社会发展对教育提出了新的挑战,更显现出教育变革的紧迫性。2019年2月中共中央国务院颁布了《中国教育现代化2035》,为我国第一个以教育现代化为主题的中长期教育战略规划,为我国今后的未来教育改革与发展指出了新的方向,2019年7月中共中央国务院颁布了《中共中央国务院关于深化教育改革提高义务教育质量的意见》,更具体为我们绘就了义务教育的改革与发展的蓝图。如何认识当代小学教育改革与发展的现状

与未来的趋势是我们做好小学教育工作必须要面对和思考的问题。本章将围绕小学教育改革与发展的背景、价值、任务和策略等问题展开讨论。

第一节 小学教育改革与发展概述

一、小学教育改革与发展的背景

教育的发展主要受到社会政治、经济、科技和文化等多种因素的影响,教育必须不断适应社会发展的要求。人类社会主义进入20世纪中后期,尤其是进入21世纪后的快速发展,对我国基础教育改革提出了新的历史挑战,把握这些挑战,对我们审视和规划小学教育的改革与发展具有重要意义。

(一) 社会发展的挑战

1. 经济发展

经济发展不仅直接影响着教育事业发展的总体规模、速度和结构,还直接影响着人才培养的目标和基本要求。

当前经济发展正从传统工业经济向知识经济的转变。知识经济是有别于工业经济的全新经济形态,它具有以下特征:首先,知识经济是以知识信心与智力成果为基础的经济,其次,知识经济是以知识的积累和创新作为经济发展的驱动力,再次,知识经济关注经济发展的可持续性。知识经济的发展对社会各领域的发展都产生了重要影响,对教育也提出了新的挑战。首先,知识经济要求一个社会的发展要高度重视国民整体素质的不断提高,只有整体国民素质不断提高了,经济的发展才能有坚实的基础。而国民素质的提高关键在基础教育,尤其是小学教育的发展。其次,知识经济需要具有大批具有创新精神和创新能力的各级各类人才,而这有赖于基础教育对于学生基础创新素养的培养。进入21世纪后,世界各国的基础教育的改革和发展的一个重要的趋向就是关注中小学生创新素养的不断培养。

经济发展的另一个特征是经济全球化。经济全球化要求任何国家或地区不能够把经济的发展封闭起来,要在全球的视野下发展经济。我国提出的"一带一路"之所以取得了成功,就是因为顺应了经济全球化的发展趋势。经济全球化要求教育必须从小培养学生具有全球视野,要让学生从小能够站在全球的范围内来看待人力发展的问题,而不是狭隘的民族主义。经济全球化要求小学教育在课程设置方面要充分接受国际语言、世界知识的教育;要增加全球性课程资源,让学生广泛地接受不同国家和地区的文化;要让教师走出国门,接受全球化教育的影响,使教师能够站在一个更高的视野在开展教育教学工作。

2. 科学技术的发展

进入20世纪中叶,科学技术以前所未有的速度在快速发展。知识的更新速度越来越快,19世纪初,人类的知识还以每50年翻一番的速度增长。到了20世纪初,这一速度变成每10年翻一番!20世纪80年代,人类的知识每3年翻一番!20世纪末,人类文明发展的前5000年所积累的文献资料,还没有现在1年的文献资料多。《学会生存》的报告指出,"进入21世纪,知识老化速度不断加快。随着科学信息技术的快速发展整个人类历史上90%以上的科学家与发明家都生活在我们这个时代。"目前,一项新科学技术大约只需要3—5年就可能会出现有一种更新的科学技术产品来加以代替。尤其是近年来,移动互联网、大数据、云计算、人工智能等新的科学技术在社会上广泛运用,更对我们的教育提出了新的挑战。移动互联网下的数字文化正改变着我们的生活,数字文化将不仅影响教师的教,也将影响学生的学,混合式教学将成为未来重要的教学模式;人工智能也即将进入学校,未来也许每一位教师和每一个学生都需要一个人工智能助手。无论是学校教育中的管理与评价,还是教师的教与学生的学都必须适应新的科学技术的挑战,尤其是在学生的培养方面,必须要跟上新的科学技术发展的步伐。

(二)教育发展的挑战

20世纪中叶以来,国际教育思潮的演变对小学教育改革提出了新的要求。联合国教科文卫组织从20世纪70年代以来相继发布了对世界教育有重大影响的三大报告,代表了国际教育思潮的发展趋向。20世纪70年代发布的《学会生存——教育世界的今天和明天》,从科学主义思想提出了"终身教育"的理念,强调教育要关注人的终身化发展;20世纪90年代发布了《教育——财富蕴藏其中》,从理想主义思想提出了教育的"四大支柱"(2003年又增加了"学会改变",故又称"五大支柱"),强调教育要关注人的综合素养的提升;2015年发布了《反思教育:向"全球共同利益"的理念转变》的报告,从人本主义思想提出了人文教育教育观和发展观。全球各国都在关注这些教育思潮的影响,不断地适应社会发展改革各级各类的教育。

在新的教育思潮的影响下,各国相继制定了本国21世纪初期的教育发展战略及一些重要的教育法案。美国先后制定了《美国教育部2001—2005年战略规划》《美国教育部2002—2007年战略规划》《不让一个孩子落后》教育改革法案,俄罗斯出台了《21世纪教育——战略性的优先发展战略及俄罗新2010年前的教育现代化构想》,韩国制定了《21世纪韩国教育改革计划》,英国教育与技能部发布了《2002—2006年国家教育战略框架》和《公共服务以人为本——为儿童和学习者五年战略》(2004年)等。这些教育法案都为本国的小学教育改革与发展明确了方向。

二、国际小学教育改革与发展的动向

(一)确立面向学生综合素养发展的培养目标

学校的培养目标是教育首先要研究的问题。世界各国,尤其是发达国家,在进入20世纪中后期的教育改革与发展中都非常重视确立培养学生综合素养的目标。如德国提出小学教育的培养目标是:通过课堂教学使全体学生真正学会掌握有关读、写、算等各方面的数学基础知识,促进学生智力发展,为今后的深造学习提高能力打好坚实基础,培养学生真正具有民主精神,爱国、爱党和人民的良好品格和社会责任感。英国提出小学教育的培养目标是:努力帮助学生真正学会充分了解自己,了解自己与他人及周围社会世界的密切关系;努力激发学生的好奇心,努力培养学生在初等教育阶段必需的一些基本个人心理素质和生活态度,以便为他们迎接下一阶段的学习生活打下良好的基础。美国提出的小学教育培养目标是:① 积极增进儿童健康和心理发展儿童健美体格;② 积极增进儿童的法治认识;③ 积极发展儿童对法治社会和民主科学法治世界的基本认识;④ 积极发展儿童有效组织参与民主法治社会的基本技能;⑤ 积极发展儿童树立符合民主社会生活的核心价值;⑥ 积极发展儿童的各种创造性科学活动。俄罗斯提出小学教育的培养目标为:为适龄儿童的全面智力发展发育奠定初步基础,保证正确熟练掌握基本语言文字的朗读、书写与语言使用,学会基本的语言、计算、文字技巧,同时,要对适龄儿童定期进行社会道德教育、集体生活道德教育、公民道德教育,使适龄儿童能够形成和学习遵守一定的社会道德规范和社会行为准则,养成认真刻苦学习和热爱劳动的各种良好习惯,培养儿童应付社会环境的适应能力和分析解决实际社会问题的综合能力,培养对祖国和社会人民的真诚热爱。

纵观各国的小学教育目标,可以看出以下共同的特征:① 努力促进学生的心理身体健康;② 努力促进学生基础知识和基本技能的掌握和有效应用;③ 努力促进学生个性的自由自主发展;④ 努力培养学生的民主公民权利意识;⑤ 努力培养学生的自主探究创新精神和课外学习活动兴趣。

(二)加强学生的品德教育

随着工业化带来的越来越多的社会问题,公民的道德教育受到社会的广泛关注,学校教育重视学生的品德教育成为 20 世纪中期以后国际基础教育改革的一个重要特点。20 世纪 80 年代后期,美国重新明确强调了学校要培养学生具有的共同思想品德,如诚实、勇敢、遵纪守法、爱国、自我道德修养等;日本自 20 世纪 80 年代以来也非常重视学校德育,多次召开"加强道德教育全国大会",认为学校应当建设成为少年儿童的一个精神道德食堂,学校应该加强培养少年儿童的基本社会规范道德意识,少年儿童不仅要有不断追求真善美的自信心和也更富有社会同情。

(三)把课程教学改革作为教育改革的核心

英国小学里的学习课程

圣布里吉德小学正在推出注重培养技能的修订版课程。教师们现在被要求教授六个新的课题,包括语言、文学、艺术、周围的世界、数学和计算。在修订版课程中,通过沿袭以前课程好的框架,并补充相应的知识与方法,以完善修订版课程的内容。玛丽校长认为这种做法将会非常前瞻,同时又保持传统。因为修订版课程的实施目标是让每一个孩子都能为社会做出贡献,这正是这所学校的强项。

圣布里吉德小学所有的教学计划都是基于修订版课程,不同于单独的科学、历史或地理等学科要求,校长会把这些知识都融合到"周围的世界"这门课程当中。新的课程目标是把更多的时间留给师生共同的教与学,而不是简单地为了应付以考试为目的的教学。这样,学生们就能更好地掌握读写能力、计算能力、计算机的应用技能和社交技能。

1. 课程改革的目标

把新的课程教学改革目标作为学校教育改革的核心,是国际基础教育改革的最显著特征。美国 1994 年通过的《2000 年教育战略》,在课程方面提出:"美国学生在 4、8、12 年级毕业时有能力在英语、数学、自然科学、历史和地理学科内容方面能应付挑战",最近特别强调"不让一个孩子掉队"。1999 年英国颁布新一轮国家课程标准,强调四项发展目标:精神方面的发展:自我成长,发展自己的潜能,认识优缺点,具有实现目标的意志;道德方面的发展:明辨善恶,理解道德冲突,关心他人,采取正确行动的意志;社会方面的发展:理解作为集体和社会一员自身的权利与责任,人际关系的能力,为了共同的利益,与他人协作的能力;文化方面的发展:理解文化传统,具有理解和欣赏美的能力。日本 2002 年开始实施的新课程,指导思想突出四个方面:鼓励学生参与社会和提高国际意识;提高学生独立思考和学习的能力;发展创造宜人的教育环境;鼓励每所学校办出特色和标新立异。韩国 1997 年开始的课程改革,强调实验、学习、讨论、自由活动、社会服务等亲身体验为中心的学习活动,以培养学生解决问题的能力。新加坡 2001 年开始的新课程改革提出使学生掌握必要的技能,成为勇于革新、善于获取信息、富有创造精神的人,以适应 21 世纪的需要。各国课程改革的目标都在关注学生综合素质的培养,关注面向未来社会发展的需要。

2. 课程结构的改革

课程结构决定了课程的基本功能,也决定了学生发展的质量。新世纪各国课程教育改革者都十分重视课程结构的不断变革,力求通过课程结构的不断优化实现学生的良好发展。日本基础教育除了原有的课程三大学习领域外,2003 年增设了综合学习活动时间为第四领域,正在努力改变那些课程结构偏重学科课程和缺乏学生活动的弊端。韩国在课程结构方面,引入"区别性课程",从 1 年级到 10 年级,数学、英语、朝鲜语、科学和社会等五科设置分层课程,以适应不同层次学生发展的需要。英国以构建国家特色课程体系为纽带,努力实现国家课程之间的有效沟通和平衡。课程整体结构由核心学科课程和基础学科课程两部分组成,核心学科课程即普通数学、英语和社会科学三门课程,基础学科课程主要包括电子信息和国际交流应用技术、外语、宗教教育、历史、地理、美术、音乐、艺术、体育等,共 12 门课程。各国课程结构的改革,都在其原有的结构上不断地优化,增强课程的均衡性、综合性和选择性,来适应学生个性化发展的需求。

3. 课程内容的优化

课程内容建设是学校课程教学改革的一个核心组成要素。英国在 2007 年颁布的《2020 愿景:2020 年教与学评议组的报告》中,要求课程改革要适应每个年龄段学生的学习需要,特别强调课程内容必须要与生活中的实际紧密联系,为每个学生日后的学习生活和专业学习工作做好准备。俄罗斯近年的小学课程非常关注学生日常生活和经济社会发展需要,及时调整更新课程内容;比如从小学二至三年级就开设网络信息和电子信息专业技术知识课、生活安全知识课和社会自然科学等多门课程,整个课程充分体现了内容的务实性。加拿大是世界上信息技术发展较为迅速的国家之一,从 1999 年起,就在中小学开展了范围空前广泛的信息与通信技术教育。信息技术几乎渗透到教育的各个方面,计算机已成为加拿大课程改革的重要工具。新世纪各国课程内容改革着重强调了课程内容走向现代化、综合化和终身化。

(四) 重视教师队伍建设,推进教师专业化发展

教师始终是学校课程教学改革的执行者和参与者,教师直接影响课程改革的效果和成败。21世纪以来,各国教育改革非常重视教师的作用。美国在1983年发布的《国家处在危险中,教育改革势在必行》的报告中,指出了中小学教师存在的突出问题,强调推动教育改革,必须改善师资不良的问题,2002年颁布的《不让一个孩子掉队》法案,明确要求美国每一间小学教室的专任教师都必须是"高质量的";为了提高教师的素质,开展了一系列的改革,如改进教师资格证书制度,推进教师专业发展学习(PDS),通过与社区大学学院和大学合作优化小学教师的培养模式等途径来实现教师队伍的建设。英国教育与科学部在1983年发布了《教学质量》的白皮书,特别强调了教师在教育改革中的地位,首次提出,"赋予教师更多的权力,保证教师的合法权益",将在校教师的学科课程教学参与性和权利的上升提高到了国家法律的一个高度,1985年发布的《把学校办得更好》的白皮书中,具体提出了要把加强在职教师培训作为提高教育质量的新举措,同时也强化了中小学校在培养教师中的作用。法国对小学教师培养的特色主要表现在,一是加强教师培养课程的理论与实践的结合,二是重视教师培养中的相互交流等。

(五) 重视教育的信息化

随着信息社会的到来,教育信息化成为当代教育改革的重要趋向。美国自1996年开始全面推进基础教育信息化以来,到目前已基本完成了教育信息基础设施的建设。据2000年6月统计表明,美国几乎所有的公立小学均已接入国际互联网,有72%的教室接入互联网,每5名学生拥有一台计算机,9名小学生拥有一台上网电脑。中小学校园的高速网络正在普及,覆盖了高速无线网络的中小学从2013年的30%升至2015年的59%,53%的学生已经享受高速网络。英国到2002年,学校每4名学生有一台计算机。到2003年,100%的中小学建有校园网,99%的校园网接入了互联网,约四分之一的学校采用了宽带连接。①

1999年日本公立小学生2人拥有一台电脑,初、高中每人拥有一台电脑,2003年日本中小学普及因特网。2010年,日本总务省启动了"未来校园"项目。这是日本最大的国家级教育信息化项目,旨在通过一对一电脑应用系统为所有6—12岁的学生提供电子课本和学习资源。② 国际基础教育的信息化推进,正在加速基础教育的变革,成为提升教育质量推动力。

三、小学教育改革与发展的价值

(一) 社会价值

小学教育的改革和发展的社会价值首先体现在提高全体国民的素质来为社会的发展

---

① 王浩,胡国勇.英国基础教育信息化课程研究诚效、问题及启示[J]. 外国中小学教育,2019(12).
② 张鹤.日本教育信息化概览[J]. 世界教育信息,2012(07).

奠基。当代社会无论任何一个领域的发展都需要从业者具备最基本的人格道德素养和科学文化素养,这些基础素养的获得主要来自小学教育的影响。随着社会的快速发展,公民的基础素养也随着社会的发展不断地提高,如小学教育的改革和发展中关注学生的信息素养的培养,就是为了使每一个公民能适应信息社会的要求。其次体现在通过小学教育改革与发展,以应对未来社会的挑战。未来社会许多领域的发展都对小学教育提出了新的挑战,如知识经济的兴起要求加强学生创新意识和创新精神等创新素养的培养;智能社会的到来要求加强学生信息素养、人工智能、大数据等方面的教育。最后体现在通过小学教育改革与发展为整个教育系统的发展打下基础,从而推动社会的发展。

(二) 个体价值

教育改革与发展的最直接指向是更好地促进人的发展,所以小学教育的改革与发展的最重要的价值是促进小学生的成长和发展。小学生处在青少年发展的快速发展时期,又是青少年发展的关键时期,小学教育的影响甚至会影响学生一生的发展。

小学教育的改革与发展的个体价值首先体现在促进学生的全面发展。我国的基础教育一直以来由于受社会和教育评价导向的影响,把主要的精力放在智育方面、学习方面,甚至主要是考试分数方面,严重地影响了学生的全面发展,2019年我国发布的《中共中央国务院关于深化教育改革提高义务教育质量的意见》,明确了下一步小学教育的改革与发展一定要关注学生的全面发展、主动发展和个性发展。目前小学教育还存在着许多的问题,阻碍着学生的发展,需要进一步地改革和发展,如课程改革、教师队伍建设等问题。

第二节 小学教育改革与发展的任务

这番警世之言告诉了我们什么?

一位从纳粹集中营中逃脱的幸存者,战后做了一所中学的校长。每当一位新老师来到学校,他都会交给那位老师一封信,信中这样写道:"亲爱的老师,我是一名纳粹集中营中的幸存者,我亲眼看到了人类不应当见到的情境:毒气室由学有专长的工程师建造,儿童被学识渊博的医生毒死,幼儿被训练有素的护士杀害,妇女和婴儿受到高中或大学教育的士兵枪杀。看到这一切,我疑惑了:教育究竟是为了什么?我的请求是:请你帮助学生成长为具有人性的人。你们的努力绝不应当被用于创造学识渊博的怪物,多才多艺的变态狂,受过高等教育的屠夫。只有在使我们孩子具有人性的情况下,读写算的能力才有其价值……"

一、贯彻教育方针,实现立德树人

贯彻党的教育方针,实现立德树人是小学教育改革与发展的根本任务。党的十八大对教育提出了要"为社会主义现代化建设服务、为人民服务,把立德树人作为教育的根本

任务,全面实施素质教育,培养德智体美全面发展的社会主义建设者和接班人"这一教育方针,党的十九大更进一步明确"要全面贯彻党的教育方针,落实立德树人根本任务,发展素质教育,推进教育公平,培养德智体美全面发展的社会主义建设者和接班人。"2018年习近平主席在北京师范大学座谈会上强调"要把立德树人的成效作为检验学校一切工作的根本标准"。

明确立德树人的教育任务,首先要明确立德树人的内涵。"树人"就是培养人,就是育人。小学教育要培养什么样的人,这是我们小学教育改革与发展首先要把握的方向性问题,它直接影响到培养人的质量。"立德"就是强调小学教育在培养人时首先要关注学生的"德"的培养,"立德树人"就是要把学生品德的培养放在学生发展的首位。

小学教育中如何落实立德树人的教育根本任务?首先要更新教育观念,要切实把德育放在教育工作的首位。其次,要全方位的落实立德树人的要求,真正做到管理育人、服务育人和环境育人等。再次,教师在教学中尤其是要做到教书育人,现在教师的学科教学中由于受管理、评价等因素的影响,普遍存在着只教书不育人的状况,直接影响了学生的品德发展。

二、为学生的全面发展奠基

小学教育的性质是基础性,即要为学生进入高一级学校的学习打基础,为学生未来进入社会打基础;当然,这里的基础不只是学生科学文化的基础,还包括学生做人的基础、审美的基础、健体的基础等,即要为学生的全面发展打下基础。我国的教育目的明确了德智体美劳的培养目标,所以我们强调的全面发展就是要在德育、智育、体育、美育和劳动教育五个方面促进学生的发展。

在德育方面,在重视小学生的爱国主义教育、集体主义教育等的同时,更要重视学生的基本思想道德教育,文明礼貌、诚实、守信的品性教育;勤劳、艰苦朴素的品质教育;大方、好客,不自私,与人友好相处的品格教育;勇敢、坚强、活泼、开朗的性格教育等。在德育的途径与方法上,在改进小学品德课的教学之外,要引导所有学科教师在自身的学科教学中渗透德育,同时要拓展校外的德育途径,"打造中小学社会实践的大课堂,充分发挥各种社会教育基地和各种文化设施",提高德育的实效性。

在智育方面,要改变传统智育过于重视学生基础知识学习和技能训练,尤其要反对学生死记硬背学知识,为了考试而进行习题训练的倾向。今天的智育要更加关注学生智力的发展,尤其是批判性思维的发展,关注学生能力的培养,尤其是适应于未来社会发展的创新能力的培养;智育不仅要教给学生知识,更要教给学生学习的方法,不仅要让学生"学会",更要让学生"会学"。

由于学生的学业负担问题,导致了小学生在身心健康方面的诸多问题,如近视、肥胖等,所以,学校要"坚持健康第一,实施学校体育的固本行动",除了保证学生正常的体育课程开设外,要保证学生每天有一定的体育锻炼时间,各学科的教师要严格控制学生的作业量。保证学生课外充足的活动时间。不仅要保证学生的身体健康;同时,也要关注学生的心理健康问题。

在美育方面,要重视学生的审美观念和审美能力的培养。在校内美育上,首先要落实学校的音乐、美术和书法等艺术类课程,同时要充分挖掘艺术类课程的育人价值,而不是单纯地关注音乐、美术等方面的技能掌握;相关学科教学也要挖掘美育的因素,实现学科教学的美育价值。

在劳动教育方面,无论在校内还是校外都没有很好地重视起来,学生没有形成最基本的劳动观念和劳动习惯。北京教育科学研究院基础教育科学研究所的报告显示:美国小学生平均每天的劳动时间为 1.2 小时,韩国 0.7 小时,法国 0.6 小时,英国 0.5 小时,而中国小学生平均每天的劳动时间只有 12 分钟。2020 年 3 月,《中共中央国务院关于全面加强新时代大中小学劳动教育的意见》印发,明确中小学劳动教育课每周不少于 1 课时,近年来被淡化、弱化的劳动教育又有了"硬指标",德智体美劳的最后一个"劳"字,不再是可有可无。学校要使劳动教育课成为对小学生进行劳动教育的主要途径;其次要通过多种多样的校内劳动活动、校外社会实践活动和家务活动,培养小学生基本的劳动观念和劳动习惯,让小学生从小形成尊重劳动、热爱劳动的好品德;同时劳动教育能够使学生掌握一定的劳动技能,解决自身生活学习的问题。

三、关注学生的终身发展

教育不仅要关注学生当下的发展,也要关注学生未来的发展。社会快速发展、科学技术日新月异,没有哪一所学校能教给学生受用一生的知识,有研究表明:大学生走出校门时有 50% 左右的知识就可能不管用了,10 年后可能只有不到 10% 的可用。20 世纪中期以来,在联合国教科文组织等国际机构的大力提倡、推广和普及下,终身教育已在世界范围内形成共识。联合国教科文卫组织 1977 年发布的报告《学会生存》的核心思想就是倡导全社会都要树立终身教育的思想,尤其强调学校教育要为学生的终身学习打下坚实的基础。正如有小学的办学理念所提出的"教孩子六年,想孩子六十年",我们的小学教育要为学生的终身发展打下坚实的基础。

小学教育阶段要为学生的终身发展打下哪些基础呢?1996 年联合国教科文卫组织发布了《教育——财富蕴藏其中》的报告,提出了当代教育的四大支柱,即学会求知、学会做事、学会合作和学会做人。结合我国小学教育的实际,我们在促进学生的终身发展方面应重视以下几方面的教育:

(一) 教育学生学会做人

小学教育首先是"成人"的教育,即要让学生先学会做人,这是教育最根基的部分,没有学生的做人的前提,学生的成才也就没有价值。对学生做人教育的最重要部分就是要重视学生的品德培养和人格完善。

(二) 培养学生良好的习惯

著名教育家叶圣陶指出:教育就是习惯培养。尤其是小学阶段更要重视学生的习惯培养。小学教育阶段要培养的习惯主要是生活的习惯和学习的习惯,生活的习惯如尊老爱幼的习惯、维护公德的习惯、合作做事的习惯等,学习的习惯如勤于读书的习惯、善于思

考的习惯、虚心求教的习惯等。

（三）教会学生学习的方法

随着社会的发展,知识的更新速度越来越快,学校将无法交给学生能够应对将来进入社会的所有知识,我们能够交给学生最有价值的知识就是学会学习。联合国教科文卫组织在20世纪70年代的报告《学会生存》中就指出:"21世纪的文盲不再是目不识丁的人,而是不会学习的人。"我国古代"授之以鱼,不如授之以渔"的说法,也是强调教育要交给学生学习的方法。

小学教育必须改变教师简单传授知识,学生死记硬背知识的现状,要通过学科教学渗透对学生的学习方法指导,甚至系统地给学生讲授科学的学习方法,让学生实现高效的学习。在当前新课程实施的背景下,尤其要重视学生自主学习、合作学习、探究学习和实践学习等新的学习方法的指导。

（四）提高学生的阅读能力

著名教育学者朱永新教授曾说:"一个人的精神发育史就是他的阅读史,一所没有阅读的学校永远不可能有真正的教育。"阅读能力是小学生的最基础学力之一,阅读是实现学生全面发展的基础,提高学生的阅读能力是提高教学质量的有效途径。如何提高学生的阅读能力? 首先要在学校营造读书的氛围,让孩子每天沉浸在读书的环境中;其次,要通过多种多样的读书活动激发小学生读书的兴趣,调动学生读书的积极性;最后,教师要成为学校读书的示范者,给学生的读书做出榜样。朱永新教授主持的"新教育实验"在引导学生阅读方面开展了长期的实验研究,取得了丰富的研究成果,给我们很多有价值的启发和借鉴。比如新教育实验提出了"营造书香校园,以阅读立校;倡导共读理念,让师生、亲子成为生活共同体;探索儿童课程,把最美好的童书给最美丽的童年;研制适合小学生读的书目"等提高小学生阅读能力的策略。

（五）重视学生的非智力因素的培养

近年来大量的心理学研究表明,影响学生发展的主要因素不是智力因素,而是非智力因素。美国心理学家甚至提出了非智力因素在人的成功因素中所占的比例能够达到80%以上。非智力因素的发展不仅影响学生在学校的学习,而且能够影响学生的终身发展。我们要改变传统教育中只重视智力开发,忽视学生非智力因素培养的倾向。在小学教育阶段,学生的非智力因素培养应重视且重点关注学生的好奇心、学习兴趣、学习习惯、学习的自信心等方面的培养。

第三节 小学教育改革与发展的策略

两个错误的预言

1979年6月,中国曾派一个访问团去美国考察初级教育,回国后写了一份3万字的报告,在见闻部分有一段文字:学生无论品德优劣高低,无不趾高气扬,踌躇满志,大有"我因我而不同凡响"的意味。小学二年级的学生大字不识一斗,加减法还在掰手指头,就整天奢谈发明创造。在他们眼里,让地球掉个个儿好像都易如反掌似的。重音体美,轻数理化。无论是公立还是私立学校,音体美活动无不如火如荼,而数理化则乏人问津。课堂几乎处于失控状态,学生或挤眉弄眼,或谈天说地,或跷二郎腿,更有甚者如逛街一般,在教室里摇来晃去。

结论:美国的基础教育已经病入膏肓。可以这么预言,再过20年,中国的科技和文化必将赶上并超过这个所谓的超级大国。

在同一年,作为互访,美国也派了一个考察团来中国。他们在看了北京、上海、西安的几所学校后也写了一份报告,在见闻录里也有一段文字:中国的小学生在上课时喜欢把手端在胸前,除非老师发问举起右手,否则轻易不改变;幼儿园的学生则喜欢把胳膊放在身后,室外活动除外。中国的学生喜欢早起,7点前在中国的大街上见到最多的是学生,并且他们喜欢边走边吃早点。中国学生有一种作业叫"家庭作业",据一位中国教师的解释,它是学校作业在家庭中的延续。中国把考试分数最高的学生称为学习最优秀的学生,他们在学期结束时,一般会得到一张证书,其他人则没有。

结论:中国的学生是世界上最勤奋的。他们的学习成绩和任何一个国家同年级学生比较都是最好的。可以预测,再用20年时间,中国在科技文化方面,必将把美国远远甩在后面。

两个预言都错了,错在哪里呢?

一、我国小学教育改革与发展面临的问题

(一)新课程改革的问题

始于2001年的我国基础教育课程改革,经过了近20年的实践,对我国基础教育的改革和发展起到了积极的推动作用,也取得了丰硕的成果。从学校教育的角度看,学校的科学办学理念正在建立,校长和教师的教育教学观念得到了更新,学生的学习方式也在发生变化。但我们必须看到,新课程改革的现实情况和我们的改革要求还相距甚远。课程功能比较多的还是体现在知识的传递上,对学生学习过程和学生情感态度价值观的关注还是不够,"三维目标"更多关注的是第一个维度即"知识与技能"的目标,课程的功能较多地还是指向眼前功利性的目标,如学生的考试成绩和分数。在课程结构上,《基础教育课程改革纲要》中指出,小学阶段的课程,以综合性课程为主,但在实践中还是以分科教学的语

文、数学和英语课程为主,关注较多的还是应对考试的相关学科课程,以培养学生创新精神和实践能力为导向的综合实践活动课程更是少有学校开设。在课程内容上,教师在教学中还存在为应付考试的"浓缩式教学",不重视联系学生的生活实践和社会发展实际。在课程实施上,教师单向灌输式教学,学生死记硬背、机械训练的教学还相当普遍。在课程评价上,学校对教师和学生的评价主要是通过学生的考试分数来衡量,考试的方式也主要是通过纸笔测验的形式来进行,这样的评价很难客观地反映学生的全面发展情况;同时评价也主要体现在选拔和甄别的功能上,没能很好地发挥评价促进教师和学生发展的功能。在课程管理上,小学教育阶段的大多数学校的课程基本上还是国家课程,地方课程和校本课程很少,尤其农村学校更少。

(二) 教师队伍素质问题

教师队伍是教育改革与发展的关键,教师队伍的素质又是教师队伍建设的核心。教育改革与发展中出现的许多问题实际都与教师队伍的素质有关。当前在教师队伍素质上存在的问题主要有:

1. 教师的职业道德问题

客观地讲,我国教师队伍的师德水平在进入 21 纪后,得到了明显的提高。但在师德的一些方面还存在着一些比较突出的问题,比如教师对学生的关爱还不够,青年教师的责任心和敬业精神还有待进一步地提高,教学还存在着只教书不育人的状况,教师终身学习的意识还不够等。

2. 教师的教育观念问题

教育观念是教育行动的先导,没有科学的教育观念,教育实践就会出现方向性的问题。许多教师的教育观念还不能适应小学教育改革与发展的要求。具体表现在教育的价值观还未能指向促进人的发展上,教师观还停留在传统的"传道、授业、解惑"的层面上。学生观还未真正认识到学生作为独立主体人的存在,教学观还是重教轻学,评价观还是过于重视甄别选拔性评价等。

3. 教师的知识结构问题

理想的教师知识结构应是复合型的,教师不仅要掌握学科教学的本体性知识,还要掌握教育学科的条件性知识和通识性知识。现在大多数的教师学科专业知识问题不大,但对教育学科的知识重视不够,通识性知识不能适应小学阶段课程综合性逐渐提高的要求。

4. 教师的能力方面问题

教师的教育教学能力是教师素质中的关键。小学教师能力方面主要存在的问题有:教书育人能力、实施新课程的能力、运用信息技术能力和教育教学研究能力等还不能适应小学教育改革与发展的需要。

(三) 课堂教学问题

课堂教学是教育目标实现的主要途径,素质教育和新课程改革最终是要落实在课堂教学这一环节的。小学课堂教学还没能够适应当前教育改革与发展的要求,具体表现在:一是课堂教学观念落后,课堂教学主要还是从学生应对考试来组织的,比较多的是关注学生知识的学习和技能的训练;二是课堂教学方法单一,课堂还较多是采用教师灌输,学生被动接受的方法;三是课堂教学手段的陈旧,许多教师普遍采用"一支粉笔、一块黑板和一张嘴巴"的教学手段;四是整体的课堂教学低效,不仅教学效率低,而且教学的效果也比较差。

(四)教育评价问题

教育评价一直以来是教育改革中的重点和热点,对教育发展起着导向作用。传统教育评价的主要问题有:评价的功能主要体现在甄别和选拔上,评价的主体主要是管理者,评价的内容主要是知识和技能的掌握,评价的方式主要是书面纸质测量,评价的类型主要是终结性评价等,评价没有发挥促进学生和教师发展的最主要功能。

(五)信息技术的运用问题

信息技术是推动小学教育改革与发展的重要动力,尤其是以移动互联网为代表的先进的信息技术,对教育的变革提出了新的挑战。但目前新的信息技术还没有真正有效地影响教育教学改革的实践,传统教学手段在课堂教学中的运用还相当普遍。虽然有的学校有了相应的信息技术设备,但并没有很好地在教育教学中运用,造成了资源浪费。信息技术只是有限地使用,并没有实现对教学的深刻影响。

二、小学教育改革与发展的策略

重庆谢家湾小学:以课程整合促进学校综合变革①

谢家湾小学坐落于山城重庆这一红色教育基地,1957年创校时,谢家湾小学便以"红岩文化"为建校思想;20世纪60年代,谢家湾小学学工、学农、学军的社会活动办得有声有色;及至后来,教学质量提高,声名远扬,谢家湾小学仍然保留着红色教育的底色。

刘希娅"领"下谢家湾小学校长一职时,面对的就是这样一座有着深厚文化积淀的历史名校。如何使名校的声望在自己的管理下继续熠熠生辉?摆在刘希娅面前的有两条路:一是固守学校原有文化的保守之路,一是求新求变的变革之路。她选择了后者。

这样的选择,与刘希娅的办学理念"六年影响一生"紧密相连。在她看来,教育即影响,"六年"与"一生"之间不仅仅是时间的联系,也是教育观念、教育技术、教育方法的内在联系。而在刘希娅"六年影响一生"办校理念的推动下,谢家湾小学也"变"出了新意,"变"出了特色。

以孩子为中心:一切有积极影响的元素都是课程

基础教育是学生教育的基础,而小学则是基础中的基础,其中环环相扣连接学生成长

---

① 李萍.重庆谢家湾小学:以课程整合促进学校综合变革中国教育报[N].2015-10-29.

与学习的,则是一门门课程。谢家湾小学在深入推进课程文化建设的进程中,越来越发现,课程的设置与实施,成为影响师生发展的核心要素。于是,学校组建了以具有研究生学历的教师为主的科研团队,研究国际国内的基础教育课程改革现状以及课程整合的理论与实践。

那么,什么样的课程才是以孩子为中心的课程呢?为找到答案,校长刘希娅深入各省市30余所中小学,市内50余所城市或乡村学校,就各区域课程设置和实施情况,广泛调研学生、家长、教师、教育管理或研修机构人员、社会人士等。她发现,旧有的课程体系存在课程门类繁多、分科过细、内容陈旧、交叉重复的问题:十多门课,几乎占满了孩子的在校时间,学生特长爱好只能周末花钱去培训;学科之间分割太细,存在着很多的交叉和重复;同时,在学科专职化要求下,学科教师一本教案多班教学,习惯性地照本宣科,每周要面对150至500名学生,很难因材施教。

发现这些问题后,学校开始推行的课程改革由此变得更加具有针对性。凭借曾经在幼儿园、村小丰富的从教经历,刘希娅对原有的课程体系进行了"大改造":根据学生未来发展需要的关键能力和核心素养,以及基础性、综合性、选择性学习的特点,确立"一切有积极影响的元素都是课程"的课程视野,建构了融合学科课程、社团课程、环境课程于一体的"小梅花"学校课程体系。

在保障国家课程目标不降低、内容不减少的前提下,学校将现有十几门课程整合为语文漫道、数学乐园、英语交流、科学探秘、体育运动、艺术生活6门课程,主要集中在上午完成。

在接下来的日子里,刘希娅带着全校教师,认真分析现有教材,确定整合学科、提炼学科精神、梳理学科知识目标……教师不再抱着教材教死书,而是从原来的以教材为中心,走向了以孩子为中心。教师们以教研组为单位,深度咀嚼课标,反复集体备课、联合教研,主动、个性化、多元地设计教育教学活动。

这种课改热情也慢慢扩散到校园的每个角落,即使不少相对保守的老教师也深受感染。赵晓岚是位数学特级教师,还有两年就要退休了,但她仍和一群年轻教师一起研讨课程设计思路。为了寻找数学课和综合实践课的整合点,一堂课往往要讨论好几天。教师们互相听课、提意见,在将数学课的知识点保质保量教给孩子的前提下,进行课程整合。

走进谢家湾小学,你会看到这样的课程"风景线":数学课上,刚学了厘米、分米概念的学生拿起了尺子,开始量旗袍、做旗袍;音乐教室内,学生们有板有眼地吟诵起古诗词。学生们上午完成了"小梅花"课程后,下午则参加自由选修的社团活动——烹饪、剪纸、二胡、跆拳道、拉丁舞、航模……学生们学在其中,乐在其中。

优化校园生态:让每名学生都可爱

在谢家湾小学,随处可见"红梅花儿开,朵朵放光彩"学校文化的体现。"小梅花"是指语文漫道、数学乐园、英语交流、科学探秘、体育运动等课程,但从另外一个意义来说,学校里的孩子们也是"朵朵红梅"。学校希望孩子们按照各自优势去发展,在艺术、体育、科技等方面,让每一个孩子都能绽放光彩。

刘希娅深知,要让这朵"花"灿烂绽放并不容易,但她认为:"从孩子发展的角度来说,'六年影响一生',需要我们长久的耐心和无怨无悔的期待。"令人欣慰的是,这朵特别的"小梅花"开始绽放光彩:课间,他帮助三年级小朋友抱书刊;科技创造节上,他的绘画作品挂在了林荫道上;期末考试时,他自始至终专注地答题;运动会队列比赛中,他站得笔直,步伐矫健;运动会上他摘得400米中长跑的桂冠。

"世界上没有一朵鲜花不美丽,也没有一个学生不可爱。"这是冰心的感悟,也是刘希娅在从教和办校过程中所坚信的,在学校,每一名学生都值得教师、校长去关注和爱护。

如今,谢家湾小学的课程整合又发展到了一个新的阶段,涵盖小学所有学科的34本"小梅花"课程教材,已由教育科学出版社出版发行并投入使用。今年9月新学期伊始,谢家湾小学取消了统一指挥全校的上下课铃声,让每个班级从听令行事变为自主安排;取消了全校一个步调的大课间活动,从全校统一变为班级自主;每节课由40分钟变成一个小时,从学习与生活截然分开变为相互融合。新课程、新教材、新作息时间优化了校园生态,师生们更加轻松、自在、自主。

之所以这样做,校长刘希娅说,自己想法很简单,只是想让孩子们既有当下的快乐童年、又有未来可持续发展的一种学习生活,以孩子为中心,才是学校的立校之本。

(一) 发展素质教育

发展素质教育,促进学生的全面发展是目前基础教育改革与发展的基本方向。目前素质教育面临的最大困境就是如何在教育中落实的问题。在小学教育阶段,落实素质教育的基本策略有:

1. 观念引领策略

观念是行动的先导,发展素质教育首先要转变教育观念。首先,要在全社会进行广泛的宣传,使素质教育成为一种全社会的共识,这样才能形成一个发展素质教育的大环境,学校的素质教育才能更好地展开。其次,学校要适应社会的发展,调整办学的方向,更加主动地按照素质教育的要求实施教育教学活动,尤其要改变片面追求升学率的倾向,树立科学的教育质量观,真正让学校的教育教学围绕着促进学生的全面发展来展开。再次,教师要转变教学观,改变只重视学科知识传授和技能训练的传统教学,做到既要教书更要育人,真正担负起教书育人的责任。

2. 实践创新策略

发展素质教育,最终是要体现在实践中的。素质教育的实践没有一个统一的范式,需要结合区域特点和区域教育或学校的特色进行创新性的实践。从区域的角度,可以从产业发展的差异来发展素质教育,比如河南作为农业大省,农村中小学的素质教育实践就要考虑农业发展的情况。从学校特色的角度,比如重庆谢家湾小学是从学校课程建设的角度来实践素质教育的。

3. 实验探索策略

发展素质教育不能仅仅依靠口号式的宣传来推动,需要科学理论的指导,理论要来自扎实的实验研究。20世纪80年代以来,我国许多地区和学校开展了卓有成效的实验探索,如山东省的区域推进素质教育的探索,上海一师附小的愉快教育实验,上海闸北八中的成功教育实验,北京十一学校的走班制教学,江苏省特级教师李吉林老师的情景教育实验等为发展素质教育提供了有价值的经验。但已有素质教育的实验还存在着较大的局限,如实验还限于个别区域、个别学校或个别教师的实验。要使实验能更好地推动素质教育的发展,还必须从更高的层次上来开展全局性的实验,让更多的教育工作者能够参与到实验探索中来。

(二) 提升教师素质

小学教育改革与发展的关键在教师的广泛参与推动,而教师的关键在于教师专业素质的提升。第一,要提高教师投身教育改革与发展的意识和自觉性。教育改革与发展不是仅仅决策和管理层面的事情,主体是广大的一线教师,没有教师的广泛和积极参与,任何教育变革最终都难以实现。第二,要转变教师的教育教学观念,尤其对于小学教育阶段来说,教师一定要树立育人为先的教育理念,要认识到教会学生做人比教会学生成才更重要,真正做到教书育人。第三,要不断完善教师的知识结构,进一步拓宽教师的学科专业知识,丰富教师的教育科学知识和一般文化科学知识。第四,除了掌握教师的一般教育教学能力外,尤其要掌握适应教育改革与发展需要的教育教学能力,如学科育德能力、课程设计与开发能力、信息技术的运用能力和教育教学研究能力等。

如何有效提升教师素质?政府和教育管理部门要为教师的培训提供政策和人力物力的支持,教师培训机构要做好课程设计开发,学校要重视基于学校实际的校本培训的开展。最重要的是教师个体要树立终身学习的意识,通过阅读、反思和研究等方式来提升自身的素质。

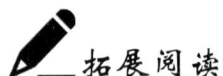

我所看到的美国小学教育[①]

当我把9岁的儿子带到美国,送他进那所离公寓不远的美国小学的时候,我就像是把自己最心爱的东西交给了一个我并不信任的人去保管,终日忧心忡忡。这是一种什么样的学校啊!学生可以在课堂上放声大笑,每天最少让学生玩两个小时,下午不到3点就放学回家,最让我开眼的是根本没有教科书。那个金发碧眼的女老师看了我儿子带去的中国小学4年级的课本后,温文尔雅地说:"我可以告诉你,6年级以前,他的数学不用学了!"面对她充满善意的笑脸,我就像挨了一闷棍。一时间,真怀疑把儿子带到美国来是不是干了一生中最蠢的一件事。

日子一天天过去,看着儿子每天背着空空的书包兴高采烈地去上学,我的心就止不住一片哀伤。在中国,他从1年级开始,书包就满满的、沉沉的,从1年级到4年级,他换了3个书包,一个比一个大,让人感到"知识"的重量在增加。而在美国,他没了负担,这能叫上学吗?一个学期过去了,把儿子叫到面前,问他美国学校给他最深的印象是什么,他笑

---

① 可参阅:http://www.zhjtjyw.com/kcms/blog/vblog? b_id=208379&u_id=504。

着送给我一句美国英语:"自由!"这两个字像砖头一样拍在我的脑门上。

此时,真是一片深情怀念中国的教育。似乎更加深刻地理解了为什么中国孩子老是能在国际上拿奥林匹克学习竞赛的金牌。不过,事到如此也只能听天由命。

不知不觉一年过去了,儿子的英语长进不少,放学之后也不直接回家了,而是常去图书馆,不时就背回一大书包的书来。问他一次借这么多书干什么,他一边看着那些借来的书一边打着微机,头也不抬地说:"作业。"

这叫作业吗?一看儿子打在计算机屏幕上的标题,我真有些哭笑不得《中国的昨天和今天》,这样天大的题目,即使是博士,敢去做吗?于是我严声厉色问是谁的主意,儿子坦然相告:老师说美国是移民国家,让每个同学写一篇介绍自己祖先生活的国度的文章。要求概括这个国家的历史、地理、文化,分析它与美国的不同,说明自己的看法。我听了,连叹息的力气也没有,我真不知道让一个10岁的孩子去运作这样一个连成年人也未必能干的工程,会是一种什么结果?只觉得一个10岁的孩子如果被教育得不知天高地厚,以后恐怕是连吃饭的本事也没有了。过了几天,儿子完成了这篇作业。没想到,打印出的是一本20多页的小册子。从九曲黄河到象形文字,从丝绸之路到五星红旗……热热闹闹。我没赞扬,也没评判,因为我自己有点发蒙,一是我看到儿子把这篇文章分出了章与节,二是在文章最后列出了参考书目。我想,这是我读研究生之后才运用的写作方式,那时,我30岁。

不久,儿子的另一作业又来了。这次是《我怎么看人类文化》。如果说上次的作业还有范围可循,这次真可谓不着边际了。儿子很真诚地问我:"饺子是文化吗?"为了不误后代,我只好和儿子一起查阅权威的工具书。费了番气力,我们总算完成了从抽象到具体又从具体到抽象的反反复复的折腾,儿子又是几个晚上坐在微机前煞有介事地做文章。我看他那专心致志的样子,不禁心中苦笑,一个小学生,怎样去理解"文化"这个内涵无限丰富而外延又无法确定的概念呢?但愿对"吃"兴趣无穷的儿子别在饺子、包子上大做文章。在美国教育中已经变得无拘无束的儿子无疑是把文章作出来了,这次打印出来的是10页,又是自己的封面,文章后面又列着那一本本的参考书。他洋洋得意地对我说:"你说什么是文化?其实特简单就是人创造出来让人享受的一切。"那自信的样子,似乎他发现了别人没能发现的真理。后来,孩子把老师看过的作业带回来,上面有老师的批语:"我布置本次作业的初衷是让孩子们开阔眼界,活跃思维,而读他们作业的结果,往往是我进入了我希望孩子们进入的境界。"问儿子这批语是什么意思,儿子说,老师没为我们骄傲,但是她为我们震惊。"是不是?"儿子问我。我无言以对,我觉得这孩子怎么一下懂了这么多事?再一想,也难怪,连文化的题目都敢做的孩子还有不敢断言的事情吗?

儿子6年级快结束的时候,老师留给他们的作业是一串关于"二次大战"的问题。"你认为谁对这场战争负有责任?""你认为纳粹德国失败的原因是什么?""如果你是杜鲁门总统的高级顾问,你将对美国投放原子弹持什么意见?""你是否认为当时只有投放原子弹一个办法去结束战争?""你认为今天避免战争的最好办法是什么?"……如果是两年前,见到这种问题,我肯定会抱怨:这哪是作业,分明是竞争参议员的前期训练!而此时,我能平心静气地寻思其中的道理了。学校和老师正是在这设问之中,向孩子们传输一种人道主义的价值观,引导孩子们去关注人类的命运,让孩子们学习高屋建瓴地思考重大问题的方法。这些问题在课堂上都没有标准答案,它的答案,有些可能需要孩子们用一生去寻索。看着12岁的儿子为完成这些作业兴致勃勃地看书查资料的样子,我不禁想起当年我学二战史的样子,按照年代事件死记硬背,书中的结论明知迂腐也当成圣经去记,不然,怎么通过考试去奔光明前程呢?此时我在想,我们在追求知识的过程中,重复前人的结论往往大大多于自己的思考。而没有自己的思考,就难有新的创造。

儿子小学毕业的时候,已经能够熟练地在图书馆利用计算机和缩微胶片系统查找他所需要的各种文字和图像资料了。有一天我们俩为狮子和豹子的觅食习性争论起来。第二天,他就从图书馆借来了美国国家地理学会拍摄的介绍这种动物的录像带,拉着我一边看,一边讨论。孩子面对他不懂的东西,已经知道到哪里去寻找答案了。

儿子的变化促使我重新去看美国的小学教育。我发现,美国的小学虽然没有在课堂上对孩子们进行大量的知识灌输,但是,他们想方设法把孩子的眼光引向校园外那个无边无际的知识的海洋,他们要让孩子知道,生活的一切时间和空间都是他们学习的课堂;他们没有让孩子们去死记硬背大量的公式和定理,但是,他们煞费苦心地告诉孩子们怎样去思考问题,教给孩子们面对陌生领域寻找答案的方法;他们从不用考试把学生分成三六九等,而是竭尽全力去肯定孩子们的一切努力,去赞扬孩子们自己思考的一切结论,去保护和激励孩子们所有的创造欲望和尝试。有一次,我问儿子的老师:"你们怎么不让孩子们背记一些重要的东西呢?"老师笑着说,"对人的创造能力来说,有两个东西比死记硬背更重要:一个是他要知道到哪里去寻找所需要的比他能够记忆的多得多的知识;再一个是他综合使用这些知识进行新的创造的能力。死记硬背,既不会让一个人知识丰富,也不会让一个人变得聪明,这就是我的观点。"

我不禁想起我的一个好朋友和我的一次谈话。他学的是天文学,从走进美国大学研究生院的第一天起到拿下博士学位整整5年,一直以优异的成绩享受系里提供的优厚的奖学金。他曾对我说:"我很奇怪,要是凭课堂上的学习成绩拿奖学金,美国人常常不是中国人的对手,可是一到实践领域,搞点研究性题目,中国学生往往没有美国学生那么机灵,那么富有创造性。"我想,他感受的可能正是两种不同的基础教育体系所造成的人之间的差异。中国人太习惯于在一个划定的框子里去施展拳脚了,一旦失去了常规的参照,对不少中国人来说感到的可能往往并不是自由,而是惶恐和茫然。

我常常想到中国的小学教育,想到那些课堂上双手背后坐得笔直的孩子们,想到那些沉重的课程、繁多的作业、严格的考试……它让人感到一种神圣与威严的同时,也让人感到巨大的压抑与束缚,但是多少代人都顺从着它的意志,把它视为一种改变命运的出路。这是一种文化的延续,它或许有着自身的辉煌,但是面对需要每个人发挥创造力的现代社会,面对明天的世界,我们又该怎样审视这种孕育了我们自身的文明呢?

(三)优化课堂教学

课堂教学是实施素质教育的主渠道,是学生核心素养落地的主阵地,小学教育改革与发展应抓住课堂教学这个"牛鼻子"。

针对小学教育阶段课堂教学存在的问题,应做好以下几方面的工作:

1. 更新课堂教学观念

树立育人为本的课堂教学理念。"在课堂教学中全面落实立德树人的培养目标。除知识与技能方面的发展外,更应注重为学生终身发展提供帮助。"①课堂教学要从只关注学生知识掌握和技能训练转向促进学生的全面发展,尤其要关注学生情感态度和价值观的培养,关注学生创新意识和实践能力的培养。转变课堂教学观念要求教师要加强课程与教学方面的理论知识学习,提高自身的课程教学理论素养,同时要在自身的课堂教学实践中,通过不断的反思来转变课堂教学观念。

2. 要打造高效课堂

课堂教学的低效,甚至无效,直接影响了课堂教学的质量。高效课堂要实现教学的效率、效果、效能和效益的统一。打造高效课堂,要从分析学生的学情、科学设计教学、优化教学方法和学生的学习方式等方面来实现。尤其是要适应新课程改革的要求,改变教师灌输式的教学,《基础教育课程改革纲要》中指出:"应与学生积极互动、共同发展,引导学生质疑、调查、探究,在实践中学习,关注个体差异,满足不同学生的学习需要,创设能引导学生主动参与的教育环境,激发学生的学习积极性,培养学生掌握和运用知识的态度和能力,使每个学生都能得到充分的发展。"《关于深化教育教学改革全面提高义务教育质量的意见》强调:"坚持教学相长,注重启发式、互动式、探究式教学,教师课前要指导学生做好预习,课上要讲清重点难点、知识体系,引导学生主动思考、积极提问、自主探究。融合运用传统与现代技术手段,重视情境教学;探索基于学科的课程综合化教学,开展研究型、项目化、合作式学习。"要引导学生学习方式的转变,让学生学会自主学习、合作学习和探究学习等。

3. 加强课堂教学的研究

优化课堂教学要在科学的理论指导下开展,科学理论来自课堂教学的研究,尤其是针对我国课堂教学实际的实践研究。国外虽然近年来在课堂教学研究方面取得了很多理论研究成果,但仍与我国课堂教学实践的实际有一定的距离,我们应基于我国的课堂教学实际和问题开展系统的理论和实验研究,形成我们本土化的研究成果,指导当前的课堂教学实践。

(四) 改革教育评价

改革教育评价是引领小学教育改革与发展的关键环节。针对当前教育评价中存在的问题,应做好以下几方面的教育评价改革:

第一,改变教育评价过于注重甄别和选拔的功能,强化教育评价的促进发展功能,尤其是促进学生发展的功能,树立发展性评价的理念。

第二,使评价的单一主体为多主体,让教师、学生、家长等都能参与评价。

第三,评价的内容要关注多维性。譬如对学生的评价不能只从学生的考试分数来评价,而要从德智体美劳等方面综合的考察评价,对教师的评价不能仅仅从任教学科的考试

---

① 中国教育科学研究院课程教学研究所课题组.深化课程改革是落实立德树人根本任务的必由之路[J].中国教育学刊,2017(07).

平均成绩一个方面来评价,要从德、能、勤和绩等多方面来评价。

第四,评价的方法要将量化评价和质性评价结合。传统评价过于重视量化评价,以为量化出分数就一定是科学的,殊不知有些方面是没有办法进行量化的。所以,科学的评价要结合定性的评价。

第五,关注结果评价的同时,要更重视过程性评价。学生的发展是在过程中实现的,仅仅靠学期结束的一张考卷来评价学生肯定是不科学,所以,新课程改革倡导过程性评价,关注学生发展的过程,这样才能真正全面地评价学生。

(五)推进信息技术的运用

信息技术运用于学校的教育教学是推动教育改革与发展的重要手段,世界各国的教育在进入21世纪后,都在积极推动信息技术在教育中的运用。

现在我国的一大部分小学中已具有了基本的信息技术平台,如电子白板、投影仪等,甚至有一些小学已经有了无线网络,但从实践的情况来看这些设备并没能很好地发挥其作用。

2001年颁布的《基础教育课程改革纲要》中指出,要大力推进信息技术在教学过程中的普遍应用,促进信息技术与学科课程的整合,逐步实现教学内容的呈现方式、学生的学习方式、教师的教学方式和师生互动方式的变革。信息技术在学校中的运用,最主要的是要实现信息技术与学科教学的深度融合,要发挥信息技术在学科教学中的作用,真正使信息技术融合在学科教学中,促进教学效率的提高。2020年年初开始的新冠肺炎疫情给我们的教育带来了新的挑战,学生不能如期开学,教育部提出了"停课不停学",由于教师没有前期线上教学的充分准备,搞得教师焦虑,学生吐槽。这次疫情使我们很多教育管理者和教师切身感受到了掌握信息技术的重要性。目前迫切需要加强学校管理人员和教师的信息技术教育方面的培训,尤其是移动互联网、混合式学习、大数据和人工智能等新技术的培训和学习,尽快使已有的信息技术设备在教育教学中发挥作用。

思考与讨论

1. 你认为目前小学教育改革与发展面临怎样的挑战?
2. 应如何理解小学教育改革与发展的任务。
3. 联系小学教育实际,谈谈应该如何做好小学教育的改革与发展。

参考文献

1. 王长纯.比较初等教育[M].北京:首都师范大学出版社,2004.
2. 谢广田,刘瑛.学教育改革与发展[M].杭州:浙江教育出版社,2002.
3. 钱源伟.基础教育改革研究[M].上海:上海科技教育出版社,2003.
4. 熊梅,王敏.改革开放40年我国小学教育教学改革:特征、成就和展望[J].四川师范大学学报(社会科学版),2019(1).